Samuel Beckett
Ausgewählte Erzählungen

Samuel Beckett
Ausgewählte Erzählungen

Deutsch von Elmar Tophoven

Verlag
Volk und Welt
Berlin

Mit Anmerkungen von Klaus Birkenhauer

ISBN 3-353-00570-6

1. Auflage
Lizenzausgabe des Verlages Volk und Welt, Berlin 1990
für die Deutsche Demokratische Republik
mit Genehmigung des Suhrkamp Verlages,
Frankfurt am Main
L. N. 302, 410/126/90

Fortsetzung auf Seite 231
01000

Dante und der Hummer

Es war Morgen, und Belacqua hatte sich im ersten Mondcanto so festgelesen, daß er weder vor noch zurück konnte. Die selige Beatrice war da, nebst Dante, und sie erklärte ihm die Mondflecken. Sie zeigte ihm zunächst, wo er im Irrtum war, dann brachte sie ihre eigene Erklärung vor. Dieses hatte sie von Gott, er konnte sich also darauf verlassen, daß sie in allen Einzelheiten stimmte. Er brauchte ihr nur noch Schritt für Schritt zu folgen. Der erste Teil, die Widerlegung, ging glatt vonstatten. Sie machte ihre Sache klar, sie sagte, was sie zu sagen hatte, kurz und bündig. Aber der zweite Teil, die Beweisführung, hatte es so in sich, daß Belacqua weder aus noch ein wußte. Die Zurückweisung, der Verweis war offenkundig. Aber dann kam der Beweis, ein kurzes Stenogramm von Tatsachen, und Belacqua steckte wirklich fest. Es verdroß ihn auch, da es ihn zu Piccarda drängte. Doch er brütete weiter über dem Rätsel, er wollte sich nicht geschlagen geben, er wollte wenigstens die Bedeutung der Worte verstehen, die Reihenfolge, in der sie gesprochen wurden, und die Art der Genugtuung, die sie dem falsch unterrichteten Dichter verschafften, so daß dieser sich am Ende erfrischt fühlte und den schweren Kopf heben konnte, um seinen Dank zu erstatten und in aller Form seine frühere Meinung zurückzunehmen.

Er versuchte immer noch, in diesen unzugänglichen Abschnitt einzudringen, als er es Mittag schlagen hörte. Sofort schaltete er von dieser Arbeit ab. Er schob die Finger unter das Buch und schubste sie so weit vor, bis es ganz auf seinen Handtellern lag. Die Göttliche Komödie offen auf dem Lesepult seiner Hände. So hob er es unter die Nase und klappte es dort zu. Er hielt es eine Zeitlang in der Luft, schielte ärgerlich darauf und preßte die Deckel mit den Handkanten aneinander. Dann legte er es beiseite.

Er lehnte sich im Stuhl zurück, um zu fühlen, wie sein

Geist sich beruhigte und der Juckreiz dieses erbärmlichen Quodlibets nachließ. Es war nichts zu machen, solange es seinem Kopf nicht besser ging und der sich nicht beruhigte, was er nach und nach tat. Dann wagte er, sich zu fragen, was er als nächstes zu tun hätte. Es gab immer etwas, das man als nächstes zu tun hatte. Drei große Aufgaben zeigten sich. Zunächst das Mittagsmahl, dann der Hummer, dann die Italienischstunde. Das langte vorerst. Was nach der Italienischstunde kam, wußte er noch nicht genau. Bestimmt hatte irgendwer irgendein mieses Programm für den späten Nachmittag und Abend aufgestellt, aber er wußte nicht, was für eins. Es war auch nicht wichtig. Wichtig war: erstens, das Mittagsmahl; zweitens, der Hummer; drittens, die Italienischstunde. Das war mehr als genug, vorerst.

Das Mittagsmahl war, wenn es überhaupt geriet, etwas sehr Heikles. Wenn sein Mittagsmahl genußreich werden sollte, und es konnte sehr genußreich sein, brauchte er größte Ruhe, um es vorbereiten zu können. Wenn er jetzt jedoch gestört würde, wenn irgendein munterer Schwätzer jetzt einfalls- oder anliegensschwanger hereinplatzte, mochte er ebenso gut überhaupt nicht essen, denn das Essen würde ihm am Gaumen vergällen oder, noch schlimmer, nach gar nichts schmecken. Er mußte unbedingt allein gelassen werden, er mußte absolute Ruhe haben und ganz für sich sein, um das Essen für sein Mittagsmahl vorzubereiten.

Als erstes mußte er die Tür abschließen. Jetzt konnte niemand an ihn heran. Er breitete einen alten *Herald* aus und strich ihn auf dem Tisch glatt. Das ziemlich hübsche Gesicht von McCabe, dem Mörder, starrte zu ihm herauf. Dann zündete er den Gasring an, hakte den viereckigen flachen Toaster, einen Asbest-Grill, vom Nagel und stellte ihn genau auf die Flamme. Er merkte, daß er die Flamme kleinerdrehen mußte. Toast darf auf keinen Fall zu schnell gemacht werden. Denn wenn Brot, so wie es sich gehört, durch und durch getoastet werden soll, muß das über einer schwachen, gleichmäßigen Flamme geschehen. Sonst verkohlen nur die Außenseiten und innen das Weiche bleibt pappig wie zuvor. Wenn es etwas gab, das er über alles haßte, dann zu fühlen, wie seine Zähne tief im Weichen und Teigigen aufeinandertrafen. Dabei war es so einfach, die Sache ordentlich zu machen. Also, dachte er, nachdem ich die Gaszufuhr reguliert und den Grill zurechtgerückt habe, wird es, bis das Brot geschnitten ist, gerade richtig sein. Nun kam der lange runde Brotlaib aus seinem Blechkasten und ließ sich sein Ende auf McCabes Gesicht geradeschneiden. Zwei unerbittliche Züge mit der Brotsäge, und ein paar säuberliche runde Scheiben unverbrämten Brots, die Hauptbestandteile seines Mahls, lagen vor ihm und harrten seines Genießens. Der Brotstumpf wanderte wieder zurück ins Gefängnis, und als ob es auf der ganzen Welt nicht einen einzigen Spatz gäbe, wurden die Krümel in fieberhafter Eile hinweggefegt und die Scheiben geschnappt und zum Grill getragen. All diese Vorarbeiten verliefen sehr hastig und unpersönlich.

Hier war der Punkt erreicht, wo wirkliches Geschick vonnöten war, hier begann nämlich ein Durchschnittsmensch, den ganzen Vorgang zu verkorksen. Er legte seine Wange an das Weiche des Brots, es war schwammig und warm, lebendig. Aber er würde ihm sehr bald das Plüschige nehmen, bei Gott, er würde seiner Oberfläche sehr bald das fette weiße Aussehen nehmen. Er drehte das Gas eine Idee kleiner und klatschte eine schlaffe Scheibe auf das glühende Asbestgewebe, aber sehr akkurat und genau, so daß das Ganze der japanischen Flagge glich. Dann obendrauf, da nicht Platz genug war, beide nebeneinander gleichmäßig zu toasten, und wenn man sie nicht gleichmäßig toastete, konnte man sich genausogut die Mühe, sie überhaupt zu toasten, sparen, obendrauf wurde die andere Scheibe gelegt, zum Vorwärmen. Als der erste Kandidat fertig war, und das war er erst, als er durch und durch schwarz war, wechselte er mit seinem Kameraden den Platz, so daß der untere nun obenauf lag, ganz und gar durchbacken, und schwarz und qualmend darauf wartete, bis von dem anderen dasselbe gesagt werden konnte.

Für den Ackermann hinterm Pflug war die Sache einfach, er wußte es von seiner Mutter. Die Mondflecken waren Kain mit seinem Dornenbündel, elend, auf der Erde verflucht, unstet und flüchtig. Der Mond war jene Miene, gefallen und gezeichnet, gebrandmarkt mit dem ersten Stigma von Gottes Mitleid, daß ein Ausgestoßener nicht schnell sterben darf. Es war ein Wirrwarr im Kopf des Ackermanns, aber das machte nichts. Es war für seine Mutter gut genug gewesen, es war gut genug für ihn.

Vor der Flamme kniend, auf den Grill konzentriert, überwachte Belacqua jede Phase des Röstens. Es brauchte seine

Zeit, aber wenn es sich überhaupt lohnte, etwas zu tun, dann lohnte es sich auch, es ganz zu tun, das war ein wahres Wort. Lange bevor es fertig war, war der Raum von Rauch und Brandgeruch erfüllt. Als alles, was menschliche Sorgfalt und Geschicklichkeit vermochten, getan war, drehte er das Gas ab und hängte den Toaster wieder an seinen Nagel. Das war ein Akt der Zerstörung, denn er sengte eine große Schwärze in die Tapete. Es war Vandalismus und nichts anderes. Was zum Teufel kümmerte es ihn? War das seine Wand? Dieselbe hoffnungslose Tapete klebte da seit fünfzig Jahren. Sie war altersfahl geworden. Sie konnte gar nicht verschlimmbessert werden.

Alsdann dick Savora-Paste, Salz und Cayenne auf jede Scheibe, gut hineingestrichen, solange die Poren von der Hitze noch offen waren. Keine Butter, Gott bewahre, nur eine gehörige Lage Senf und Pfeffer und Salz auf jede Scheibe. Butter war Quatsch, sie machte den Toast klitschig. Toast mit Butter war gut für verkalkte Doktorväter und Heilsarmisten, für alle, die nichts als Zahnersatz im Kopf hatten. Er war ganz und gar nicht gut für eine so starke junge Rose wie Belacqua. Dieses Mahl, das er mit soviel Mühe zubereitete, würde er mit einem Gefühl der Verzückung und des Triumphes verschlingen, es würde sein wie der Schlachtensieg über die Schlittenpolacken. Er würde mit geschlossenen Augen danach schnappen, er würde es zu Brei zerquetschen, er würde ihm zähnefletschend den Garaus machen. Dann das Erschauern vor der Schärfe, das Beißen der Gewürze, wenn ihm jeder hinabgleitende Happen den Gaumen versengte und Tränen hervortrieb.

Aber er war noch nicht ganz so weit, es blieb noch viel zu tun. Er hatte seine Opfergabe verbrannt, aber noch nicht ganz hergerichtet. Jawohl, er hatte das Pferd hinter den Karren gespannt.

Er klappte die Toastscheiben zusammen, er schlug sie heftig zusammen wie Zimbeln, sie hafteten dank der klebrigen Savora-Paste fest aneinander. Dann wickelte er sie vorläufig in irgendein altes Papier. Dann machte er sich ausgehfertig.

Jetzt kam es darauf an, nicht angesprochen zu werden. In diesem Stadium angehalten und mit Konversationskotze überschüttet zu werden, wäre eine Katastrophe. Sein ganzes Wesen strebte voran, auf die bevorstehende Freude zu.

Wenn er jetzt angesprochen würde, könnte er ebenso gut sein Mittagessen in die Gosse werfen und schnurstracks nach Hause zurückkehren. Sein Hunger auf dieses Mahl, der, wie ich wohl kaum zu sagen brauche, mehr von seinem Geist als von seinem Körper ausging, steigerte sich manchmal zu solcher Raserei, daß er nicht gezögert hätte, jeden, der so tollkühn gewesen wäre, ihn anzuquatschen und aufzuhalten, zu schlagen und ohne Umschweife beiseite zu stoßen. Wehe dem Störenfried, der ihm in die Quere kam, wenn sein Sinn ganz auf dieses Mahl gerichtet war.

Mit gesenktem Kopf schlängelte er sich schnell durch ein vertrautes Labyrinth von Gassen und verschwand plötzlich in einem kleinen Laden. Drinnen war man nicht überrascht. So kam er an den meisten Tagen ungefähr um diese Zeit von der Straße hereingeschossen.

Das Scheibchen Käse lag bereit. Seit dem Morgen vom Ganzen getrennt, wartete es nur darauf, daß Belacqua vorbeikäme und es holte. Gorgonzola. Er kannte einen Mann aus Gorgonzola, der hieß Angelo. Er war in Nizza geboren, hatte aber seine ganze Jugend in Gorgonzola verbracht. Belacqua wußte, wo er seinen zu suchen hatte. Jeden Tag lag er da, in derselben Ecke, und wartete darauf, abgeholt zu werden. Es waren sehr ordentliche, gefällige Leute.

Er betrachtete skeptisch das Stückchen Käse. Er drehte es um, weil er sehen wollte, ob die andere Seite etwas besser sei. Die andere Seite war schlechter. Sie hatten es mit der besseren Seite nach oben gelegt, sie hatten diesen kleinen Betrug verübt. Wer konnte es ihnen verübeln? Er rieb daran. Es schwitzte. Das war immerhin etwas. Er beugte sich vor und roch daran. Ein schwacher Duft von Fäulnis. Wozu das? Er wollte keinen Duft, er war kein gottverdammter Feinschmecker, er wollte richtigen Gestank. Er wollte ein ordentliches, stinkendes, verschimmeltes grünes Stück Gorgonzola, das noch arbeitete, und, bei Gott, das würde er kriegen.

Er sah den Kaufmann grimmig an.

„Was ist das?" fragte er.

Der Kaufmann wand sich.

„Na?" fragte Belacqua, er kannte keine Angst, wenn er gereizt war, „ist das alles, was Sie zu bieten haben?"

„In ganz Dublin und Umgebung", sagte der Kaufmann, „würden Sie zur Stunde kein schimmligeres Stück finden."

Belacqua war wütend. Dieser unverschämte Schweinehund, viel fehlte nicht mehr, und er würde sich auf ihn stürzen.

„So geht es nicht", rief er, „haben Sie gehört, so geht es ganz und gar nicht. Es ist unerhört." Er knirschte mit den Zähnen.

Anstatt, wie Pilatus, seine Hände einfach in Unschuld zu waschen, riß der Kaufmann verstört seine Arme zur flehenden Geste eines Gekreuzigten auseinander. Mürrisch packte Belacqua sein Päckchen aus und schob das leichenbleiche Scheibchen Käse zwischen die harten kalten schwarzen Toastdeckel. Er stapfte zur Tür, wo er jedoch noch einmal herumfuhr.

„Haben Sie gehört?" rief er.

„Sir", sagte der Kaufmann. Es war keine Frage und auch kein Ausdruck des Sichfügens. Dem Ton, in dem das Wort fiel, war unmöglich zu entnehmen, was in dem Mann vorging. Es war eine sehr gescheite Entgegnung.

„Ich sage Ihnen", erwiderte Belacqua erbost, „so geht es ganz und gar nicht. Wenn Sie nichts Besseres zu bieten haben als dies", und er hob die Hand, die das Päckchen hielt, „werde ich genötigt sein, meinen Käse anderswo zu kaufen. Haben Sie das kapiert?"

„Sir", sagte der Kaufmann.

Er trat an die Schwelle seines Ladens und sah den empörten Kunden davonhumpeln. Belacqua hatte einen spatlahmen Gang, seine Füße waren ruiniert, er hatte fast ununterbrochen Last damit. Sogar nachts löste ihr Schmerzen nur das seiner Hühneraugen und Hammerzehen ab und quälte ihn weiter, so daß er seine Fußfransen verzweifelt gegen die untere Bettstange preßte, oder, noch besser, mit der Hand hinunterlangte und sie herauf- und wieder zum Rist hin zurückbog. Geschick und Geduld konnten die Schmerzen vertreiben, aber sie waren da und störten seine Nachtruhe.

Ohne die Augen zu schließen oder sie von der entschwindenden Gestalt abzuwenden, schneuzte der Kaufmann sich in seinen Schürzenzipfel. Da er ein warmherziger gütiger Mensch war, hatte er Mitleid und Erbarmen mit diesem sonderbaren Kunden, der immer krank und niedergeschlagen aussah. Doch gleichzeitig war er ein kleiner Krämer, das darf man nicht vergessen, mit dem Gespür eines kleinen Krämers für persönliche Würde und das, was recht und billig ist. Für drei Pence, rechnete er aus, für drei Pence Käse pro Tag, das machte einen Shilling sechs pro Woche. Nein, dafür würde er um niemanden herumscharwenzeln, nein, sei es, wer es wolle. Er hatte auch seinen Stolz.

Während Belacqua auf Umwegen der bescheidenen Kneipe zustolperte, wo er insofern erwartet wurde, als das Hereinkommen seiner komischen Figur weder Bemerkungen noch Gelächter heraufbeschwören würde, zähmte er allmählich seinen Zorn. Nun, da das Mittagsmahl praktisch ein *fait accompli* war, weil die Knilche seiner eigenen Klasse, die das Wasser nicht halten konnten und die es juckte, einen tollen Einfall an den Mann zu bringen oder ihm eine Verabredung aufzuhalsen, in diesem schäbigen Stadtteil selten frei herumliefen, war es ihm möglich, die Punkte zwei und drei, den Hummer und die Unterrichtsstunde, näher ins Auge zu fassen.

Um viertel vor drei mußte er in der Schule sein. Sagen wir, fünf vor drei. Um halb drei machte die Kneipe zu und das Fischgeschäft wieder auf. Angenommen also, daß seine Tante, diese verflixte alte Ziege, ihre Bestellung heute morgen rechtzeitig und mit der ausdrücklichen Anweisung aufgegeben hatte, daß der Hummer fertig bereitliegen solle, so daß ihr Spitzbube von einem Neffen auf keinen Fall aufgehalten würde, wenn er gleich am frühen Nachmittag vorbeikäme, um ihn zu holen, würde es früh genug sein, die Kneipe erst zu verlassen, wenn sie schlösse, er konnte also bis zum letzten Moment dort bleiben. Benissimo. Er hatte eine halbe Krone. Das waren auf jeden Fall zwei Glas vom Faß und vielleicht zum Abschluß noch eine Flasche. Das Flaschenbier war dort besonders gut und hatte eine schöne Blume. Und es würde ihm immer noch genug Kleingeld bleiben, um einen *Herald* zu kaufen und die Straßenbahn zu nehmen, wenn er sich müde fühlte oder in Zeitnot wäre. Freilich nur unter der Voraussetzung, daß der Hummer zum Abholen bereitlag. Zum Teufel mit diesen Geschäftsleuten, dachte er, man kann sich nie auf sie verlassen. Er hatte keine Schularbeiten gemacht, aber das tat nichts zur Sache. Seine Professoressa war so reizend und bemerkenswert. Signorina Adriana Ottolenghi! Er konnte sich keine intelligentere oder besser unterrichtete Frau vorstellen als die kleine Ottolenghi. Er hatte sie also im Geist auf ein Piedestal gestellt, abseits von anderen Frauen. Sie hatte beim letztenmal gesagt, daß sie *Il Cinque Maggio* zusammen lesen würden. Aber sie würde es ihm nicht übelnehmen, wenn er ihr, wie er vorhatte, auf italienisch in einem glänzenden Satz, den er sich auf dem Weg von der Kneipe zurechtlegen würde, sagte, daß es ihm lieber wäre, den *Cinque Maggio* auf ein anderes Mal zu verschieben. Manzoni war ein altes Weib, Napoleon ebenfalls. *Napoleon di mezza calzetta, fa l'amore a Giacominetta.* Warum hielt er Manzoni für ein altes Weib? Warum tat er ihm so unrecht? Pellico war auch eins. Sie waren allesamt alte Jungfern, Suffragetten. Er mußte seine Signorina fragen, woher er wohl den Eindruck haben mochte, daß das 19. Jahrhundert in Italien voller alter Hennen sei, die versuchten, wie Pindar zu glucken. Carducci war auch so eine. Auch nach den Mondflecken. Wenn sie ihm das nicht auf der Stelle sagen könnte, würde sie es nur allzugern bis zum nächstenmal nachschlagen. Alles war jetzt klar und in Ordnung. Ausgenommen, natürlich, der Hummer, der ein unberechenbarer Faktor bleiben mußte. Er konnte nur das Beste hoffen. Und mußte auf das Schlimmste gefaßt sein, dachte er vergnügt, und verschwand in der Kneipe, wie gewöhnlich.

Belacqua näherte sich der Schule, ganz glücklich, da alles glänzend geklappt hatte. Das Mittagsmahl war ein bemerkenswerter Erfolg gewesen, es würde ihm als beispielhaft im Gedächtnis bleiben. Ja, er konnte sich nicht vorstellen, daß es je übertroffen werde. Und daß so ein blasses schlappes Stück Käse sich als so kräftig erwies! Er mußte zu dem Schluß kommen, daß er sich all die Jahre getäuscht hatte, wenn er die Kraft des Käses in ein direktes Verhältnis zu seiner Farbe gebracht hatte. Man lernt nie aus, das war ein wahres Wort. Auch seine Zähne und Kiefer hatten es himmlisch gefunden, Krümel überwältigten Toasts sprühten bei jedem Knirschen hervor. Es war, als ob er Glas äße. Sein Mund brannte und schmerzte bei dem Gewaltstreich. Überdies war das Essen noch durch die mit tragischer leiser Stimme von Oliver dem Lehrling über die Theke servierte Mitteilung gewürzt worden, daß das Gnadengesuch des Mörders von Malahide, vom halben Land unterzeichnet, abgelehnt worden sei, der Mann müsse bei Morgengrauen in Mountjoy baumeln, und nichts könne ihn mehr retten. Ellis, der Henker, sei eben jetzt auf dem Weg. Belacqua, der an seinem Sandwich zerrte und gierig das kostbare Bier in sich hineinkippte, dachte an McCabe in seiner Zelle.

Der Hummer lag schließlich doch bereit, der Mann reichte ihn ihm unverzüglich, und mit welch einem freundlichen Lächeln. Wahrhaftig, ein wenig Höflichkeit und guter Wille halfen viel auf dieser Welt. Ein Lächeln und ein fröhliches Wort von einem gewöhnlichen Sterblichen, der arbeitet, und das Gesicht der Welt war verklärt. Und es war so einfach, eine bloße Frage der Muskelbeherrschung.

„Zappelnd", sagte er fröhlich, als er ihn ihm reichte.

„Zappelnd?" sagte Belacqua. Was sollte das bloß heißen?

„Zappelnd frisch, Sir", sagte der Mann, „heute morgen frisch reingekommen."

Belacqua dachte an Makrelen und andere Fische, die als zappelnd frisch bezeichnet wurden, wenn sie ein oder zwei Stunden vorher gefangen worden waren, und mutmaßte, daß der Mann meinte, der Hummer sei erst vor kurzer Zeit getötet worden.

Signorina Adriana Ottolenghi erwartete ihn in dem kleinen Vorderzimmer neben der Diele, die Belacqua eher als Vestibül zu betrachten neigte. Das war ihr Zimmer, das Italienisch-Zimmer. Auf derselben Seite, aber dahinter, lag das Französisch-Zimmer. Gott weiß, wo das Deutsch-Zimmer war. Wer interessierte sich schon für das Deutsch-Zimmer?

Er hängte Hut und Mantel auf, legte das lange knubbelige, packpapierbraune Paket auf den Tisch in der Diele und ging schleunigst hinein zu der Ottolenghi.

Nach ungefähr einer halben Stunde Geplauders über dies und das gratulierte sie ihm zu seiner Sprachbeherrschung.

„Sie machen rasche Fortschritte", sagte sie mit ihrer ruinierten Stimme.

Es war von der Ottolenghi soviel übriggeblieben, wie man von einer Dame in einem gewissen Alter erwarten kann, die den Zustand, jung, schön und keusch zu sein, vor allem langweilig gefunden hatte.

Belacqua verbarg seine große Freude und brachte das Mondrätsel zur Sprache.

„Ja", sagte sie, „ich kenne die Stelle. Es ist eine berühmte Fangfrage. Ich kann die Antwort nicht aus dem Ärmel schütteln, aber ich will mal nachschlagen, wenn ich wieder zu Hause bin."

Das süße Geschöpf! Sie würde es in ihrem dicken Dante nachschlagen, wenn sie wieder zu Hause wäre. Was für eine Frau! „Mir ist", sagte sie, „apropos ich weiß nicht was der Gedanke gekommen, daß Sie vielleicht gut daran täten,

Dantes seltene mitleidsvolle Regungen in der Hölle mal zusammenzustellen. Das pflegte früher" – ihre Vergangenheitsformen waren stets traurig – „eine beliebte Examensfrage zu sein."

Er setzte ein tiefsinniges Gesicht auf.

„In diesem Zusammenhang", sagte er, „erinnere ich mich an ein exquisites Wortspiel: ‚*qui vive la pietà quando è ben morta* . . .'"

Sie sagte nichts.

„Ist das nicht ein gewaltiger Satz?" sagte er überschwenglich.

Sie sagte nichts.

„Nun ja", sagte er wie ein Trottel, „ich frage mich, wie man das wohl übersetzen könnte?"

Sie sagte immer noch nichts. Dann sagte sie leise:

„Finden Sie, daß es unbedingt übersetzt werden muß?"

Geräusche wie von einer Auseinandersetzung drangen aus der Diele herein. Dann Stille. Ein Knöchel trommelte an die Tür, sie wurde aufgerissen, und siehe da, es war Mademoiselle Glain, die Französischlehrerin, die in größter Erregung, mit vorquellenden Augen, ihre Katze umklammert hielt.

„Oh", keuchte sie, „Verzeihung! Ich störe, aber was war in der Tüte?"

„In der Tüte?" sagte die Ottolenghi.

Mademoiselle Glain machte einen französischen Schritt vorwärts.

„Dem Paket", sie vergrub ihr Gesicht in der Katze, „dem Paket in der Diele."

Belacqua sprach sehr gefaßt.

„Meins", sagte er. „Ein Fisch."

Er kannte das französische Wort für Hummer nicht. Fisch würde vollauf genügen. Fisch war für Jesus Christus, den Sohn Gottes, den Heiland, gut genug gewesen. Es war auch gut genug für Mademoiselle Glain.

„Oh", sagte Mademoiselle Glain unaussprechlich erleichtert, „ich hab sie gerade noch rechtzeitig geschnappt." Sie verabreichte der Katze einen Klaps. „Sie hätte ihn in tausend Fetzchen zerrissen."

Belacqua fühlte sich allmählich etwas beunruhigt.

„Ist sie tatsächlich drangegangen?" sagte er.

„Nein, nein", sagte Mademoiselle Glain, „ich hab sie gerade noch rechtzeitig geschnappt. Aber ich wußte nicht" –

Blaustrumpfgekicher – „was es wohl sein mochte, deshalb dachte ich, geh am besten mal rein und frag."

Gemeines, neugieriges Weibsbild.

Die Ottolenghi war leicht erheitert.

„*Puisqu'il n'y a pas de mal . . .*" sagte sie bemüht verbindlich.

„*Heureusement*", man hörte sofort, daß Mademoiselle Glain fromm war, „*heureusement*".

Sie züchtigte ihre Katze mit linden Schlägen und machte sich von hinnen. Das graue Haar ihrer Jungfräulichkeit rief nach Belacqua. Ein frommer jüngferlicher Blaustrumpf, der nach einem klitzekleinen Skandal lechzte.

„Wo waren wir?" sagte Belacqua.

Aber neapolitanische Geduld hat ihre Grenzen.

„Wo sind wir je?" rief die Ottolenghi. „Wo wir waren, so wie wir waren."

Belacqua näherte sich dem Haus seiner Tante. Sagen wir im Winter, damit die Dämmerung nun hereinbrechen und ein Mond aufgehen kann. An der Straßenecke lag ein Pferd, und ein Mann saß auf seinem Kopf. Ich weiß, dachte Belacqua, daß man das für richtig hält. Aber warum? Ein Laternenanzünder sauste auf seinem Rad vorbei, stieß mit seiner Stange an die Laternenfassungen und stach kleine gelbe Lichter in den Abend. Ein ärmlich gekleidetes Paar stand in der Nische einer pompösen Toreinfahrt, sie mit gesenktem Kopf an das Gitter gelehnt und er ihr gegenüber. Er stand dicht vor ihr, die Hände baumelten ihm zur Seite. Wo wir waren, dachte Belacqua, so wie wir waren. Er umklammerte sein Paket und ging weiter. Warum nicht Mitleid *und* Pietät, selbst dort unten? Warum nicht Erbarmen und Frömmigkeit zugleich? Ein wenig Erbarmen im Eifer des Opferns, ein wenig Erbarmen, um angesichts des Urteils zu frohlokken. Er dachte an Jonas und den Kürbis und das Erbarmen eines eifersüchtigen Gottes mit Ninive. Und an den armen McCabe, dem es beim Morgengrauen an den Nacken ginge. Was machte er jetzt, wie fühlte er sich? Er würde noch eine Mahlzeit auskosten, noch eine Nacht.

Seine Tante war im Garten, wo sie all die Blumen pflegte, die in dieser Jahreszeit sterben. Sie drückte ihn an sich, und gemeinsam stiegen sie ins Innere der Erde hinab, in die Küche im Keller. Sie nahm das Paket und packte es aus, und plötzlich lag der Hummer auf dem Tisch, auf dem Wachstuch, in seiner ganzen Blöße.

„Er hat mir versichert, der sei frisch“, sagte Belacqua.

Plötzlich sah er, wie das Geschöpf sich bewegte, dieses geschlechtslose Wesen. Wahrhaftig, es änderte seine Lage. Er schlug sich die Hand vor den Mund.

„Mein Gott“, sagte er, „er lebt ja.“

Seine Tante sah sich den Hummer an. Er bewegte sich wieder. Er vollbrachte einen schwachen nervösen Akt des Lebens auf dem Wachstuch. Sie standen über ihm, blickten auf ihn hinab, der da nackt und kreuzförmig auf dem Wachstuch lag. Er zuckte wieder. Belaqua fühlte, daß ihm schlecht wurde.

„Mein Gott“, jammerte er, „er lebt ja, was sollen wir tun?“

Die Tante mußte bloß lachen. Sie lief geschäftig zur Vorratskammer, um ihre Kochschürze zu holen, ließ ihn derweil allein auf den Hummer hinabglotzen, und kam in der Schürze mit aufgekrempelten Ärmeln wieder, zu allem bereit.

„Ja“, sagte sie, „das will ich auch hoffen, daß er lebt.“

„Die ganze Zeit“, murmelte Belacqua. Und als er plötzlich ihre gräßliche Ausrüstung sah, rief er: „Was hast du vor?“

„Das Biest kochen“, sagte sie, „was sonst?“

„Aber es ist noch nicht tot“, protestierte Belacqua, „du kannst es so doch nicht kochen.“

Sie sah ihn befremdet an. War er plötzlich nicht mehr bei Sinnen?

„Sei doch vernünftig“, sagte sie unwirsch, „Hummer werden immer lebendig gekocht. Das muß sein.“ Sie packte den Hummer und legte ihn auf den Rücken. Er zitterte. „Sie merken nichts davon“, sagte sie.

In der Tiefe des Meeres war er in den grausamen Korb gekrochen. Stundenlang hatte er, inmitten seiner Feinde, heimlich geatmet. Er hatte die Katze der Französin überlebt und Belaquas gedankenlosen Griff. Jetzt kam er lebendig in siedendes Wasser. Das mußte sein. Nimm auf in die Luft meinen leisen Atem.

Belacqua schaute auf das alte Gesicht wie Pergament, das in der schummrigen Küche grau aussah.

„Du stellst dich an“, sagte sie ärgerlich, „und störst mich nur, und dann beim Essen stürzt du dich drauf.“

Sie hob den Hummer vom Tisch hoch. Er hatte noch etwa dreißig Sekunden zu leben.

Nun ja, dachte Belacqua, es ist ein rascher Tod, Gott helfe uns allen.

Eben nicht.

Erzählungen

Erste Liebe

Ich bringe meine Heirat, zu Recht oder zu Unrecht, zeitlich in Zusammenhang mit dem Tod meines Vaters. Daß es auf anderen Ebenen andere Verbindungen zwischen diesen beiden Angelegenheiten gibt, ist möglich. Es fällt mir schon schwer zu sagen, was ich zu wissen glaube.

Ich bin vor nicht sehr langer Zeit zum Grab meines Vaters gegangen, das weiß ich, und ich habe das Datum seines Ablebens abgelesen, nur das seines Ablebens, denn das seiner Geburt war mir einerlei, an jenem Tag. Ich ging morgens weg und kam abends zurück, nachdem ich auf dem Friedhof gevespert hatte. Aber ein paar Tage später, als ich wissen wollte, in welchem Alter er gestorben war, mußte ich mich wieder zu seinem Grab begeben, um das Datum seiner Geburt abzulesen. Diese beiden Grenzdaten habe ich auf einem Stück Papier notiert, das ich in meinem Besitz behalte. So bin ich imstande zu behaupten, daß ich ungefähr fünfundzwanzig Jahre alt gewesen sein muß, bei meiner Heirat. Dann das Datum meiner eigenen Geburt, ich betone, meiner eigenen Geburt, habe ich nie vergessen, ich bin nie genötigt worden, es aufzuschreiben, es bleibt in meinem Gedächtnis eingeprägt, seine Jahreszahl wenigstens, in Ziffern, die das Leben schwerlich zu tilgen vermag. Auch den Tag finde ich wieder, wenn ich mir Mühe gebe, und ich feiere ihn oft, auf meine Weise, ich behaupte nicht, jedesmal, wenn er wiederkehrt, nein, denn er kehrt allzu oft wieder, aber oft.

Ich persönlich habe nichts gegen Friedhöfe, ich gehe da recht gern spazieren, lieber da als anderswo, glaube ich, wenn ich schon ausgehen muß. Der Geruch der Leichen, den ich unverkennbar unter dem des Grases und des Mutterbodens herausrieche, ist mir nicht unangenehm. Etwas süßlich vielleicht und zu Kopf steigend, aber wieviel erträglicher als der Geruch der Lebenden, der Achselhöhlen, der

Füße, der Gesäße, der wachsigen Präputien und der frustrierten Ovula. Und wenn die Überreste meines Vaters dabei mitwirken, in welch bescheidenem Maße dies auch immer geschehen mag, so fehlt nicht viel, daß ich zu Tränen gerührt bin. Sie mögen sich noch so fein waschen, die Lebenden, und sich noch so fein parfümieren, sie stinken. Ja, laßt mir als Promenaden, wenn man schon ausgehen muß, die Friedhöfe, und geht ihr in den Parkanlagen oder auf dem Lande spazieren. Mein Butterbrot, um nicht von meiner Banane zu sprechen, verzehre ich mit mehr Appetit, wenn ich auf einem Grabe sitze, und wenn ich pissen muß, und das muß ich oft, so habe ich die Wahl. Entweder irre ich, die Hände auf dem Rücken, zwischen den Steinen, den geraden, den schiefen und den liegenden herum und halte eine Inschriftenlese. Sie haben mich nie enttäuscht, die Inschriften, es finden sich immer drei oder vier derart komische, daß ich mich an das Kreuz oder an die Säule oder an den Engel klammern muß, um nicht zu fallen. Meine habe ich vor langer Zeit schon verfaßt, und ich bin immer noch damit zufrieden, ziemlich zufrieden. Meine anderen Schriften sind noch nicht ganz trocken, da ekeln sie mich schon an, aber meine Grabschrift gefällt mir immer noch. Sie wirft ein grammatisches Problem auf. Es ist leider kaum anzunehmen, daß sie sich je über dem Schädel, der sie verfaßte, erheben wird, es sei denn, der Staat kümmerte sich darum. Aber um mich exhumieren zu können, wird man mich zuerst finden müssen, und ich befürchte sehr, daß der Staat ebensoviel Mühe haben wird, mich tot zu finden wie lebendig. Darum beeile ich mich, sie an dieser Stelle niederzuschreiben, ehe es zu spät ist:

> Hier ruht, der vor ihm geflohen bis
> zuletzt,
> so daß es ihn nicht früher geflohen
> als jetzt.

Es ist eine überzählige Silbe in dem zweiten und letzten Vers, aber das macht nichts, meiner Meinung nach. Man wird mir mehr als das verzeihen, wenn ich nicht mehr da sein werde. Und mit ein wenig Glück stößt man auf eine richtige Beerdigung mit trauernden Lebenden und zuweilen einer Witwe, die sich ins Grab stürzen will, und fast immer hört man die schöne Geschichte von dem Staub, obgleich mir aufgefallen ist, daß nichts weniger staubig ist als solche Löcher, es ist fast immer recht fette Erde, und der Verstorbene droht auch noch nicht gleich zu zerstieben, wenn es sich nicht gerade um einen Verkohlten handelt. Es ist trotzdem ganz schön, das kurze Theater mit dem Staub. Aber an dem Friedhof meines Vaters lag mir nicht soviel. Er war zu weit weg, ganz weit draußen, am Hang eines Hügels, und auch zu klein, viel zu klein. Er war übrigens sozusagen voll, noch ein paar Witwen und er würde ganz ausverkauft sein. Ich zog Ohlsdorf bei weitem vor, besonders das Linnesche Friedhofsgelände, auf preußischem Boden, mit seinen vierhundert Hektar dicht übereinander geschichteter Leichen, obgleich ich dort niemand kannte, außer dem Tierbändiger Hagenbeck, nur vom Hörensagen. Auf seinem Grabmal sieht man, glaube ich, einen aus Stein gehauenen Löwen. Der Tod mußte wohl das Gesicht eines Löwen haben, für Hagenbeck. Autobusse kommen an und fahren ab; sie sind zum Bersten voll mit Witwern, Witwen und Waisen. Wäldchen, Grotten und Teiche mit Schwänen spenden den Betrübten Trost. Es war im Dezember, ich habe nie so arg gefroren, die Aalsuppe war mir nicht bekommen, ich hatte Angst vor dem Tod, ich blieb stehen, um mich zu übergeben, ich beneidete sie.

Aber um nun zu einem weniger traurigen Thema überzugehen, beim Tode meines Vaters mußte ich das Haus verlassen. Er wollte immer, daß ich zu Hause bliebe. Er war ein sonderbarer Mann. Eines Tages sagte er, Laßt ihn doch, er stört niemanden. Er wußte nicht, daß ich zuhörte. Diesen Gedanken sollte er oft äußern, aber die anderen Male war ich nicht dabei. Man hat mir nie sein Testament zeigen wollen, man hat mir nur gesagt, er habe mir soundsoviel Geld hinterlassen. Ich glaubte damals, und ich glaube es noch heute, daß er in seinem Testament verlangt hatte, mir das Zimmer, das ich zu seinen Lebzeiten bewohnte, zu lassen und Essen für mich dorthin zu bringen wie vorher. Das war vielleicht sogar die Bedingung, von der er alles übrige abhängig machte. Denn das Gefühl, daß ich zu Hause war, mußte ihm lieb sein, sonst hätte er nichts dagegen gehabt, daß man mich hinauswerfen wollte. Vielleicht hatte er nur Mitleid mit mir. Aber ich glaube es nicht. Er hätte mir das ganze Haus vermachen sollen, dann wäre ich ruhig gewesen, die anderen übrigens auch, denn ich hätte zu ihnen gesagt, So bleibt doch, ihr seid hier zu Hause! Es war ein riesiges Haus. Ja, mein armer Vater war allerdings auf dem

Holzweg, wenn er wirklich die Absicht hatte, mich weiterhin zu beschützen, von Jenseits-des-Grabes aus. Was das Geld betrifft, so seien wir gerecht, sie händigten es mir prompt aus, am Morgen nach dem Begräbnis schon. Vielleicht war es ihnen faktisch unmöglich, es anders zu machen. Ich sagte zu ihnen, Behaltet dieses Geld und laßt mich weiter hier leben, in meinem Zimmer, wie zu Papas Lebzeiten. Ich fügte hinzu, Gott sei seiner Seele gnädig, in der Hoffnung, ihnen Freude zu machen. Aber sie wollten nicht. Ich schlug ihnen vor, mich zu ihrer Verfügung zu stellen, ein paar Stunden pro Tag, für die kleinen Hausarbeiten, deren jedes Haus bedarf, wenn man nicht möchte, daß es zu Staub zerfällt. Instandsetzungsarbeiten wäre auch noch eine Möglichkeit, ich weiß nicht warum. Ich bot ihnen insbesondere an, mich um das Treibhaus zu kümmern. Darin hätte ich gerne drei oder vier Stunden täglich verbracht, in der Wärme, mit der Pflege der Tomaten, Nelken, Hyazinthen und Sämlinge. Nur mein Vater und ich verstanden etwas von Tomaten in diesem Hause. Aber sie wollten nicht. Eines Tages, als ich von der Toilette zurückkehrte, stellte ich fest, daß die Tür meines Zimmers abgeschlossen war und meine Sachen aufgestapelt vor der Tür standen. So daß Sie sich vorstellen können, wie verstopft ich war, in jener Zeit. Die Angst war der Grund für meine Verstopfung, glaube ich. War ich denn wirklich verstopft? Ich glaube es nicht. Mal langsam! Mal langsam! Und doch mußte ich es sein, denn wie waren sonst jene langen, qualvollen Sitzungen auf dem Klosett, auf dem Abort zu erklären? Ich las nie, weder dort noch anderswo, ich träumte nicht und überlegte auch nicht, ich betrachtete unbeteiligt den Kalender, der an einem Nagel vor meinen Augen hing, man sah darauf das farbige Bild eines bärtigen jungen Mannes, umgeben von Schafen, das mußte Jesus sein, ich zog meine Arschbacken mit den Händen auseinander und drückte, eins! hm! zwei! hm!, mit Ruderbewegungen, und ich hatte nur eins im Sinn, schnell wieder in mein Zimmer zurückzukehren und mich hinzulegen. Das war doch wohl eine Verstopfung, nicht wahr? Oder verwechsele ich es mit Durchfall? In meinem Kopf gerät alles durcheinander, Friedhöfe und Hochzeiten und die verschiedenen Arten des Stuhlgangs. Ich hatte nicht viele Sachen, sie hatten sie auf dem Boden an der Tür aufgestapelt, ich sehe noch den kleinen Stapel, den sie im Dunkel einer Art Nische bildeten, die den Gang von meinem Zimmer trennte. In diesem kleinen, dreiseitig begrenzten Raum mußte ich mich umziehen, ich meine, meinen Schlafrock und mein Nachthemd ausziehen und meine Reisekleidung anziehen, ich meine: Socken, Schuhe, Hose, Hemd, Jacke, Mantel und Hut, ich hoffe, daß ich nichts vergesse. Ich versuchte, andere Türen zu öffnen, indem ich den Knopf herumdrehte und drückte, ehe ich das Haus verließ, aber keine einzige gab nach. Wenn ich ein offenes Zimmer gefunden hätte, so hätte ich mich vermutlich darin verbarrikadiert, nur die Gase hätten mich da hinausgebracht. Ich fühlte, daß das Haus voller Leute war, wie gewöhnlich, aber ich sah niemanden. Ich glaube, daß jeder sich in seinem Zimmer eingesperrt hatte, mit lauschenden Ohren. Dann schnell, alle an die Fenster, unauffällig, hinter den Vorhängen versteckt, beim Geräusch der sich hinter mir schließenden Haustür, ich hätte sie offen lassen sollen. Und schon öffnen sich die Türen und alle kommen heraus, Männer, Frauen und Kinder, ein jeder aus seinem Zimmer, und die Stimmen, die Seufzer, das Lächeln und Händeklatschen, mit den Schlüsseln in den Händen, ein lautes Uff, und dann das Wiederkäuen der Losungen, wenn dies, dann das, aber wenn das, dann dies, eine echte, festliche Stimmung, jeder hat es begriffen, zu Tisch, zu Tisch, das Zimmer kann warten. Das alles ist natürlich frei erfunden, da ich nicht mehr da war. Die Dinge spielten sich vielleicht ganz anders ab, aber was bedeutet schon die Art, wie die Dinge sich abspielen, solange sie sich abspielen? Und all die Lippen, die mich geküßt hatten, die Herzen, die mich geliebt hatten (man liebt doch mit dem Herzen, nicht wahr, oder verwechsele ich es mit etwas anderem?), die Hände, die mit den meinen gespielt hatten, und die Geister, die mich beinahe besessen hätten! Die Leute sind wahrhaftig sonderbar. Armer Papa, er mußte arg in Verlegenheit sein an jenem Tag, wenn er mich sehen, uns sehen konnte, in Verlegenheit wegen meiner, meine ich. Es sei denn, daß er in seiner großen Weisheit eines Entkörperten weiter blickte als sein Sohn, dessen Leiche noch nicht ganz reif war.

Aber um nun zu einem lustigeren Thema überzugehen, der Name der Frau, mit der ich mich wenig später vereinigte, ihr Vorname war Lulu. Das behauptete sie wenigstens mir gegenüber, und ich weiß nicht, was sie im Sinne gehabt haben mochte, um mich zu belügen, diesbezüglich. Freilich, man kann nie wissen. Da sie keine Französin war, sagte sie Lulu, nicht Lülü. Auch ich sagte, da ich auch kein Franzose war, Lulu, wie sie. Beide sagten wir Lulu. Sie ließ mich auch ihren Familiennamen wissen, aber ich habe ihn vergessen. Ich hätte ihn notieren sollen, auf einem Stück Papier, es ist mir unangenehm, die Eigennamen zu vergessen. Ich machte ihre Bekanntschaft auf einer Bank, am Ufer des Kanals, eines der Kanäle, denn in unserer Stadt gibt es zwei, aber ich habe sie nie auseinanderhalten können. Es war eine Bank, an einer sehr guten Stelle, sie lehnte an einem Haufen aus Erde und hart gewordenem Schutt, so daß ich Rückendeckung hatte. Auch meine Flanken waren teilweise in Deckung, dank zwei ehrwürdigen und sogar toten Bäumen, welche die Bank beiderseits flankierten. Wahrscheinlich hatten diese Bäume eines Tages, als sie mit all ihren Blättern rauschten, jemandem den Gedanken an die Bank zugeraunt. Wenige Meter davor floß der Kanal, wenn die Kanäle überhaupt fließen, ich habe davon keine Ahnung, so daß ich auch nicht zu fürchten brauchte, von dieser Seite überrascht zu werden. Und doch überraschte sie mich. Ich hatte mich hingelegt, es war mild, ich schaute zu, wie zwischen den entblößten Ästen, mit denen die beiden Bäume einander über meinem Kopf stützten, und zwischen den Wolken, die keine Decke bildeten, ein Stück bestirnten Himmels erschien und wieder verschwand. Lassen Sie mir einen Platz, sagte sie. Im ersten Moment wollte ich weggehen, aber wegen meiner Müdigkeit und der Tatsache, daß ich nicht wußte wohin, wurde nichts daraus. Ich zog meine Füße also ein wenig unter mich zurück, und sie setzte sich. Es kam zu nichts zwischen uns, an jenem Abend, und sie ging bald weg, ohne noch ein Wort zu mir gesagt zu haben. Sie hatte nur ein paar alte Volkslieder vor sich hingesummt, zum Glück ohne die Worte, und zwar auf eine sonderbar bruchstückhafte Weise, da sie von einem Lied zum anderen hinüberwechselte und zu dem gerade unterbrochenen wieder zurückkehrte, ehe das, was sie letzterem vorgezogen hatte, zu Ende war. Sie hatte eine falsch klingende, aber angenehme Stimme. Ich ahnte die Seele, die sich schnell langweilt und die nie etwas vollendet, und die einen vielleicht am wenigsten von allen belemmert. Sogar von der Bank hatte sie schnell genug, und was mich betrifft, so hatte ihr ein kurzer Blick gereicht. In Wirklichkeit war sie eine äußerst starrsinnige Frau. Sie kam am nächsten und am übernächsten Tag wieder, und alles spielte sich beinahe in der gleichen Weise ab. Ein paar Worte wurden vielleicht gewechselt. Am darauffolgenden Tag regnete es, und ich glaubte, meine Ruhe zu haben, aber ich täuschte mich. Ich fragte sie, ob sie die Absicht hätte, mich jeden Abend zu stören. Störe ich Sie? sagte sie. Wahrscheinlich betrachtete sie mich. Sie konnte vermutlich nicht viel sehen. Zwei Augenlider vielleicht, und ein wenig Nase und Stirn, nur dunkel, wegen der Dunkelheit. Ich glaubte, es täte uns gut, sagte sie. Sie stören mich, sagte ich, ich kann mich nicht hinlegen, wenn Sie da sind. Ich sprach es in meinen Mantelkragen hinein, und sie verstand es trotzdem. Liegt Ihnen soviel daran, sich hinzulegen? sagte sie. Es ist eben ein Fehler, die Leute anzusprechen. Sie brauchen Ihre Füße nur auf meine Knie zu legen, sagte sie. Ich ließ mich nicht bitten. Ich fühlte unter meinen kümmerlichen Waden ihre runden Schenkel. Sie begann, meine Knöchel zu streicheln. Wenn meine Ferse ihr einen Tritt zwischen die Beine versetzte, sagte ich mir. Man spricht vor anderen vom Hinlegen, und sofort sehen sie einen ausgestreckten Körper. Was mich, meine Wenigkeit, in meinem Königreich ohne Untertanen interessierte, war etwas, von dem die Lage meiner Knochen nur der entfernteste und belangloseste Abglanz war, es war die zerebrale Rükkenlage, das Einschläfern der Ich-Idee und der Idee von jenem kleinen Rest lästiger Kleinigkeiten, die man das Nicht-Ich, ja sogar die Welt nennt, aus Faulheit. Aber mit fünfundzwanzig Jahren strotzt der moderne Mann noch von Spannkraft, sogar von sexueller von Zeit zu Zeit, das ist jedermanns Los, auch mir selber blieb das nicht erspart, wenn man sowas überhaupt von Spannkraft strotzen nennen kann. Sie merkte es natürlich, die Frauen wittern einen stehenden Phallus schon, wenn sie noch über zehn Kilometer von ihm entfernt sind und fragen sich dabei, Wie hat er mich überhaupt sehen können? Man ist nicht mehr man selber, unter diesen Umständen, und es ist peinlich, nicht mehr man selber zu sein, noch peinlicher, als es zu sein, was man auch darüber sagen mag. Denn wenn man es ist, weiß man, was man zu tun hat, um es weniger zu sein, wohingegen man, wenn man es nicht mehr ist, irgendwer ist und keine Möglichkeit mehr hat, sich unkenntlich zu machen. Was man Liebe nennt, ist Verbannung, und von Zeit zu Zeit eine Postkarte aus der Heimat, das ist mein Eindruck heute abend. Als sie fertig war, und als mein eigenes Ich, das gezähmte, sich mit Hilfe einer kurzen Bewußtlosigkeit wiederhergestellt hatte, fand ich mich allein. Ich frage mich, ob das alles nicht frei erfunden ist, ob die Dinge sich in Wirklichkeit nicht ganz anders abgespielt haben, gemäß einem Schema, das ich wohl vergessen haben muß. Und doch bleibt ihr Bild verbunden mit dem der Bank, für mich, nicht der Bank in der Nacht, sondern der Bank am Abend, so daß von der Bank sprechen, so wie sie mir am Abend zu sein schien, von ihr sprechen bedeutet, für mich. Das beweist nichts, aber ich will nichts beweisen. Was die Bank am Tage betrifft, so lohnt es sich nicht, darüber zu sprechen, ich war nie dort, ich verließ sie recht früh und kehrte erst am späten Nachmittag dorthin zurück. Ja, am Tage besorgte ich mir zu essen, und ich machte die Zufluchtsorte ausfindig. Sollten Sie mich fragen, und das möchten Sie sicherlich, was ich mit dem Geld gemacht hatte, das mir von meinem Vater vererbt worden war, so würde ich Ihnen sagen, daß ich nichts damit gemacht hatte, ich behielt es in meiner Tasche. Denn ich wußte, daß ich nicht immer jung bleiben würde, und daß der Sommer nicht ewig dauert, und nicht einmal der Herbst, meine bürgerliche Seele sagte es mir. Schließlich sagte ich ihr, daß ich es satt hätte. Sie störte mich nachhaltig, selbst in ihrer Abwesenheit. Sie stört mich übrigens immer noch, aber nicht anders als das Übrige. Übrigens macht es mir jetzt nichts mehr aus, gestört zu werden, oder so wenig, was soll das bedeuten, gestört werden, ich muß es sogar, ich habe das System gewechselt, meine Spielweise, ich kenne den richtigen Trick, es ist der neunte oder zehnte, es ist ohnehin bald alles vorbei, die Störungen, die Klärungen, bald wird man nicht mehr darüber sprechen, weder über Lulu noch über andere, weder über den Dreck noch über den Himmel. Sie wollen also nicht mehr, daß ich komme? sagte sie. Es ist unglaublich, wie gern die Leute wiederholen, was man ihnen gerade gesagt hat, als drohte ihnen der Scheiterhaufen, wenn sie ihren Ohren trauten. Ich sagte ihr, sie sollte von Zeit zu Zeit wiederkommen. Ich kannte die Frauen schlecht, zu jener Zeit. Ich kenne sie übrigens immer noch schlecht. Die Männer auch. Die Tiere auch. Am wenigsten schlecht kenne ich meine Leiden. Ich denke ihrer jeden Tag, aller, es ist schnell geschehen, das Denken geht so schnell, aber sie kommen nicht alle vom Denken. Ja, es gibt Stunden, vor allem nachmittags, da ich mich für einen Synkretisten Reinholdscher Art halte. Welch ein Gleichgewicht. Meine Leiden kenne ich übrigens auch nur schlecht. Das muß daran liegen, daß ich nicht nur Leiden bin. Das ist der ganze Witz. Dann entziehe ich mich ihm und wundere mich über es, bewundere es, wie von einem fernen Planeten aus. Selten, aber das genügt. Gar nicht dumm, das Leben. Nur Leiden zu sein, wie das alles vereinfachen würde! All-Leid zu sein! Aber das liefe auf einen Wettbewerb hinaus, auf einen unlauteren. Ich werde sie euch trotzdem eines Tages nennen, wenn ich daran denke, und wenn ich es kann, meine seltsamen Leiden, in allen Einzelheiten, sie gut auseinanderhaltend, der Klarheit halber. Ich werde euch die des Verstandes nennen, die des Herzens oder die affektiven, die der Seele (entzückend, die der Seele), und dann die des Körpers, die inneren oder verborgenen zuerst, dann die an der Oberfläche, beginnend mit den Haaren und methodisch, ohne Hast, weiter von oben nach unten, bis zum Fuß, dem Ort der Hühneraugen, Krämpfe, Hornhäute, eingewachsenen Nägel, Frostbeulen, Mykosen und anderer Absonderlichkeiten. Und denjenigen, die freundlich genug sind, mir zuzuhören, werde ich bei der gleichen Gelegenheit gemäß einem System, dessen Erfinder ich vergessen habe, die Momente nennen, in denen man, ohne betäubt oder betrunken oder beschwingt zu sein, gar nichts fühlt. Daraufhin wollte sie natürlich wissen, was ich unter von Zeit zu Zeit verstand, solchen Fragen setzt man sich aus, wenn man den Mund aufmacht. Alle acht Tage? Alle zehn Tage? Ich sagte ihr, seltener, viel seltener, überhaupt nicht mehr zu kommen, falls es möglich wäre, und wenn es nicht möglich wäre, so selten wie möglich zu kommen. Übrigens, am nächsten Morgen gab ich die Bank auf, weniger ihretwegen, muß ich sagen, als wegen der Bank, deren Platz meinen immerhin bescheidenen Ansprüchen nicht mehr genügte, denn die erste Kälte war von Nacht zu Nacht empfindlicher zu spüren, und auch aus anderen Gründen, die vor Schlappschwänzen, wie Sie es sind, zu erwähnen müßig wäre, und ich suchte in einem verlassenen Kuhstall Zuflucht, den ich im Laufe meines Herumlaufens ausfindig gemacht hatte. Er befand sich im Winkel eines Feldes, dessen Oberfläche mehr Brennesseln als Gras und mehr Schlamm als Brennesseln aufwies, aber dessen Untergrund womöglich bemerkenswerte Eigenschaften besaß. In diesem Stall voller trockener und hohler Kuhfladen, die mit einem Seufzer in sich zusammensanken, wenn ich mit dem Finger hineinstach, mußte ich mich zum ersten Mal in meinem Leben und, wie ich gerne sagen würde, wenn ich nur ein wenig Morphium zur Hand hätte, zum letzten Mal gegen ein Gefühl wehren, das sich nach und nach in meinem eisigen Geist den scheußlichen Namen Liebe zulegte. Unser Land ist, wenn man freilich von der Tatsache absieht, daß es, trotz der Unmöglichkeit, sich dort das primitivste Präservativ zu beschaffen, nur dünn bevölkert ist, darum so reizvoll, weil dort alles verwahrlost ist, außer den alten Exkrementen der Geschichte. Diese rafft man eifrig zusammen, man stopft sie aus und trägt sie in feierlichem Aufzuge herum. Wo immer die Zeit vor Ekel einen schönen Haufen Dreck gemacht hat, werdet ihr unsere Patrioten hocken und mit hochroten Gesichtern schnüffeln sehen. Es ist das Paradies der Obdachlosen. Das erklärt schließlich mein Glück. Alles lädt zur Bauchlage ein. Ich erkenne keinen Zusammenhang zwischen diesen Beobachtungen. Aber daß es einen gibt, und sogar mehrere, darüber besteht kein Zweifel bei mir. Aber welche? Ja, ich liebte sie, denn so nannte ich, so nenne ich leider immer noch, was ich tat, zu jener Zeit. Ich hatte keine festen Vorstellungen davon, da ich vorher nie geliebt hatte, aber ich hatte natürlich darüber sprechen hören, zu Hause, in der Schule, im Bordell und in der Kirche, und ich hatte Romane gelesen, in Prosa und in Versen, unter der Leitung meines Hauslehrers, englische, französische, italienische und deutsche, in denen davon ausführlich die Rede war. Ich war folglich immerhin imstande, was ich tat, zu benennen, als ich mich plötzlich das Wort Lulu auf einen alten Färsenfladen schreiben sah, oder als ich beim Mondschein im Dreck liegend versuchte, die Brennesseln auszureißen, ohne ihre Stengel zu zerbrechen. Es waren Riesenbrennesseln, einige davon waren einen Meter hoch, ich riß sie aus, es verschaffte mir Erleichterung, und doch ist es nicht meine Art, Unkraut auszureißen, ganz im Gegenteil, ich überhäufte es noch und noch mit Mist, wenn ich welchen hatte. Die Blumen sind was anderes. Die Liebe macht einen grausam, das steht fest. Aber um welche Liebe handelte es sich eigentlich? Um leidenschaftliche Liebe? Ich glaube nicht. Denn die leidenschaftliche Liebe ist doch die Satyriasis, nicht wahr? Oder verwechsle ich sie mit einer anderen Spielart? Es gibt so viele davon, nicht wahr? Die einen sind noch schöner als die anderen, nicht wahr? Die platonische Liebe, zum Beispiel, das ist auch so eine, die mir gerade wieder einfällt. Sie ist uneigennützig. Vielleicht war meine Liebe zu ihr platonisch? Es fällt mir schwer, es zu glauben. Hätte ich ihren Namen in alte Kuhscheiße geschrieben, wenn meine Liebe zu ihr rein und uneigennützig gewesen wäre? Und dazu noch mit meinem Finger, den ich nachher ablutschte? Ach wo, ach wo. Ich dachte an Lulu, und wenn das nicht alles sagt, so sagt es genug, meiner Meinung nach. Ich habe übrigens die Nase voll von diesem Namen Lulu, und ich werde ihr sofort einen anderen geben, einen einsilbigen diesmal, zum Beispiel Anne, er ist nicht einsilbig, aber das macht nichts. Also dachte ich an Anne, ich, der gelernt hatte, an nichts zu denken, es sei denn an meine Leiden, sehr schnell, und dann an die Maßnahmen, die zu ergreifen sind, um nicht vor Hunger zu sterben, oder vor Kälte, oder vor Scham, aber niemals und unter keinerlei Vorwand an Lebewesen als solche (ich frage mich, was das bedeuten soll), was ich auch immer habe sagen mögen, oder womöglich sagen werde, diesbezüglich. Denn ich habe immer von Dingen gesprochen und ich werde immer von Dingen sprechen, die nie existiert haben, oder, wenn Sie wollen, die existiert haben und die vermutlich immer existieren werden, aber nicht so, wie ich es mir denke. Die Käppis, zum Beispiel, existieren ja doch, und es besteht wenig Hoffnung, daß sie je verschwinden, aber ich habe nie ein Käppi getragen. Ich habe irgendwo geschrieben, Sie gaben mir . . . einen Hut. Und doch gaben „sie" mir nie einen Hut, ich habe meinen eigenen Hut immer behalten, denselben, den mein Vater mir gegeben hatte, und ich habe nie einen anderen Hut gehabt als eben diesen. Er ist mir übrigens in den Tod gefolgt. Also ich dachte an Anne, viel, viel, zwanzig Minuten, fünfundzwanzig Minuten, ja bis zu einer halben Stunde pro Tag. Ich erhalte diese Zahlen, indem ich andere, kleinere Zahlen zusammenzähle. Das mußte meine Art zu lieben sein. Ist daraus zu schließen, daß meine Liebe zu ihr jene intellektuelle Liebe war, die mir schon so viele Dummheiten abgenötigt hat, an einer anderen Stelle? Ich kann es nicht glauben. Denn wenn meine Liebe zu ihr von dieser Art gewesen wäre, hätte ich mich dann damit vergnügt, das Wort Anne in uralten Rinderkot zu kratzen? Und mit beiden Händen Brennesseln auszureißen? Und hätte ich unter meinem Schädel ihre Schenkel beben fühlen, wie zwei besessene Kopfpolster? Um dieser Lage ein Ende zu bereiten, um zu versuchen, ihr ein Ende zu bereiten, begab ich mich eines Abends an die Stelle, wo die Bank stand, um die gleiche Stunde, da sie einst zu mir zu stoßen pflegte. Sie war nicht da, und ich wartete vergebens auf sie. Es war schon Dezember, wenn nicht Januar, und die Kälte war jahreszeitgemäß, das heißt sehr gut, sehr richtig, einwandfrei, wie alles, was jahreszeitgemäß ist. Aber ich war kaum wieder im Stall, als ich auch schon Argumente zusammenstellte, die mir eine ausgezeichnete Nacht verhießen und sich auf die Tatsache gründeten, daß die amtliche Zeit ebensoviele Arten und Weisen, sich in die Luft, am Himmel und auch ins Herz einzuzeichnen hat, wie das Jahr Tage. Am nächsten Tag also begab ich mich früher zur Bank, viel früher, just zu Beginn des eigentlichen Dunkels der Nacht, aber gleichwohl zu spät, denn sie war schon da, auf der Bank, unter den vor Frost knarrenden Ästen, vor dem eiskalten Wasser. Ich habe Ihnen schon gesagt, daß sie eine übertrieben starrsinnige Frau war. Der Haufen war weiß vom Rauhreif. Ich empfand nichts. Was mochte sie im Sinne haben, mir so nachzustellen? Ohne mich hinzusetzen, fragte ich es sie, während ich trampelnd hin- und herging. Die Kälte hatte den Weg holperig gemacht. Sie antwortete mir, sie wisse es nicht. Was mochte sie wohl in mir sehen? Ich bat sie, es mir zu sagen, falls sie es könnte. Sie antwortete mir, sie könne es nicht. Sie schien warm angezogen zu sein. Sie hielt ihre Hände tief verborgen in einem Muff. Mir fällt wieder ein, daß ich beim Anblick dieses Muffs zu weinen begann. Und doch habe ich dessen Farbe vergessen. Es ging schlecht. Ich habe immer leicht geweint, ohne je den geringsten Nutzen daraus zu ziehen, bis vor kurzem. Wenn ich jetzt auf der Stelle weinen müßte, wäre ich nicht Manns genug, das kleinste Tröpfchen hervorzupressen, das glaube ich wahrhaftig. Es geht schlecht. Die Dinge brachten mich zum Weinen. Und doch hatte ich keinen Verdruß. Und wenn ich überrascht bemerkte, daß ich ohne triftigen Grund weinte, so hatte ich irgend etwas gesehen, unbewußt. So daß ich mich frage, ob es wirklich der Muff war, der mich zum Weinen brachte, an jenem Abend, und ob es nicht vielmehr der Pfad war, dessen Härte und Holperigkeit mich an die Pflastersteine erinnert hätten oder noch etwas anderes, irgend etwas anderes, das ich gesehen hätte, unbewußt.

Ich sah sie sozusagen zum ersten Mal. Sie saß mit hängendem Kopf ganz gekrümmt und eingemummelt da. Der Muff mit den Händen lag in ihrem Schoß, die Beine waren aneinandergepreßt, die Absätze hochgehoben. Es war ohne Form, ohne Alter, fast ohne Leben, es konnte eine alte Frau oder ein kleines Mädchen sein. Und ihre Art zu antworten, Ich weiß nicht, Ich kann nicht. Ich allein wußte nicht und konnte nicht. Sind Sie meinetwegen gekommen? sagte ich. Ja, sagte sie. So, so, hier bin ich, sagte ich. War ich denn nicht ihretwegen gekommen? Hier bin ich, hier bin ich, sagte ich mir. Ich setzte mich neben sie, sprang aber sofort wieder auf, wie unter der Einwirkung eines heißen Eisens. Ich hatte Lust wegzugehen, um zu wissen, ob es vorbei sei. Aber sicherheitshalber bat ich sie vor dem Weggehen, mir ein Lied zu singen. Ich glaubte zuerst, sie würde es ablehnen, ich meine schlechtweg nicht singen, aber nein, nach einer Weile begann sie zu singen, und sie sang eine ganze Weile, immer das gleiche Lied, glaube ich, ohne ihre Haltung zu ändern. Ich kannte das Lied nicht, ich hatte es nie gehört und werde es nie mehr hören. Es fällt mir nur wieder ein, daß darin Zitronen vorkamen, oder Orangen, ich weiß nicht mehr welche Früchte, und für mich ist es eine Leistung, behalten zu haben, daß Zitronen oder Orangen darin vorkamen, denn von anderen Liedern, die ich in meinem Leben gehört habe, und ich habe wer weiß wie viele gehört, denn es ist praktisch unmöglich, sagen wir, zu leben, selbst so wie ich lebte, ohne singen zu hören, wenn man nicht taub ist, habe ich nicht das geringste behalten, kein Wort, keinen Ton, oder so wenige Worte, so wenige Töne, daß, daß was, daß nichts, dieser Satz hat lange genug gedauert. Dann zog ich mich zurück, und während ich mich zurückzog, hörte ich sie ein anderes Lied singen, oder vielleicht die Fortsetzung desselben, mit leiser Stimme, die um so leiser wurde, je weiter ich mich zurückzog, und die schließlich verstummte, sei es, daß sie zu singen aufgehört hatte, sei es, daß ich zu weit davon entfernt war, um sie hören zu können. Ich beließ es nicht gerne bei solcher Ungewißheit, zu jener Zeit, ich lebte natürlich in der Ungewißheit, von der Ungewißheit, aber diese kleinen Ungewißheiten physischer Art, wie man sagt, die wollte ich doch gerne sofort loswerden, sie konnten mich wie Viehfliegen peinigen, wochenlang. Ich ging also ein paar Schritte zurück und blieb stehen. Zuerst hörte ich nichts, dann hörte ich die Stimme, aber kaum, so leise drang sie zu mir. Ich hörte sie nicht, dann hörte ich sie, ich mußte demnach in einem bestimmten Zeitpunkt anfangen, sie zu hören, und doch war es nicht so, es gab keinen Anfang, dermaßen weich war sie aus der Stille erklungen und so sehr glich sie ihr. Als die Stimme endlich verstummte, ging ich noch ein paar Schritte auf sie zu, um sicher zu sein, daß sie verstummt war und nicht nur leiser geworden. Indem ich mir dann verzweifelnd sagte, Wie soll man es wissen, wenn man nicht neben ihr, über sie gebeugt ist, machte ich kehrt und ging weg, allen Ernstes, voller Ungewißheit. Aber einige Wochen später kehrte ich mehr tot als lebendig wieder zur Bank zurück, es war das vierte oder fünfte Mal, seitdem ich sie verlassen hatte, zur gleichen Stunde ungefähr, ich meine, ungefähr unter dem gleichen Himmel, nein, das stimmt auch nicht, denn es ist immer der gleiche Himmel, und es ist nie der gleiche Himmel, wie soll man dies ausdrücken, ich werde es nie ausdrücken, bitte sehr. Sie war nicht da. Aber auf einmal war sie da, ich weiß nicht wie, ich hatte sie weder kommen sehen noch kommen hören, und doch war ich auf der Lauer. Sagen wir, daß es regnete, das soll eine Abwechslung für uns sein, eine kleine. Sie spannte einen Regenschirm über sich auf, sie mußte eine tolle Garderobe haben. Ich fragte sie, ob sie jeden Abend käme. Nein, sagte sie, nur von Zeit zu Zeit. Die Bank war zu feucht, als daß man wagte, sich darauf zu setzen. Wir gingen hin und her, ich nahm ihren Arm, weil ich wissen wollte, ob es mir Spaß machte, aber es machte mir gar keinen Spaß, also ließ ich ihn los. Aber warum diese Einzelheiten? Um die Frist zu verlängern. Ich sah ihr Gesicht etwas besser. Ich fand es normal, ihr Gesicht, ein Gesicht, wie es Millionen haben. Sie schielte, aber das merkte ich erst später. Es schien weder jung noch alt zu sein, ihr Gesicht, es war wie in der Schwebe zwischen der Frische und dem Verwelken. Nur schlecht ertrug ich zu jener Zeit diese Art Zweideutigkeit. Ich gebe zu, daß ich gar nicht fähig war herauszufinden, ob ihr Gesicht schön war, ob es schön gewesen war oder ob es schön zu werden versprach. Ich habe auf Fotos Gesichter gesehen, die ich vielleicht schön hätte nennen können, wenn ich einige Grundbegriffe der Schönheit gekannt hätte. Und das Gesicht meines Vaters auf seinem Totenbett hatte mich die Möglichkeit einer Ästhetik des Menschlichen ahnen lassen. Aber die Gesichter der Lebenden, mit ihren unaufhörlichen Grimassen und ihrer blutgeröteten Haut, sind das Gegenstände? Ich bewunderte trotz der Dunkelheit und meiner Unruhe die Weise des regungslosen oder langsam dahinfließenden Wassers, wie verdurstend zu dem herabfallenden hinaufzustreben. Sie fragte mich, ob sie mir noch etwas vorsingen solle. Ich antwortete, das solle sie nicht tun, ich wolle vielmehr, daß sie mir etwas sage. Ich glaubte, sie würde mir sagen, daß sie mir nichts zu sagen hätte, das hätte gut zu ihrem Wesen gepaßt. Ich war darum angenehm überrascht, sie sagen zu hören, daß sie ein Zimmer hätte, sehr angenehm überrascht. Ich vermutete es übrigens. Wer hat nicht sein Zimmer? Ah, ich höre die Empörung. Ich habe zwei Zimmer, sagte sie. Wieviel Zimmer haben Sie genau? sagte ich. Sie antwortete, sie hätte zwei Zimmer und eine Küche. Die Zahl wuchs von einem Mal zum andern. Sie würde sich schließlich noch an ein Badezimmer erinnern. Sagten Sie zwei Zimmer? sagte ich. Ja, sagte sie. Nebeneinander liegende? sagte ich. Endlich ein ergiebiger Gesprächsstoff. Die Küche liegt dazwischen, sagte sie. Ich fragte sie, warum sie mir das nicht früher gesagt hätte. Zweifellos war ich außer mir, zu jener Zeit. Ich fühlte mich nicht wohl neben ihr, abgesehen davon, daß ich mich frei fühlte, an etwas anderes als an sie zu denken, und das war schon großartig, an die alten vertrauten Dinge, nacheinander, und so nach und nach an nichts, wie über Stufen, die zu einem tiefen Wasser hinabführen. Und ich wußte, daß ich bei einem Abschied von ihr diese Freiheit verlieren würde.

Es waren tatsächlich zwei Zimmer, die durch eine Küche voneinander getrennt waren, sie hatte mich nicht belogen. Sie sagte mir, daß ich meine Sachen hätte holen sollen. Ich erklärte ihr, daß ich keine Sachen hatte. Wir waren oben in einem alten Haus, und durch die Fenster konnte man die Berge sehen, jedenfalls wer es wollte. Sie zündete eine Petroleumlampe an. Haben Sie keinen Strom? sagte ich. Nein, sagte sie, aber ich habe fließendes Wasser und Gas. So, sagte ich, Sie haben Gas. Sie begann, sich auszuziehen. Wenn sie nicht mehr wissen, was sie tun sollen, ziehen sie sich aus, und das ist wahrscheinlich das Beste, was sie tun können. Sie legte alles ab, mit einer Langsamkeit, die einen Elefanten aufgereizt hätte, alles, außer den Strümpfen, die wahrscheinlich meine Erregung auf die Spitze treiben sollten. In dem Augenblick sah ich, daß sie schielte. Es war zum Glück nicht das erste Mal, daß ich eine nackte Frau sah, ich konnte also bleiben, ich wußte, daß sie nicht platzen würde. Ich sagte ihr, daß ich Lust hätte, das andere Zimmer zu sehen, denn ich hatte es noch nicht gesehen. Wenn ich es schon gesehen hätte, hätte ich ihr gesagt, daß ich Lust hätte, es wiederzusehen. Ziehen Sie sich nicht aus? sagte sie. Oh, wissen Sie, sagte ich, ich ziehe mich nicht oft aus. Es stimmte, ich bin nie jemand gewesen, der sich bei jeder Gelegenheit auszog. Ich zog oft meine Schuhe aus, wenn ich mich hinlegte, ich meine, wenn ich mich zusammenriß (zusammenriß!), um zu schlafen, und dann das Oberzeug, je nach der Temperatur. Sie war also, wenn sie nicht unhöflich erscheinen wollte, genötigt, sich mit einem Morgenrock zu bedecken und mich mit der Lampe in der Hand zu begleiten. Wir gingen durch die Küche. Wir hätten ebensogut über den Flur gehen können, wie mir später bewußt wurde, aber wir gingen durch die Küche, ich weiß nicht warum. Es war vielleicht der kürzere Weg. Ich betrachtete das Zimmer mit Grauen. Eine solche Möbeldichte geht über jede Vorstellungskraft. Ich muß dieses Zimmer also bestimmt irgendwo gesehen haben. Was ist das für ein Raum? rief ich. Das ist der Wohnraum, sagte sie. Der Wohnraum. Ich begann, die Möbel durch die Tür zum Flur hinauszubefördern. Sie schaute mir dabei zu. Sie war traurig, das nehme ich wenigstens an, denn ich weiß eigentlich nichts davon. Sie fragte mich, was ich machte, aber ohne mit einer Antwort zu rechnen, glaube ich. Ich beförderte eins nach dem anderen, ja sogar zwei auf einmal hinaus und stapelte sie auf dem Flur an der hinteren Wand. Es waren Hunderte, große und kleine. Sie reichten schließlich bis an die Tür, so daß man auf diesem Wege nicht mehr aus dem Zimmer und erst recht nicht ins Zimmer gehen konnte. Man konnte die Tür öffnen und schließen, da sie nach innen aufging, aber die Schwelle war unüberschreitbar geworden. Ein recht großes Wort, unüberschreitbar. Nehmen Sie wenigstens Ihren Hut ab, sagte sie. Ich werde Ihnen ein andermal vielleicht etwas über meinen Hut erzählen. Im Zimmer blieben schließlich nur eine Art Sofa und ein paar Regale an der Wand. Das Sofa zerrte ich hinten ins Zimmer, in die Nähe der Tür, und die Regale machte ich am nächsten Tag ab und stellte sie auf den Flur, zu dem anderen. Beim Abmachen, welch sonderbare Erinnerung, hörte ich das Wort Fibrom oder Fibron, ich weiß nicht welches, ich habe es nie gewußt, ich wußte nicht, was es bedeutete, und ich bin nie wißbegierig genug gewesen, es herauszufinden. An was man sich nicht alles erinnert. Und was man nicht alles erwähnt! Als alles in Ordnung war, ließ ich mich auf das Sofa fallen. Sie hatte keinen Finger gerührt, um mir zu helfen. Ich bringe Ihnen Laken und Dekken, sagte sie. Aber die Laken wollte ich überhaupt nicht. Wollen Sie nicht die Vorhänge schließen? sagte ich. Das Fenster war mit Eisblumen bedeckt. Es war nicht weiß, wegen der Nacht, aber es leuchtete doch ein wenig. Wenn ich mich auch mit den Füßen zur Tür hingelegt hatte, mich störte diese schwache, kalte Helle nichtsdestoweniger. Auf einmal stand ich auf und stellte das Sofa um, das heißt, ich schob die breite Rückenlehne, mit der ich es zuerst an die Wand gestellt hatte, an die Außenseite. Die offene Seite, der Ladeplatz, war nun an der Wand. Dann kletterte ich hinein, wie ein Hund in seinen Korb. Ich lasse Ihnen die Lampe, sagte sie, aber ich bat sie, die Lampe mitzunehmen. Und wenn Sie etwas brauchen in der Nacht? sagte sie. Sie wollte mit einem Wortgeplänkel beginnen, ich spürte es. Wissen Sie, wo die Toilette ist? sagte sie. Sie hatte recht, ich hatte nicht mehr daran gedacht. Sich in seinem Bett erleichtern, ist mit einem prompten Vergnügen verbunden, aber nachher ist man in Verlegenheit. Geben Sie mir einen Nachttopf, sagte ich, eine vase de nuit. Die Wörter vase de nuit waren mir sehr lieb, nun ja, recht lieb, während recht langer Zeit, sie brachten mich auf Racine oder Baudelaire, ich weiß nicht mehr auf welchen, auf beide vielleicht, ja, ich bedaure, ich war belesen, und durch sie kam ich dahin, wo das Wort aufhört, das könnte von Dante sein. Aber sie hatte keinen Nachttopf. Ich habe eine Art Nachtstuhl, sagte sie. Ich sah Großmutter darauf sitzen, steif wie eine Bohnenstange und stolz, sie hatte ihn gerade erstanden, Verzeihung, erworben, bei einem Wohltätigkeitsfest, bei einer Tombola womöglich, er war eine Antiquität, sie benutzte ihn zum ersten Mal, vielmehr sie probierte ihn aus, sie hätte beinahe gewollt, daß man sie sähe. Nicht so schnell! Nicht so schnell! Geben Sie mir doch einen einfachen Behälter, sagte ich, ich habe keinen Durchfall. Sie kam mit einer Art Kasserolle wieder, es war keine echte Kasserolle, denn sie hatte keinen Stiel, sie war oval und hatte zwei Henkel und einen Deckel. Das ist der Schmortopf, äußerte sie. Ich brauche den Deckel nicht, sagte ich. Sie brauchen den Deckel nicht? sagte sie. Wenn ich gesagt hätte, daß ich den Deckel brauchte, hätte sie gesagt, Sie brauchen den Deckel? Ich steckte das Gerät unter die Decken, ich halte gerne etwas in der Hand, wenn ich schlafe, ich habe dann weniger Angst, mein Hut war noch ganz naß. Ich drehte mich zur Wand. Sie nahm die Lampe vom Kaminsims, auf den sie sie abgestellt hatte, ausführlicher, ausführlicher, über mir fuchtelte ihr Schatten, ich glaubte, sie würde mich verlassen, aber nein, sie kam, um sich über mich zu beugen, von über der Rückenlehne her. Das alles sind Familienstücke, sagte sie. An ihrer Stelle wäre ich verschwunden, auf Zehenspitzen. Aber sie rührte sich nicht. Die Hauptsache war, daß ich schon begann, sie nicht mehr zu lieben. Ja, ich fühlte mich schon besser, beinahe in Form für das langsame Hinab zu den langen Versenkungen, die mir seit so langer Zeit versagt gewesen waren, durch ihre Schuld. Und ich war gerade erst angekommen. Aber zuerst mal schlafen. Versuchen Sie jetzt, mich vor die Tür zu setzen, sagte ich. Mir schien damals, daß mir der Sinn dieser Worte und sogar ihr geringes Geräusch erst einige Sekunden, nachdem ich sie ausgesprochen hatte, bewußt wurden. Ich war so wenig gewohnt zu sprechen, daß mir von Zeit zu Zeit immer mal wieder Sätze durch den Mund hinausrutschten, die vom grammatischen Gesichtspunkt aus fehlerlos, jedoch aller ich sage nicht Bedeutung bar waren, denn bei näherer Betrachtung hatten sie eine, und zuweilen mehrere, aber jedes Grundes. Aber das Geräusch pflegte ich immer zu hören, so lange ich es machte. Es war wirklich das erste Mal, daß meine Stimme dermaßen langsam zu mir gelangte. Ich legte mich wieder auf den Rücken, um zu sehen, was geschah. Sie lächelte. Kurze Zeit darauf ging sie weg, mit der Lampe. Ich hörte, wie sie durch die Küche ging und die Tür ihres Zimmers hinter sich zumachte. Ich war endlich allein, endlich im Dunkeln. Ich werde mich nicht darüber verbreiten. Ich glaubte schon an eine gute Nacht für mich, dem sonderbaren Ort zum Trotz, aber nein, die Nacht war äußerst unruhig. Ich wurde am nächsten Morgen wie gerädert wach, meine Kleidungsstücke waren in Unordnung, die Decken ebenfalls, und Anne lag neben mir, natürlich nackt. Wie hatte sie sich verausgaben müssen! Ich hielt immer noch den Schmortopf in der Hand. Ich schaute hinein. Ich hatte ihn nicht benützt. Ich schaute mir mein Geschlecht an. Wenn es wenigstens hätte sprechen können.

Ich werde mich nicht darüber verbreiten. Das war meine Liebesnacht.

Nach und nach lebte ich mich ein in diesem Haus. Sie brachte mir meine Mahlzeiten zu den Stunden, die ich ihr angegeben hatte, sie schaute von Zeit zu Zeit nach, ob es mir gut ging und ich nichts nötig hätte, sie leerte den Schmortopf einmal pro Tag, und sie putzte das Zimmer einmal pro Monat. Sie widerstand nicht immer der Versuchung, mit mir zu sprechen, aber im allgemeinen konnte ich mich nicht über sie beklagen. Ich hörte sie von Zeit zu Zeit in ihrem Zimmer singen, ihr Lied durchdrang die Tür meines Zimmers und gelangte so bis zu mir, leise, aber unüberhörbar. Es sei denn, daß sie durch den Flur kam. Es störte mich nicht übermäßig, von Zeit zu Zeit Singen zu hören. Eines Tages bat ich sie, mir eine Hyazinthe zu bringen, eine lebende in einem Topf. Sie brachte sie mir und stellte sie auf das Kaminsims. Es gab in meinem Zimmer nur noch das Kaminsims, auf das man etwas stellen konnte, es sei denn, man stellte es auf den Boden. Ich betrachtete sie alle Tage, meine Hyazinthe. Sie war rosa. Mir wäre eine blaue lieber gewesen. Anfangs gedieh sie gut, sie hatte sogar ein paar Blüten, dann gab sie auf, sie war nur noch ein schlaffer Stengel zwischen trauernden Blättern. Die Zwiebel, die sich halb aus der Erde hervorgewölbt hatte, als ob sie Sauerstoff suchte, roch schlecht. Anne wollte sie wegnehmen, aber ich sagte ihr, sie sollte sie stehenlassen. Sie wollte mir eine andere kaufen, aber ich sagte ihr, daß ich keine andere haben wollte. Was mich mehr störte, waren andere Geräusche, wiederholtes leises Gelächter und Gestöhn, das die Wohnung zu gewissen Stunden dumpf erfüllte, sowohl bei Tag als auch bei Nacht. Ich dachte nicht mehr an Anne, nein, gar nicht mehr, aber ich brauchte doch Ruhe, um mein Leben leben zu können. Ich mochte mir noch so oft beschwichtigend sagen, daß die Luft dazu da ist, um die Geräusche der Welt zu tragen, und daß Gelächter und Gestöhn sich da unausbleiblich in starkem Maße einmischen, ich nahm es mir nichtsdestoweniger zu Herzen. Es gelang mir nicht, auszumachen, ob es immer derselbe Kerl war oder ob es mehrere waren. Ein leises Gelächter und Gestöhn unterscheidet sich so wenig vom anderen. Mir graute damals so sehr vor solchen elenden Ratlosigkeiten, daß ich jedesmal auf den Leim kroch, ich meine, daß ich versuchte, mir Klarheit zu verschaffen. Ich habe lange Zeit, sozusagen das ganze Leben dazu gebraucht, um zu begreifen, daß die Farbe eines flüchtig erblickten Auges oder der Ursprung eines leisen, fernen Geräuschs Giudecca im Inferno der Unwissenheit näher sind als die Existenz Gottes oder die Entwicklungsgeschichte des Protoplasmas oder die Existenz des eigenen Selbst, und der Weisheit strenger befehlen, sich von ihnen abzuwenden. Es ist etwas viel, ein ganzes Leben, um zu dieser tröstlichen Schlußfolgerung zu gelangen, es bleibt einem kaum Zeit, es auszunutzen. Ich war also, da ich sie verhört hatte, schon ziemlich weit gekommen, als sie mir sagte, daß es sich um Kunden handelte, die sie der Reihe nach empfing. Ich hätte freilich aufstehen und zum Schlüsselloch gehen können, um hindurchzuschauen, vorausgesetzt, daß es nicht zugestopft gewesen wäre, aber was kann man schon sehen durch solche Löcher? Sie leben also von der Prostitution? sagte ich. Wir leben von der Prostitution, antwortete sie. Könnten Sie sie nicht darum bitten, etwas weniger Lärm zu machen? sagte ich, so als glaubte ich, was sie mir gerade gesagt hatte. Ich fügte noch hinzu, Oder eine andere Art Lärm? Sie müssen japsen, sagte sie. Ich werde genötigt sein, wegzugehen, sagte ich. Sie suchte Wandbehänge in ihrer Familien-Rumpelkammer und hängte sie vor unseren Türen auf, vor meiner und vor ihrer. Ich fragte sie, ob es nicht möglich wäre, von Zeit zu Zeit eine Pastinake zu essen. Eine Pastinake? rief.sie, als hätte ich den Wunsch geäußert, ein Judenbaby zu kosten. Ich machte sie darauf aufmerksam, daß die Pastinakenzeit sich ihrem Ende zuneigte und daß, wenn sie mir bis dahin nur Pastinaken zu essen geben könnte, ich ihr dankbar dafür sein würde. Nur Pastinaken! rief sie. Die Pastinaken schmecken nach Veilchen, in meinem Munde. Ich mag die Pastinaken, weil sie nach Pastinaken duften. Wenn es keine Pastinaken auf der Erde gäbe, möchte ich keine Veilchen, und wenn keine Veilchen existierten, wären mir die Pastinaken ebenso gleichgültig wie die Rübchen oder die Radieschen. Und selbst im jetzigen Zustand ihrer Flora, ich meine in jener Pflanzenwelt, wo Pastinaken und Veilchen die Möglichkeit der Koexistenz finden, würde ich leicht, sehr leicht auf sie verzichten, sowohl auf die einen als auch auf die anderen. Eines Tages hatte sie die Stirn, mir anzukündigen, daß sie schwanger sei, und zwar seit vier oder fünf Monaten, durch mein Zutun. Sie zeigte sich im Profil und forderte mich auf, ihren Bauch zu betrachten. Sie zog sich sogar aus, wahrscheinlich um mir zu beweisen, daß sie kein Kissen unter ihrem Rock versteckte, und dann freilich auch aus reiner Freude am Sichausziehen. Es ist vielleicht nur eine Aufblähung, sagte ich, um sie zu trösten. Sie schaute mich mit ihren großen Augen, deren Farbe ich vergessen habe, an, vielmehr mit ihrem großen Auge, denn das andere war allem Anschein nach auf die Überbleibsel der Hyazinthe gerichtet. Je weniger sie anhatte, um so mehr schielte sie. Sehen Sie nur, sagte sie, sich über ihre Brüste neigend, die Warzenhöfe werden schon dunkler. Ich raffte meine letzten Kräfte zusammen und sagte ihr, Abtreiben, abtreiben, dann werden sie nicht mehr dunkler. Sie hatte die Vorhänge geöffnet, um nichts von ihren verschiedenen Rundungen verlorengehen zu lassen. Ich sah die Berge, die regungslosen, höhlenreichen, verschwiegenen Berge, wo ich von morgens bis abends nichts anderes hören würde als den Wind, die Brachvögel und, aus der Ferne, das leise, silbrige Hämmern der Granithauer. Ich ginge tagsüber hinaus ins warme Heidekraut, ins würzige, wilde Gilbkraut, und des Nachts sähe ich die entrückten Lichter der Stadt, wenn ich wollte, und die anderen Lichter, die der Leuchttürme und der Leuchtschiffe, deren Namen mir mein Vater genannt hatte, als ich klein war, und deren Namen ich wiederfand, in meinem Gedächtnis, wenn ich wollte, das wußte ich. Von jenem Tage an ging alles schlecht in dem Haus, für mich, immer schlechter, nicht daß sie mich vernachlässigte, sie hätte mich nie genug vernachlässigen können, aber insofern, als sie alle Augenblicke kam, um mich mit *unserem* Kind zu piesacken, indem sie mir ihren Bauch und ihre Brüste zeigte und mir sagte, daß es jeden Moment geboren werden könne, sie fühle es schon springen. Wenn es springt, sagte ich, ist es nicht von mir. Ich hatte es nicht allzu schlecht gehabt in jenem Haus, das war sicher, es war freilich nicht ideal, aber ich unterschätzte die Vorteile nicht. Ich zögerte, aufzubrechen, die Blätter fielen schon, ich fürchtete mich vor dem Winter. Man soll sich nicht vor dem Winter fürchten, auch er hat seine guten Seiten, sein Schnee hält warm und dämpft das Getöse, und seine blassen Tage sind schnell vorbei. Aber ich wußte zu jener Zeit noch nicht, wieviel die Erde gern denjenigen zu gewähren vermag, die nur sie haben, und wieviele Stätten ein Lebender dort finden kann, wieviele Grabstätten. Umgebracht hat mich dann die Geburt. Ich wurde davon wach. Was es nicht alles durchmachen mußte, das Kind. Ich glaube, es war eine Frau bei ihr, ich meinte, von Zeit zu Zeit Schritte in der Küche zu hören. Es ekelte mich an, ein Haus zu verlassen, ohne daß man mich hinauswarf. Ich kroch leise über die Rückenlehne des Sofas, zog die Jacke und meinen Mantel an, setzte meinen Hut auf, ich vergaß nichts, knüpfte meine Schnürsenkel und öffnete die Tür zum Flur. Ein Haufen Gerümpel hinderte mich am Durchkommen, aber ich kam doch durch, indem ich holterdiepolter darüber hinwegkletterte. Ich habe von Heirat gesprochen, es war immerhin eine Art Zusammensein. Es wäre dumm von mir gewesen, mir Zwang anzutun, die Schreie waren lauter als jeder andere Krach. Es mußte ihr erstes sein. Sie verfolgten mich bis auf die Straße. Ich blieb vor der Haustür stehen und lauschte. Ich hörte sie immer noch. Wenn ich nicht gewußt hätte, daß man Schreie im Haus ausstieß, hätte ich sie vielleicht nur gehört. Aber da ich es wußte, hörte ich sie gut. Ich wußte nicht genau, wo ich war. Ich suchte zwischen den Sternen und Konstellationen die Wagen, aber ich konnte sie nicht finden. Sie mußten jedoch da sein. Mein Vater hatte sie mir zuerst gezeigt. Er hatte mir auch andere gezeigt, aber allein und ohne ihn habe ich nie was anderes finden können als die Wagen. Ich begann mit den Schreien zu spielen, beinahe so, wie ich mit dem Lied gespielt hatte, indem ich weiterging, stehenblieb, weiterging, stehenblieb, wenn man das spielen nennen kann. Solange ich voranschritt, hörte ich sie nicht, dank dem Geräusch meiner Schritte. Aber sobald ich stehengeblieben war, hörte ich sie wieder, jedesmal leiser zwar, aber was ändert das schon, ob ein Schrei leise ist oder laut? Wichtig ist, daß er aufhört. Jahrelang glaubte ich, daß sie aufhören würden. Nun glaube ich es nicht mehr. Ich hätte anderer Lieben bedurft, vielleicht. Aber Liebe gibt es nicht auf Verlangen.

Der Ausgestoßene

Die Freitreppe war nicht hoch. Ich hatte ihre Stufen tausendmal gezählt, sowohl beim Hinaufgehen als auch beim Hinuntergehen, aber die Zahl habe ich nicht mehr im Gedächtnis. Ich habe nie gewußt, ob man eins mit dem Fuß auf dem Bürgersteig sagen sollte und zwei mit dem folgenden Fuß auf der ersten Stufe und so weiter, oder ob der Bürgersteig nicht mitzählte. Auf der obersten Stufe angekommen, stand ich vor demselben Dilemma. Umgekehrt, ich meine von oben nach unten, war es das gleiche, das Wort ist nicht zu stark. Ich wußte weder wo ich anfangen, noch wo ich aufhören sollte, sagen wir die Dinge, wie sie sind. Ich bekam also drei ganz verschiedene Zahlen heraus, ohne je zu wissen, welche die richtige war. Und wenn ich sage, daß ich die Zahl nicht mehr im Gedächtnis habe, meine ich, daß ich keine der drei Zahlen mehr im Gedächtnis habe. Es ist wahr, daß ich, wenn ich in meinem Gedächtnis, wo sie sich sicher befindet, eine einzige dieser Zahlen wiederfände, nur sie wiederfände, ohne von ihr auf die beiden anderen schließen zu können. Und selbst wenn ich zwei davon ausfindig machte, würde ich die dritte nicht wissen. Nein, ich müßte sie alle drei wiederfinden, im Gedächtnis, um sie alle drei kennen zu können. Sie bringen einen um, die Erinnerungen. Man soll also nicht an gewisse Dinge denken, an die Dinge, die einem am Herzen liegen, oder vielmehr, man soll doch daran denken, denn wenn man nicht daran denkt, riskiert man, sie nach und nach in seinem Gedächtnis wiederzufinden. Das heißt, man soll eine Weile daran denken, eine ganze Weile, jeden Tag und mehrmals am Tage, bis der Schlamm sie mit einer undurchdringlichen Schicht bedeckt. Keine Widerrede!

Schließlich tut die Zahl der Stufen nichts zur Sache. Behalten mußte man die Tatsache, daß die Freitreppe nicht hoch war, und das habe ich behalten. Auch für das Kind war sie nicht hoch, neben den anderen Freitreppen, die es kannte, weil es sie täglich sah, sie hinauf- und hinunterging, und auf ihren Stufen spielte, mit Klickern und anderen Spielsachen, deren Namen es sogar vergessen hat. Was mußte sie also für den fertigen Mann sein, den fix und fertigen Mann?

Der Sturz war demnach nicht so gefährlich. Beim Stürzen hörte ich die Tür knallen, was mir Trost verschaffte, sogar mitten im Sturz. Denn es bedeutete, daß man mich nicht bis auf die Straße verfolgte, mit einem Prügel, um mich zu verprügeln, vor den Augen der Passanten. Denn wenn es ihre Absicht gewesen wäre, hätten sie nicht die Tür zugemacht, sondern sie offengelassen, damit die in der Diele versammelten Personen die Zurechtweisung genießen und eine Lehre daraus hätten ziehen können. Sie hatten sich also für diesmal damit begnügt, mich lediglich hinauszuwerfen. Ich hatte, bevor ich in der Rinne zur Ruhe kam, Zeit, mit Erfolg diesen Schluß zu ziehen.

Unter diesen Umständen zwang mich nichts, sofort wieder aufzustehen. Ich stützte mich, welch sonderbare Erinnerung, auf den Bürgersteig, legte mein Ohr in die Höhlung meiner Hand und begann, über meine immerhin vertraute Lage nachzudenken. Aber das schwächere, jedoch unverkennbare Geräusch der von neuem zugeknallten Tür riß mich aus meiner Träumerei, wo sich schon eine bezaubernde, höchst traumhafte Landschaft mit Hagedorn und wilden Rosen arrangiert hatte, und ließ mich den Kopf aufrichten, wobei ich die Hände flach auf den Bürgersteig legte und die Knie durchdrückte. Aber es war nur mein Hut, der, sich um sich selbst drehend, durch die Lüfte auf mich zuschwebte. Ich erwischte ihn und setzte ihn auf. Sie waren sehr korrekt, gemäß den Geboten ihres Gottes. Sie hätten den Hut behalten können, aber er gehörte nicht ihnen, sondern mir, also gaben sie ihn mir zurück. Aber die Stimmung war verdorben.

Wie soll ich den Hut beschreiben? Und warum? Als mein Kopf seine, ich will nicht sagen definitiven, aber maximalen Dimensionen erreicht hatte, sagte mein Vater zu mir, Komm, mein Sohn, wir werden deinen Hut kaufen, als wenn er seit Ewigkeiten präexistiert hätte, an einem prädeterminierten Ort. Er ging geradewegs auf den Hut zu. Ich hatte kein Einspruchsrecht, der Huthändler auch nicht. Ich habe mich oft gefragt, ob mein Vater nicht beabsichtigte, mich zu demütigen, ob er nicht eifersüchtig war auf mich, der jung und schön, sagen wir frisch aussah, während er schon alt, ganz aufgedunsen und purpurn war. Es war mir von jenem Tage an nicht mehr gestattet, barhäuptig auszugehen, mit meinem hübschen, kastanienbraunen Haar im Wind. Manchmal nahm ich ihn auf einer entlegenen Straße ab und hielt ihn in der Hand, aber zitternd. Ich mußte ihn morgens und abends bürsten. Die jungen Leute meines Alters, mit denen ich trotz allem genötigt war, von Zeit zu Zeit zu verkehren, machten sich über mich lustig. Aber ich sagte mir, Es liegt nicht so sehr am Hut, daran hängen sie ihre Einfälle nur auf, weil er ihnen als besonders lächerlich auffällt, denn es fehlt ihnen an Feingefühl. Ich habe mich immer über den Mangel an Feingefühl bei meinen Zeitgenossen gewundert, ich, dessen Seele sich vom Morgen bis zum Abend abquälte, nur um sich zu suchen. Aber sie waren vielleicht nur leutselig, so wie jene, die den Buckligen wegen seiner langen Nase verspotten. Beim Tode meines Vaters hätte ich mich dieses Hutes entledigen können, dem stand nichts mehr im Wege, es wurde jedoch nichts daraus. Wie soll ich ihn aber beschreiben? Ein andermal, ein andermal.

Ich stand wieder auf und setzte mich in Bewegung. Ich weiß nicht mehr, wie alt ich damals gewesen sein mag. Das, was mir gerade widerfahren war, konnte keinen Markstein in meiner Existenz bilden. Es war weder die Wiege noch das Grab von irgendwas. Es glich vielmehr soviel anderen Wiegen, soviel anderen Gräbern, daß ich mich darin verliere. Aber ich glaube nicht zu übertreiben, wenn ich sage, daß ich in den besten Jahren war, was man, glaube ich, auch im Vollbesitz seiner Fähigkeiten nennt. O ja, die besaß ich, die wenigstens. Ich überquerte die Straße und drehte mich nach dem Hause um, das mich gerade ausgestoßen hatte, ich, der sich nie umkehrte beim Weggehen. Wie schön es war! Es standen Geranien an den Fenstern. Ich habe mich den Geranien zugewandt, jahrelang. Sie sind durchtrieben, die Geranien, aber ich hatte schließlich mit ihnen machen können, was ich wollte. Die Tür des Hauses, ganz oben auf der kleinen Freitreppe, habe ich immer sehr bewundert. Wie soll ich sie beschreiben? Sie war massiv, grün gestrichen, und im Sommer wurde sie mit einer Art grün und weiß gestreifter Hülle überzogen, mit einem Loch, aus dem ein Mordstürklopfer aus geschmiedetem Eisen ragte, und mit einem Schlitz, der dem des Briefkastens entsprach, den ein mit einer Feder versehener Kupferdeckel gegen Staub, Insekten und Meisen schützte. Ja, das wär's. Sie wurde von zwei Pilastern in der gleichen Farbe flankiert, von denen der rechte die Klingel trug. Die Gardinen zeugten von dem sichersten Geschmack. Sogar der Rauch, der aus einem der Rohre des Kamins aufstieg, nämlich dem der Küche, schien sich melancholischer und blauer auszudehnen und in der Luft aufzulösen als der von den Nachbarn. Ich sah im dritten und letzten Stockwerk mein abscheulich offenes Fenster. Die gründliche Säuberung war in vollem Gange. In wenigen Stunden würde man das Fenster wieder schließen, man würde die Vorhänge zuziehen und die Desinfektion vornehmen. Ich kannte sie. Ich wäre gerne in diesem Hause gestorben. Ich sah, in einer Art Erscheinung, die Tür sich öffnen und meine Füße herauskommen.

Ich blickte unbefangen hin, denn ich wußte, daß sie mich nicht hinter den Gardinen belauerten, wie sie es hätten tun können, wenn sie gewollt hätten. Aber ich kannte sie. Sie waren alle in ihre Waben zurückgekehrt, und jeder ging seiner Arbeit nach.

Und dabei hatte ich ihnen nichts getan.

Ich kannte die Stadt schlecht, den Ort meiner Geburt und meiner ersten Schritte ins Leben, und dann aller anderen, die meine Spur so schlecht verwischten. Ich ging so selten aus! Von Zeit zu Zeit begab ich mich ans Fenster, schob die Gardinen auseinander und blickte nach draußen. Ich kehrte jedoch eiligst wieder zurück ins Innere des Zimmers, wo das Bett stand. Ich fühlte mich gar nicht wohl, mit all der Luft um mich herum, und verloren an der Schwelle unzähliger, verwirrender Perspektiven. Aber ich konnte noch handeln, in dieser Periode, wenn es sein mußte. Zuerst erhob ich jedoch die Augen zum Himmel, von dannen die sagenhafte Hilfe kommen wird, wo es keine Wege gibt, wo man frei herumlaufen kann, wie in einer Wüste, wo nichts den Blick hemmt, wohin man auch schauen mag, wenn nicht die Grenzen der Sicht. Aus diesem Grunde hebe ich die Augen, wenn alles schlecht geht, es ist zwar langweilig, aber daran kann ich nichts ändern, zum Himmel, der einen sogar bewölkt, sogar bleischwer oder von Regen verschleiert, von dem Wirrwarr und Blendwerk der Stadt, des Landes und der Erde ausruhen läßt. Als ich noch jünger war, glaubte ich, es sei gut, inmitten einer Ebene zu leben, ich ging in die Lüneburger Heide. Mit einer Ebene im Sinn ging ich in die Heide. Es gab andere Heiden, gar nicht so weit weg, aber eine Stimme sagte mir, Die Lüneburger Heide ist das, was Sie brauchen, ich habe mich selten geduzt. Auf den Klang von *lune* mußte es auch wohl zurückzuführen sein. Nun ja, die Lüneburger Heide gefiel uns gar nicht, ganz und gar nicht. Ich kam enttäuscht und zugleich erleichtert wieder zurück. Ja, ich weiß nicht warum, ich bin nie enttäuscht gewesen, und ich war es oft in der ersten Zeit, ohne zugleich oder sofort danach eine unverkennbare Erleichterung zu spüren.

Ich machte mich auf den Weg. Welch ein Gang. Steifheit der unteren Gliedmaßen, als ob die Natur mir Knie vorenthalten hätte, außergewöhnliche beiderseitige Abweichung der Füße von der Kurslinie. Der Rumpf hatte dagegen, als würde es durch einen ausgleichenden Mechanismus bewirkt, die Weichheit eines schlampig mit Lumpen gefüllten Sacks und plumpste heftig, je nach den unvorhersehbaren Stößen des Beckens, hin und her. Ich habe oft versucht, diese Mängel zu beheben, die Brust vorzuwölben, die Knie zu beugen und einen Fuß richtig vor den anderen zu setzen, denn ich hatte mindestens fünf oder sechs, aber es endete immer in der gleichen Weise, ich meine, mit einer Gleichgewichtsstörung und folgendem Sturz. Man muß gehen, ohne an das, was man tut, zu denken, so wie man seufzt, und wenn ich ging, ohne an das, was ich tat, zu denken, dann ging ich so, wie ich gerade sagte, und wenn ich anfing, mich zu beobachten, machte ich ein paar passable Schritte und dann stürzte ich. Ich faßte also den Entschluß, mich gehen zu lassen. Diese Gangart ist meiner Ansicht nach wenigstens zum Teil einem gewissen Hang zuzuschreiben, von dem ich mich niemals ganz zu befreien wußte, und der sich natürlich übel auf meine zarten, die Formung des Charakters beherrschenden Jugendjahre ausgewirkt hat, ich spreche von der Periode, die sich unabsehbar zwischen den ersten Gehversuchen hinter einem Stuhl und der dritten Klasse, dem Abschluß meiner Studien erstreckt. Ich hatte also die unangenehme Gewohnheit, nachdem ich meine Hose bepißt oder beschissen hatte, was mir ziemlich regelmäßig vormittags gegen zehn Uhr, zehn Uhr dreißig passierte, unbedingt weitermachen und meinen Tag beenden zu wollen, als ob nichts los wäre. Der bloße Gedanke, mich umzuziehen, oder mich meiner Mama anzuvertrauen, die nichts lieber getan hätte, als mir zu helfen, war mir unausstehlich, ich weiß nicht warum, und bis zum Schlafengehen schleppte ich mich mit dem Ergebnis meiner Zügellosigkeit herum, das brennend, verkrustet und stinkend zwischen meinen kleinen Oberschenkeln oder an meinen Arschbacken klebte. Daher die behutsamen, steifen und auseinanderstrebenden Bewegungen der Beine und das verzweifelte Hin und Her des Oberkörpers, das wahrscheinlich ausgleichen und glauben machen sollte, ich sei sorglos, ganz vergnügt und munter, und das meine Erklärungen hinsichtlich der Ungelenkigkeit unten, die ich auf das Konto ererbten Rheumas schob, wahrscheinlich machen sollte. Mein jugendlicher Eifer, sofern ich sowas überhaupt hatte, ging dabei drauf, ich wurde etwas vorzeitig mürrisch und mißtrauisch und sehnte mich nur nach dem Versteck und der waagerechten Lage. Armselige Jugendlösungen, die nichts besagen. Man braucht sich also keinen Zwang anzutun. Räsonieren wir ohne Furcht, der Nebel wird sich schon halten.

Es war schönes Wetter. Ich ging auf der Straße voran, wobei ich mich möglichst nahe am Bürgersteig hielt. Der breiteste Bürgersteig ist für mich nie breit genug, wenn ich mich in Bewegung setze, und ich verabscheue es, Unbekannten lästig zu fallen. Ein Polizist hielt mich an und sagte, Die Straße den Fahrzeugen, der Bürgersteig den Fußgängern. Es klang nach Altem Testament. Ich stieg also auf den Bürgersteig, indem ich mich fast entschuldigte, und hielt mich dort in einem unbeschreiblichen Durcheinander gute zwanzig Schritte lang bis zu dem Moment, in dem ich mich auf den Boden werfen mußte, um nicht ein Kind zu zertreten. Es trug ein Pferdegeschirr für Kinder, es fällt mir wieder ein, mit Glöckchen, es mußte sich für ein Pony halten, oder für ein Percheron, warum nicht. Ich hätte es mit Freuden zertreten, ich verabscheue die Kinder, ich hätte ihm damit übrigens einen Dienst erwiesen, aber ich fürchtete die Repressalien. Alle sind Eltern, das ist es, was einem die Hoffnung nimmt. Man sollte in den verkehrsreichen Straßen Streifen für diese dreckigen, kleinen Wesen reservieren, für ihre Sportwagen, Laufreifen, Riesenlutscher, Rollschuhe, Rodelschlitten, Opas, Omas, Frolleins, Luftballons und Bälle, kurz für all ihr schmieriges bißchen Glück. Ich stürzte also, und mein Sturz zog den einer alten, mit Pailletten und Spitze bedeckten Dame nach sich, die an die hundert Kilo wiegen mußte. Ihr Gekreisch beschwor im Nu eine Menschenansammlung herauf. Ich hatte die Hoffnung, daß sie sich den Femur gebrochen hätte, die alten Damen brechen sich leicht den Femur, aber nicht leicht genug, nicht leicht genug. Ich nützte die Verwirrung aus, um stiften zu gehen, wobei ich unverständliche Flüche ausstieß, als wäre ich das Opfer gewesen, ich war es auch, aber ich hätte es nicht beweisen können. Die Kinder, die Babys werden nicht gelyncht, was sie auch anstellen mögen, sie sind im voraus freigesprochen. Ich für meinen Teil, ich würde sie herzlich gerne lynchen, ich sage nicht, daß ich handgreiflich werden würde, nein, ich bin nicht gewalttätig, aber ich würde die anderen anfeuern und ihnen eine Runde spendieren, wenn es erledigt wäre. Aber ich hatte meinen Zickzackkurs, bei dem ich nach den Seiten ausschlug, kaum wieder begonnen, als ich von einem zweiten Polizisten angehalten wurde, der dem ersten in allen Punkten und zwar dermaßen glich, daß ich mich fragte, ob es nicht derselbe sei. Er machte mich darauf aufmerksam, daß der Bürgersteig für alle da sei, als wenn es offensichtlich wäre, daß ich dieser Kategorie nicht zugeordnet werden könnte. Wünschen Sie etwa, sagte ich, ohne nur einen Augenblick an Heraklit zu denken, daß ich in die Rinne hinabsteige? Sie können hinabsteigen, wo Sie wollen, aber nehmen Sie nicht allen Platz in Anspruch. Wenn Sie zu schusselig sind, sich wie alle anderen voranzubewegen, sagte er, sollten Sie besser zu Hause bleiben. Es war ganz und gar meine Meinung. Und daß er mir ein Zuhause zutraute, konnte mir nur gefallen. In diesem Augenblick kam ein Leichenzug vorbei, wie das zuweilen vorkommt. Es hob ein großes Hutabnehmen an mit gleichzeitigem Flattern von tausend und aber tausend Fingern. Persönlich würde mir am Herzen liegen, wenn ich zu meinem Unglück genötigt wäre, mich zu bekreuzigen, es korrekt zu tun, Nasenwurzel, Nabel, linke Brust, rechte Brust. Aber sie mit ihren überstürzten, ungenau streifenden Bewegungen sahen wie auf eine Kugel gekreuzigt aus, ohne die mindeste Haltung, die Knie unterm Kinn und die Hände irgendwie. Die Allereifrigsten blieben stehen und gaben ein Gemurmel von sich. Was den Polizisten anbetraf, so erstarrte er mit geschlossenen Augen und der Hand an der Mütze. In den Kutschen des Leichenzuges konnte ich Leute erblicken, die in angeregter Unterhaltung waren, sie beschworen wohl

Szenen aus dem Leben des Verstorbenen herauf, oder der Verstorbenen. Ich meine gehört zu haben, das Geschirr des Leichenwagens sei nicht dasselbe in beiden Fällen, aber ich habe nie erfahren können, worin der Unterschied besteht. Die Pferde furzten und schissen, als gingen sie zum Markt. Ich sah niemand auf den Knien.

Aber das geht schnell bei uns, die letzte Reise, man kann seine Schritte noch so sehr beschleunigen, die letzte, für das Personal reservierte Kutsche hängt einen ab, Ende der Pause, die Leute leben wieder auf, jetzt heißt es wieder aufpassen. So sehr, daß ich zum dritten Male, diesmal aus freien Stücken anhielt und eine Kutsche nahm. Die Kutschen, die ich gerade vollgeladen mit angeregt diskutierenden Leuten hatte vorbeifahren sehen, mußten einen großen Eindruck auf mich gemacht haben. Es ist ein großer, schwarzer Kasten, der auf seinen Federn hin- und herwippt, die Fenster sind klein, man kauert sich in eine Ecke, es riecht muffig. Ich spürte, wie mein Hut die Decke streifte. Wenig später beugte ich mich nach vorn und zog die Scheiben hoch. Dann nahm ich meinen Platz wieder ein, mit dem Rücken zur Fahrtrichtung. Ich war gerade im Begriff einzuschlummern, als eine Stimme mich aufschreckte, die des Kutschers. Er hatte den Schlag geöffnet, weil er wahrscheinlich verzweifelt versucht hatte, sich durch die Scheibe verständlich zu machen. Ich sah nur seinen Schnurrbart. Wohin? sagte er. Er war eigens vom Bock heruntergestiegen, um mir das zu sagen, mir, der schon glaubte, weit weg zu sein! Ich dachte nach und suchte in meinem Gedächtnis den Namen einer Straße oder eines Monuments. Ist Ihre Kutsche zu verkaufen? sagte ich. Ich fügte hinzu, Ohne das Pferd. Was sollte ich mit einem Pferd anfangen? Was sollte ich denn mit einer Kutsche anfangen? Würde ich mich wenigstens darin ausstrecken können? Wer würde mir zu essen bringen? Zum Zoo, sagte ich. Hauptstädte ohne Zoo sind selten. Ich fügte hinzu, Fahren Sie nicht zu schnell. Er lachte. Die Idee, daß er zu schnell zum Zoo fahren könnte, amüsierte ihn wohl. Es sei denn, daß es die Aussicht darauf war, ohne Kutsche zu sein. Es sei denn, daß nur ich, meine Person es war, deren Anwesenheit in der Kutsche ihn so verwandeln mußte, daß er sich bei meinem Anblick, den Kopf im Dunkel des Wagendaches und die Knie an der Scheibe, vielleicht gefragt hatte, ob es wirklich seine Kutsche wäre, ob es wirklich eine Kutsche wäre. Er schaute schnell nach dem Pferd und überzeugte sich. Aber weiß man selbst überhaupt, warum man lacht? Sein Lachen war jedenfalls kurz, so daß es mich nicht zu betreffen schien. Er klappte den Schlag zu und stieg wieder auf den Bock. Kurze Zeit darauf legte das Pferd sich in die Siele.

Aber ja, ich hatte noch etwas Geld in jener Zeit. Die geringe Summe, die mein Vater mir hinterlassen hatte, als Geschenk, ohne Auflagen, bei seinem Tode, ich frage mich noch, ob man sie mir nicht gestohlen hat. Danach hatte ich keines mehr. Mein Leben ging nichtsdestoweniger weiter, sogar so, wie ich es mir gedacht hatte, bis auf einen gewissen Punkt. Der große Nachteil dieses Zustandes, den man als die absolute Unmöglichkeit zu kaufen bezeichnen könnte, ist, daß er einen zwingt, sich zu bewegen. Es kommt, zum Beispiel, wenn man ganz ohne Geld ist, selten vor, daß man sich Essen bringen lassen kann, von Zeit zu Zeit, in sein Versteck. Man ist also gezwungen, hinauszugehen und sich zu bewegen, mindestens einen Tag pro Woche. Man hat ja kaum eine Adresse unter diesen Umständen, zwangsläufig. Ich erfuhr infolgedessen mit einer gewissen Verspätung, daß man mich suchte, wegen einer mich betreffenden Angelegenheit. Ich weiß nicht, auf welchem Wege. Ich las keine Zeitungen und kann mich auch nicht mehr daran erinnern, mit irgend jemandem während dieser Jahre gesprochen zu haben, außer vielleicht drei- oder viermal, wegen eines Nahrungsproblems. Kurzum, ich muß auf die eine oder andere Weise Wind von der Sache bekommen haben, sonst hätte ich mich nie beim Notar Nidder vorgestellt, komisch, daß man gewisse Namen nicht vergessen kann, und er hätte mich nie empfangen. Er stellte meine Identität fest. Das dauerte eine Weile. Ich zeigte ihm meine Blechinitialen im Innern meines Hutes, sie bewiesen nichts, aber sie stützten die Wahrscheinlichkeit. Unterschreiben, sagte er. Er spielte mit einem runden Lineal, mit dem man einen Ochsen hätte erschlagen können. Nachzählen, sagte er. Eine vielleicht käufliche junge Frau wohnte diesem Gespräch bei, wahrscheinlich als Zeugin. Ich stopfte das Bündel in meine Tasche. Das sollten Sie nicht tun, sagte er. Ich dachte darüber nach, daß er mich zum Nachzählen hätte auffordern können, bevor er mich unterschreiben ließ, das wäre korrekter gewesen. Wo kann ich Sie erreichen, sagte er, gegebenenfalls? Unten an der

Treppe dachte ich an etwas. Kurz darauf stieg ich wieder hinauf, um ihn zu fragen, woher ich dieses Geld bekommen hätte, wobei ich hinzufügte, daß ich das Recht hätte, es zu erfahren. Er nannte mir einen Frauennamen, den ich vergessen habe. Vielleicht hatte sie mich in ihren Schoß gelegt, als ich noch in den Windeln steckte, und ich hatte vielleicht mit ihr geschmust. Das genügt manchmal. Ich betone in den Windeln, denn später wäre es zu spät gewesen, zum Schmusen. Dank diesem Geld hatte ich nun also noch ein wenig. Sehr wenig. Geteilt durch mein zukünftiges Leben existierte es gar nicht, es sei denn, daß meine Vermutungen ungebührlich pessimistisch wären. Ich klopfte an die Wagenwand, neben meinem Hut, genau gegen den Rücken des Kutschers, wenn ich recht kalkuliert hatte. Eine dichte Staubwolke erhob sich aus der Polsterung. Ich nahm einen Stein aus meiner Tasche und klopfte mit dem Stein, bis die Kutsche anhielt. Ich merkte, daß es zu keiner Verlangsamung kam, so wie sie sich bei den meisten Wagen einstellt, bevor sie stehenbleiben. Nein, wir hielten auf der Stelle an. Ich wartete. Die Kutsche zitterte. Der Kutscher auf seinem hohen Bock lauschte sicherlich. Ich sah das Pferd wie mit meinen fleischlichen Augen. Es war nicht in sich zusammengesunken wie gewöhnlich bei jedem kurzen Halt, es blieb aufmerksam, mit gespitzten Ohren. Ich blickte durchs Fenster, wir waren wieder in Fahrt. Ich schlug wieder gegen die Wand, bis die Kutsche wieder anhielt. Der Kutscher kletterte fluchend vom Bock. Ich schob die Scheibe herunter, damit er nicht auf den Gedanken käme, den Schlag zu öffnen. Schneller, schneller. Er war noch röter im Gesicht, sozusagen violett. Der Zorn oder der Fahrtwind. Ich sagte ihm, daß ich ihn für den ganzen Tag in Dienst nähme. Er antwortete, daß er um drei Uhr eine Beerdigung hätte. Ach, diese Toten. Ich sagte ihm, daß ich nicht mehr zum Zoo fahren wolle. Fahren wir nicht mehr zum Zoo, sagte ich. Er antwortete, daß es ihm einerlei sei, wo wir hinführen, unter der Bedingung, daß es nicht zu weit wäre, wegen seines Tieres. Und da redet man über die Genauigkeit der Sprache der Primitiven. Ich fragte ihn, ob er ein Restaurant kenne. Ich fügte hinzu, Sie essen mit mir. Ich bin lieber mit einem Stammgast in solchen Lokalen. Es stand da ein langer Tisch, flankiert von zwei Bänken, die genauso lang waren. Über den Tisch erzählte er mir von seinem Leben, von seiner Frau, von seinem Tier, dann wieder von seinem Leben, von dem grausamen Leben, das er hatte, vor allem wegen seines Charakters. Er fragte mich, ob mir klar sei, was es bedeutet, immer draußen zu sein, bei Wind und Wetter. Ich erfuhr, daß es noch Kutscher gab, die den ganzen Tag schön im Warmen in ihren parkenden Kutschen verbrachten, wo sie darauf warteten, daß der Fahrgast sie wachrüttele. Das sei ehemals möglich gewesen, heute müsse man anders verfahren, wenn man zurechtkommen wolle, am Ende seiner Tage. Ich schilderte ihm meine Lage, was ich verloren hatte und was ich suchte. Wir taten beide unser Mögliches, um zu begreifen, um zu erklären. Er begriff, daß ich mein Zimmer verloren hatte, und daß ich ein anderes brauchte, aber alles übrige entging ihm. Er hatte sich in den Kopf gesetzt, aus dem es nichts mehr herausbringen könnte, daß ich auf der Suche nach einem möblierten Zimmer wäre. Aus seiner Tasche zog er eine Abendzeitung vom Vorabend oder vielleicht vom Abend davor, und er machte sich zur Aufgabe, die Anzeigen durchzusehen, von denen er fünf oder sechs mit einem winzigen Bleistift, demselben, der über den zukünftigen Siegerpferden zitterte, unterstrich. Er unterstrich wahrscheinlich solche, die er unterstrichen hätte, wenn er an meiner Stelle gewesen wäre, oder vielleicht solche, die auf dasselbe Viertel verwiesen, wegen seines Tieres. Ich hätte ihn nur in Verwirrung gebracht, wenn ich gesagt hätte, daß ich als Möbel in meinem Zimmer nur das Bett dulden würde, und daß alles andere, sogar der Nachttisch, herausgestellt werden müßte, bevor ich einwilligen würde, einen Fuß da hineinzusetzen. Gegen drei Uhr weckten wir das Pferd und machten uns wieder auf den Weg. Der Kutscher schlug mir vor, auf den Bock zu steigen, an seine Seite, aber seit geraumer Zeit sehnte ich mich schon nach dem Innern der Kutsche, und ich nahm meinen Platz darin wieder ein. Wir besuchten nacheinander, ich hoffe methodisch, die Adressen, die er unterstrichen hatte. Der kurze Wintertag neigte sich seinem Ende zu. Es scheint mir manchmal, dies wären die einzigen Tage, die ich erlebt habe, und vor allem der überaus entzückende Augenblick, der ihrem nächtlichen Verfall vorangeht. Die Adressen, die er unterstrichen oder vielmehr angekreuzt hatte, wie die einfachen Leute es tun, bezeichnete er mit einem diagonalen Strich, sofern sie sich als schlecht erwiesen. Er zeigte mir später die Zeitung und redete mir dabei zu, sie nicht aus der Hand zu legen, damit ich sicher sein könne, nicht von neuem da zu suchen, wo ich schon vergebens gesucht hätte. Trotz der geschlossenen Fenster, der knirschenden Kutsche und der Geräusche des Verkehrs hörte ich, wie er sang, ganz allein da oben auf seinem hohen Bock. Er hatte mich einer Beerdigung vorgezogen, das war eine Tat, die ewig dauern würde. Er sang, *Sie ist fern von dem Land, wo ihr junger Held schläft,* das sind die einzigen Worte, an die ich mich erinnere. Bei jedem Halt stieg er von seinem Bock herunter und half mir dann beim Aussteigen. Ich klingelte an der Tür, die er mir zeigte, und manchmal verschwand ich ins Innere des Hauses. Es kam mir ganz komisch vor, ich erinnere mich daran, von neuem ein Haus um mich herum zu fühlen, nach so langer Zeit. Er erwartete mich auf dem Bürgersteig und half mir beim Einsteigen in die Kutsche. Ich fing an, die Nase voll zu haben von diesem Kutscher. Er kletterte wieder auf seinen Bock, und wir fuhren weiter. Auf einmal geschah folgendes. Er hielt an. Ich schüttelte meine erstarrten Glieder und schickte mich an, auszusteigen. Aber er kam nicht, um den Schlag zu öffnen und mir den Arm zu reichen, so daß ich genötigt war, ganz allein auszusteigen. Er zündete die Laternen an. Ich liebe die Petroleumlampen, obwohl sie neben den Kerzen, und von den Sternen abgesehen, die ersten Lichter sind, die ich erlebt habe. Ich fragte ihn, ob ich die zweite Laterne anzünden dürfe, da er die erste schon selbst angezündet hatte. Er gab mir seine Streichholzschachtel, ich öffnete das kleine, vorgewölbte, mit Scharnieren versehene Fensterchen, zündete an und schloß es sofort wieder, damit der Docht ruhig und hell, warm und windgeschützt in seinem kleinen Haus brannte. Diese Freude wurde mir zuteil. Wir sahen nichts im Licht dieser Laternen, außer den undeutlichen Umrissen des Pferdes, aber die anderen sahen sie von weitem, zwei langsam in der Luft schwebende, gelbe Scheiben. Wenn das Gespann die Richtung änderte, sah man ein Auge, rot oder grün, je nachdem, eine vorgewölbte, wie in einer Glasmalerei grell glänzende Raute.

Nach der Überprüfung der letzten Adresse schlug der Kutscher mir vor, mich in einem ihm bekannten Hotel vorzustellen, wo ich gut aufgehoben wäre. Das klingt echt, Kutscher, Hotel, das klingt wahrscheinlich. Von ihm empfohlen, würde es mir an nichts mangeln. Bequem in jeder Beziehung, sagte er, mit den Augen zwinkernd. Ich verlege diese Unterhaltung auf den Bürgersteig vor dem Haus, aus dem ich gerade gekommen war. Ich erinnere mich daran, unter der Laterne die hohle, etwas feuchte Flanke des Pferdes und auf der Klinke des Wagenschlags die Hand des Kutschers in einem wollenen Handschuh. Ich überragte mit meinem ganzen Kopf das Dach der Kutsche. Ich schlug ihm vor, zusammen ein Glas zu heben. Das Pferd hatte den ganzen Tag nichts gesoffen und nichts gefressen. Ich machte den Kutscher darauf aufmerksam, der mir antwortete, sein Pferd würde sich erst nach seiner Rückkehr in den Stall stärken. Wenn es das Geringste, und sei es auch nur ein Apfel oder ein Stück Zucker, während der Arbeit zu sich nähme, würde es Bauchweh und Koliken bekommen, die es am Weitergehen hindern und sogar töten könnten. Darum war er gezwungen, ihm mit einem Riemen das Maul festzubinden, sobald er es aus dem einen oder anderen Grunde aus den Augen lassen mußte, damit es nicht unter der Gutmütigkeit der Passanten zu leiden hätte. Nach einigen Gläsern bat der Kutscher mich, ihnen, ihm und seiner Frau, die Ehre zu erweisen, die Nacht bei ihnen zu verbringen. Es war nicht weit. Wenn ich jetzt, da mir der berühmte nötige Abstand zugute kommt, darüber nachdenke, glaube ich, daß er an jenem Tage nur um seine Wohnung herumgefahren ist. Sie wohnten über einem Schuppen, hinten in einem Hof. Sehr hübsche Lage, ich hätte mich damit begnügt. Nachdem er mich seiner Frau vorgestellt hatte, die einen außerordentlich dicken Hintern hatte, verließ er uns. Ihr war so allein mit mir nicht wohl zumute, das sah man. Ich verstand sie, ich geniere mich nicht in solchen Fällen. Es gibt keinen Grund, Schluß zu machen oder weiterzumachen. Also Schluß damit. Ich sagte, daß ich in den Schuppen hinuntergehen und mich schlafen legen würde. Der Kutscher protestierte. Ich bestand darauf. Er lenkte die Aufmerksamkeit seiner Frau auf eine Pustel, die ich oben auf dem Schädel hatte, denn ich hatte meinen Hut abgenommen, aus Schicklichkeit. Müßte er wegmachen lassen, sagte sie. Der Kutscher nannte mir einen Arzt, den er überaus schätzte, und der ihn von einer Verhärtung am Gesäß befreit hatte. Wenn er im Schuppen schlafen will, sagte die Frau, soll er im Schuppen schlafen. Der Kutscher nahm die Lampe vom Tisch und ging mir voran die Treppe hinunter, die zum Schuppen führte, es war vielmehr eine Leiter, seine Frau ließ er im Dunkeln. Er breitete in einer Ecke am Boden auf Stroh eine Pferdedecke aus und hinterließ mir eine Streichholzschachtel für den Fall, daß ich es nötig hätte, in der Nacht klar zu sehen. Ich erinnere mich nicht daran, was das Pferd während dieser Zeit getan hat. In der Dunkelheit ausgestreckt, hörte ich das Geräusch, das es beim Saufen machte, es ist ganz eigenartig, die plötzlichen Galoppaden der Ratten und über mir die gedämpften Stimmen des Kutschers und seiner Frau, die dabei waren, mich zu kritisieren. Ich hielt die Streichholzschachtel in der Hand, eine große schwedische Schachtel. Ich stand in der Nacht auf und machte ein Streichholz an. Seine kurze Flamme gestattete mir, die Kutsche ausfindig zu machen. Ich bekam und verlor dann wieder die Lust, den Schuppen in Brand zu stecken. Ich fand die Kutsche in der Finsternis, ich öffnete den Schlag, Ratten sprangen heraus, ich stieg hinein. Beim Platznehmen merkte ich sofort, daß die Kutsche nicht mehr waagerecht stand, zwangsläufig, da die Deichsel auf dem Boden lag. Es war besser so, es gestattete mir, mich richtig hinzuhauen, und die Füße, höher als den Kopf, auf die andere Bank zu legen. Mehrmals im Laufe der Nacht spürte ich das Pferd, das mich durchs Fenster anschaute, und den Atem aus seinen Nüstern. Ausgeschirrt mußte ihm meine Anwesenheit in der Kutsche sonderbar vorkommen. Mir war kalt, da ich vergessen hatte, die Decke mitzunehmen, aber noch nicht kalt genug, um sie holen zu können. Durch das Fenster der Kutsche sah ich das Schuppenfenster immer besser. Ich stieg aus der Kutsche. Es war nicht mehr so dunkel in dem Schuppen, ich konnte die Futterkrippe erkennen, die Heuleiter, das aufgehängte Zaumzeug, was noch, Eimer und Bürsten. Ich ging zur Tür, konnte sie aber nicht öffnen. Das Pferd schaute mir nach. Schlafen sie eigentlich nie, die Pferde? Mir schien, daß der Kutscher es hätte anbinden müssen, an der Futterkrippe zum Beispiel. Ich war also gezwungen, durch das Fenster auszusteigen. Es war nicht leicht. Aber was ist leicht? Ich steckte zuerst meinen Kopf hindurch, meine Hände lagen flach auf dem Boden des Hofes, als meine Hüften sich noch im Fensterrahmen eingezwängt drehten und wanden. Ich erinnere mich an die Grasbüschel, an denen ich mit beiden Händen zog, um mich herauszureißen. Ich hätte meinen Mantel ausziehen und durchs Fenster werfen sollen, aber daran hätte ich eher denken müssen. Als ich den Hof kaum verlassen hatte, dachte ich an etwas. Die Müdigkeit. Ich steckte einen Geldschein in die Streichholzschachtel, ich ging wieder in den Hof und legte die Schachtel auf die Fensterbank, über die ich soeben hinausgerutscht war. Das Pferd stand am Fenster. Nach ein paar Schritten auf der Straße kehrte ich jedoch wieder in den Hof zurück und nahm meinen Geldschein wieder an mich. Die Streichhölzer ließ ich liegen, sie gehörten mir nicht. Das Pferd stand immer noch am Fenster. Ich hatte die Nase voll von diesem Pferd. Die Dämmerung hatte kaum begonnen. Ich wußte nicht, wo ich war. Ich ging blindlings gen Osten, um so bald wie möglich ins Helle zu kommen. Ich hätte einen Meeres- oder Wüstenhorizont gewünscht. Wenn ich draußen bin, morgens, gehe ich der Sonne entgegen, und abends, wenn ich draußen bin, folge ich ihr bis in die Welt der Toten. Ich weiß nicht, warum ich diese Geschichte erzählt habe. Ich hätte ebensogut eine andere erzählen können. Ein andermal werde ich vielleicht eine andere erzählen können. Wie sehr sie sich gleichen, das werdet ihr sehen, ihr lebenden Seelen.

Das Beruhigungsmittel

Ich weiß nicht mehr, wann ich gestorben bin. Es schien mir immer, ich sei alt gestorben, um die neunzig Jahre, und was für Jahre, und daß mein Körper es bewies, von Kopf bis Fuß. Doch heute abend, allein in meinem eiskalten Bett, fühle ich, daß ich älter sein werde als an dem Tag, in der Nacht, da der Himmel mit all seinen Lichtern auf mich fiel, derselbe, den ich so genau betrachtet hatte, seit ich auf der fernen Erde irrte. Denn heute abend hab' ich zuviel Angst, mich verwesen zu hören, auf die mächtigen Blutstürze des Herzens und die Zuckungen des ausweglosen Caecums zu harren, und darauf, daß es in meinem Kopf mit den langwierigen Morden, dem Sturm auf die unerschütterlichen Pfeiler, der Liebe mit den Kadavern vorbei sei. Ich werde mir also eine Geschichte erzählen, ich werde also versuchen, mir noch eine Geschichte zu erzählen, um zu versuchen, mich zu beruhigen, und ich fühle, daß ich darin alt sein werde, alt, noch älter als an dem Tage, da ich fiel, um Hilfe rief, und als die Hilfe auch kam. Oder bin ich vielleicht in dieser Geschichte wieder zur Erde hinaufgestiegen, nach meinem Tode. Nein, das sieht mir nicht ähnlich, wieder zur Erde hinaufzusteigen, nach meinem Tode.

Warum soll ich gegangen sein, da ich bei niemandem war? Warf man mich hinaus? Nein, es war niemand da. Ich sehe eine Art Höhle, deren Boden mit Konservenbüchsen bedeckt ist. Es ist aber nicht auf dem Lande. Es sind vielleicht nur Ruinen, es sind vielleicht die Ruinen eines Lustschlößchens, am Rande der Stadt, auf einem Feld, denn die Felder reichten bis an unsere Stadtmauern, ihre Stadtmauern, und nachts legten die Kühe sich im Schutz der Basteien schlafen. Ich habe auf meiner Flucht so oft das Versteck gewechselt, daß ich schon Höhlen und Trümmerhaufen verwechsele. Aber es war noch immer dieselbe Stadt. Es ist wahr, daß man oft in einem Traum einhergeht, die

Luft wird schwarz von Häusern und Fabriken, man sieht Trambahnen vorbeifahren, und unter den Füßen, die eben das Gras noch netzte, hat man plötzlich Pflastersteine. Ich kenne nur die Stadt meiner Kindheit, ich mußte die andere wohl mal gesehen haben, aber ohne daran glauben zu können. Alles, was ich sage, hebt sich auf, ich werde nichts gesagt haben. Hatte ich wenigstens Hunger? Lockte mich das Wetter? Es war bewölkt und frisch, ich will es so, aber nicht so sehr, daß es mich nach draußen zog. Ich konnte weder beim ersten Versuch aufstehen noch, sagen wir, beim zweiten, und als ich endlich aufrecht stand und an der Wand lehnte, fragte ich mich, ob ich so bleiben könnte, ich meine aufrecht, an die Wand gelehnt. Hinaus- und fortgehen, unmöglich. Ich rede darüber, als sei es gestern gewesen. Gestern ist ja noch nicht lange her, aber schon zu lange. Denn das, was ich heute abend erzähle, geht heute abend vor sich, in dieser Stunde, die gerade vergeht. Ich bin nicht mehr bei den Mördern in diesem grauenvollen Bett, sondern in meinem fernen Versteck, mit zusammengefalteten Händen, mit geneigtem Kopf, schwächlich, keuchend, ruhig, frei, und älter als ich je gewesen sein werde, wenn meine Berechnungen stimmen. Ich werde meine Geschichte nichtsdestoweniger in der Vergangenheit spielen lassen, als handelte es sich um einen Mythos oder um eine antike Fabel, denn ich brauche heute abend ein anderes Alter, damit das, in dem ich wurde, was ich gewesen bin, ein anderes Alter werde. Ach, ich werde euch schon Zeiten vorsetzen, ihr Ekel eurer Zeit.

Aber nach und nach gelangte ich hinaus und ging los, Schrittchen für Schrittchen, inmitten von Bäumen, nanu, Bäumen. Eine wilde Vegetation überwucherte die Pfade von ehemals. Ich lehnte mich an die Stämme, um wieder zu Atem zu kommen, oder ich ergriff einen Ast und zog mich voran. Von meinem letzten Pfad war keine Spur übriggeblieben. Es waren die sterbenden Eichen von d'Aubigné. Es war nur ein Wäldchen. Die Lichtung war nicht weit, ein weniger grünes und wie zerfetztes Licht sagte es mir, ganz leise. Ja, wo man sich auch aufhielt in diesem Wäldchen, und wäre es in der tiefsten Tiefe seiner kümmerlichen Geheimnisse gewesen, von allen Seiten sah man dieses bleichere Licht schimmern, als Verheißung, ich weiß nicht welcher albernen Ewigkeit. Sterben ohne zu starke Schmerzen, gelinde, die lohnen sich, selber vor dem blinden Himmel die

Augen schließen, die nicht in ihren Höhlen bleiben werden, dann schnell zu Aas verwesen, damit die Raben sich nicht vergreifen. Das ist der Vorteil des Todes durch Ertrinken, einer der Vorteile, die Krabben kommen nämlich nie zu früh. Das alles ist Sache der Organisation. Sonderbarerweise begann ich aber, als ich endlich aus dem Wald herausgekommen war, geistesabwesend den ihn umgebenden Graben überschritten hatte, über die Grausamkeit, die lächelnde, nachzudenken. Vor mir breitete sich ein fetter Weideplatz aus, vielleicht Luzerne, was soll's, der von abendlichem Tau oder frischem Regen troff. Jenseits dieser Wiese waren, das wußte ich, ein Weg, dann ein Feld, dann endlich die Stadtmauern als Abschluß der Perspektive. Sie sahen mit ihren zyklopischen Zinnen, die sich schwach von einem Himmel abhoben, der kaum heller war als sie, nicht wie Ruinen aus, von den meinen aus gesehen, aber sie waren es, das wußte ich. Das war das Bild, das sich mir nutzlos bot, denn ich kannte es und fand es abscheulich. Was ich sah, war ein kahlköpfiger Mann in kastanienbraunem Anzug, ein Humorist. Er erzählte eine lustige Geschichte, von einem Fiasko. Ich begriff nichts davon. Er sprach zur allgemeinen Erheiterung das Wort Schnecke aus, oder aber Nacktschnecke. Die Frauen schienen sich noch mehr zu amüsieren als ihre Kavaliere, wenn es möglich war. Ihr kreischendes Gelächter zerriß den Applaus und brach, kaum beruhigt, immer wieder mal hier, mal dort hervor, und zwar so schallend, daß es die Einleitung der folgenden Geschichte störte. Sie dachten dabei vielleicht an den akkreditierten Penis, der womöglich neben ihnen saß, und von diesem seligen Festland stießen sie ihre Freudenschreie in das komische Gewitter, wie talentvoll. Mir aber, mir muß heute abend etwas geschehen, meinem Körper, dem nie etwas geschehen ist, oder so wenig, der nie etwas getroffen, nichts geliebt, nichts gewollt hat in seinem mit Folie, mit schlechter Folie belegten Universum, nichts gewollt, es sei denn, daß alle Spiegel, die flachen, hohlen, vergrößernden und verkleinernden Spiegel zersplitterten, und daß er bei der Zerschmetterung seiner Bilder verschwände. Ja, es muß heute abend so sein wie in der Geschichte, die mein Vater mir vorlas, Abend für Abend, als ich klein war, und er noch gesund, um mich zu beruhigen, Abend für Abend, jahrelang, wie mir heute abend scheint, und von der ich nicht viel behalten habe, außer daß es sich um

Abenteuer eines gewissen Joe Breem handelte, oder Breen, Sohn eines Leuchtturmwärters, ein junger, sehniger Kerl von fünfzehn Jahren, so hieß es wörtlich, der nachts mit einem Messer zwischen den Zähnen meilenweit schwimmend einen Walfisch verfolgte, ich weiß nicht mehr warum, aus bloßem Heldenmut. Diese Geschichte hätte er mir ohne weiteres erzählen können, er kannte sie auswendig, ich auch, aber das hätte mich nicht beruhigt, er mußte sie mir vorlesen, Abend für Abend, oder so tun, als ob er sie mir vorläse, indem er die Seiten umblätterte und mir die Bilder erklärte, die schon ich waren, Abend für Abend dieselben Bilder, bis ich an seiner Schulter einschlummerte. Wenn er ein einziges Wort des Textes überschlagen hätte, so hätte ich ihn mit meiner kleinen Faust geboxt, in seinen dicken Bauch, der hervorquoll aus der Strickjacke und der aufgeknöpften Hose, die seine Erholung von der Bürokleidung waren. Mir stehen nun der Auszug, der Kampf und vielleicht die Wiederkehr bevor, diesem Greis, der ich heute abend bin, der älter ist, als mein Vater je gewesen, und älter, als ich je sein werde. Da bin ich schon in die Enge des Futurums getrieben. Ich ging über die Wiese, mit kurzen, steifen und zugleich weichen Schritten, den einzigen, die ich machen konnte. Von meinem letzten Pfad gab es keine Spur mehr, er lag weit zurück, mein letzter Pfad. Und die kurzen, geknickten Stengel richten sich schnell wieder auf, da sie Luft und Licht brauchen, und was die zerquetschten angeht, so werden sie schnell ersetzt. Ich betrat die Stadt durch das sogenannte Schäfertor, ohne jemanden gesehen zu haben, nur die ersten Fledermäuse, die wie fliegende Kruzifixe aussehen, ohne etwas gehört zu haben, außer meinen Schritten, meinem Herzen in meiner Brust und dann schließlich, als ich unter der Wölbung hindurchschritt, dem Heulen einer Eule, diesem so sanften und doch so wilden Schrei, der nachts, in meinem Wäldchen und in den anderen ringsherum, rufend und antwortend wie eine Sturmglocke bis in meine Hütte drang. Die Stadt frappierte mich durch ihr verlassenes Aussehen, je mehr ich mich in sie hineinwagte. Sie lag in hellem Licht, wie gewöhnlich, mehr als gewöhnlich, obwohl die Warenhäuser geschlossen waren. Aber ihre Schaufenster blieben beleuchtet, wahrscheinlich um den Kunden anzulocken und ihn sagen zu lassen, Nanu, das ist schön und nicht teuer, ich werde morgen wieder vorbeikommen, wenn ich noch lebe.

Ich hätte mir beinahe gesagt, Nanu, es ist Sonntag. Die Trambahnen rollten, die Autobusse auch, aber nicht so zahlreich, ganz langsam, leer und geräuschlos wie unter Wasser. Ich sah kein einziges Pferd! Ich trug meinen großen grünen Mantel mit Samtkragen, eine Art Autofahrermantel von 1900, den meines Vaters, er hatte jedoch an jenem Tag keine Ärmel mehr, er war nur noch ein weiter Umhang. Aber es lastete immer noch, tot und wärmelos, dasselbe schwere Gewicht auf mir, und die Schöße fegten den Boden, harkten ihn vielmehr, so steif waren sie geworden, so zusammengesunken war ich. Was würde mir, was könnte mir in dieser leeren Stadt geschehen? Ich fühlte jedoch, daß die Häuser zum Bersten mit Leuten gefüllt waren, die, hinter den Vorhängen hockend, in die Straßen blickten, oder, hinten im Zimmer sitzend, sich mit dem Kopf in den Händen dem Traum überließen. Da oben, auf dem Dach, mein Hut, stets derselbe, ich reichte nicht weiter. Ich durchquerte die Stadt von einem Ende zum anderen und gelangte ans Meer, nachdem ich dem Fluß bis zu seiner Mündung gefolgt war. Ich sagte, Ich werde heimkehren, ohne zu fest daran zu glauben. Die im Hafen ankernden Schiffe, die von Trossen an der Mole gehalten wurden, schienen mir nicht weniger zahlreich zu sein als zu normalen Zeiten, als ob ich etwas von normalen Zeiten wüßte. Aber die Kais waren verlassen, und nichts verriet eine baldige Schiffsbewegung, weder eine Ausfahrt noch eine Ankunft. Aber alles konnte sich von einem Augenblick zum anderen ändern, sich vor meinen Augen im Handumdrehen verwandeln. Und es würde das große Durcheinander der See, ihrer Leute und Dinge geben, das kaum merkbare Schwanken des Mastwerks der großen Schiffe und das tänzelnde der kleinen, ich will es so, und ich würde den schrecklichen Schrei der Möwen und vielleicht auch den der Matrosen hören, diesen blinden Schrei, von dem man nicht genau weiß, ob er traurig oder fröhlich ist, und das Entsetzen und Wut enthält, denn sie gehören nicht nur dem Meer, die Matrosen, sondern auch der Erde. Und ich könnte mich vielleicht unbemerkt an Bord eines bald auslaufenden Frachters schleichen und weit weg fahren und in der Weite einige gute Monate verbringen, vielleicht sogar ein Jahr oder zwei, in der Sonne, in Frieden, vor dem Sterben. Selbst ohne so weit zu gehen wäre es doch des Teufels, wenn es mir nicht gelänge, in dieser wimmelnden und abgestumpften Menge eine kleine Begegnung herbeizuführen, die mich ein wenig beruhigen würde, oder ein paar Worte zu wechseln, mit einem Schiffer zum Beispiel, Worte, die ich mitnehmen würde, in meine Hütte, um sie meiner Sammlung einzuverleiben. Ich wartete also, auf einer Art Schiffswinde ohne Spakenkranz sitzend, und sagte mir, Alles, sogar die Schiffswinden sind heute abend außerstande, zu etwas zu dienen. Und ich suchte die See jenseits der Wellenbrecher ab, ohne auch nur ein winziges Ruderboot zu sehen. Es war schon dunkel, oder beinahe, ich sah Lichter, dicht überm Wasserspiegel. Die hübschen Leuchtfeuer an der Hafeneinfahrt sah ich auch und in der Weite noch andere, die auf den Ufern, den Inseln und Landzungen blinkten. Da ich aber sah, daß es zu keinerlei Belebung kam, schickte ich mich an fortzugehen, mich traurig abzuwenden von diesem toten Hafen, denn es gibt Szenen, die einen zu seltsamen Abschieden zwingen. Ich brauchte nur den Kopf sinken zu lassen und den Boden unter meinen Füßen, vor meinen Füßen anzuschauen, denn in dieser Haltung schöpfte ich stets die Kraft zum, wie sagt man, ich weiß nicht, und von der Erde ward mir, mehr noch als vom Himmel, der doch höher im Kurs steht, in schwierigen Augenblicken Hilfe zuteil. Und da, auf der Steinplatte, die ich nicht anstarrte, denn warum sollte ich sie anstarren, sah ich den Hafen in der Weite, wo die schwarzen Wogen am wildesten tobten, und rund um mich herum Sturm und Schiffbruch. Ich werde nie mehr hierher zurückkehren, sagte ich. Als ich mich aber wieder aufgerichtet hatte, wobei ich mich mit beiden Händen auf den Rand der Schiffswinde stützte, sah ich einen jungen Burschen vor mir, der eine Ziege an den Hörnern hielt. Ich setzte mich wieder hin. Er schwieg, wobei er mich augenscheinlich ohne Furcht und ohne Ekel anschaute. Es war wohl düster. Daß er schwieg, kam mir natürlich vor, ich, der Ältere, hatte zuerst zu sprechen. Er war barfuß und in Lumpen. Mit dem Ort vertraut, war er von seinem Wege abgewichen, um nachzusehen, was diese dunkle, verlassene Masse auf dem Rand des Beckens wäre. So machte ich es mir klar. Es war unmöglich, daß er jetzt, ganz in meiner Nähe, mit dem scharfen Blick eines Gassenjungen nicht begriffen hätte. Er blieb jedoch. Ist dies wirklich von mir, diese Gemeinheit? Gerührt, denn schließlich mußte ich gewissermaßen deswegen ausgegangen sein, und indem ich mir nur einen geringen Nutzen von dem versprach, was sich daraus ergeben könnte, entschied ich mich dafür, ihn anzusprechen. Ich legte also meinen Satz zurecht und öffnete den Mund in der Annahme, ihn zu hören, aber ich hörte nur eine Art Röcheln, das sogar für mich, der ich meine Absichten kannte, unverständlich war. Aber es war nichts, nichts als die durch langes Schweigen entstandene Aphonie, wie in dem Wäldchen, wo sich die Hölle auftut, erinnern Sie sich daran, ich kaum. Er setzte sich, ohne die Ziege loszulassen, dicht vor mir hin und bot mir einen Bonbon an, in einer Papiertüte, wie man sie für einen Penny bekommen konnte. Es waren mindestens achtzig Jahre vergangen, während der man mir keinen Bonbon angeboten hatte, aber ich griff gierig danach und steckte ihn in den Mund, ich entdeckte die alte Geste wieder, wobei ich mehr und mehr gerührt war, denn ich wollte es so. Die Bonbons klebten aneinander, und ich hatte mit meinen zitternden Händen Mühe, den ersten besten, einen grünen, von den anderen zu trennen, aber er half mir dabei, und seine Hand streifte die meine. Danke, sagte ich. Und da er sich einige Augenblicke später entfernte, wobei er die Ziege nach sich zog, gab ich ihm mit einer großen Bewegung des ganzen Körpers ein Zeichen, zu bleiben, und ich sagte in einem hastigen Gemurmel, Wohin gehst du denn, mein kleines Männchen, mit deinem Zicklein? Ich hatte diesen Satz kaum ausgesprochen, als ich vor Scham mein Gesicht bedeckte. Es war jedoch derselbe, den ich kurz vorher hatte aussprechen wollen. Wohin gehst du, mein kleines Männchen, mit deinem Zicklein! Wenn ich hätte erröten können, hätte ich es getan, aber mein Blut drang nicht mehr bis in die Extremitäten. Wenn ich einen Penny in der Tasche gehabt hätte, hätte ich ihn ihm gegeben, damit mir verziehen würde, aber ich hatte weder einen Penny in der Tasche noch irgend etwas Ähnliches, irgend etwas, das einen kleinen Unglücklichen an der Schwelle des Lebens erfreuen könnte. Ich glaube, daß ich an diesem Tage, an dem ich sozusagen ohne Vorbedacht ausgegangen war, nur meinen Stein bei mir hatte. Von seiner kleinen Person stand geschrieben, daß ich nur das krause, dunkle Haar und die hübsche Schwellung der langen, dreckigen, sehnigen Beine sehen würde. Auch die frische, flinke Hand würde ich nicht so bald vergessen. Ich suchte nach einem anderen Satz, um ihn ihm zu sagen. Ich fand ihn zu spät, er war schon weit, oh, nicht weit, aber weit. Außerhalb meines Lebens auch, ging er ruhig von dannen, nie mehr würde auch nur einer seiner Gedanken für mich sein, es sei denn, vielleicht, wenn er alt wäre und wenn er, seine frühe Jugend erforschend, diese fröhliche Nacht wiederfinden und wieder die Ziege an den Hörnern halten und wieder eine Weile vor mir stehenbleiben würde, dann womöglich mit einem Gran Zärtlichkeit, ja sogar Eifersucht, aber damit rechne ich nicht. Arme, teure Tiere, ihr werdet mir geholfen haben. Was ist dein Papa von Beruf? Das hätte ich ihm gesagt, wenn er mir die Zeit dazu gelassen hätte. Ich folgte mit dem Blick den knochigen, gespreizten hinteren X-Beinen der Ziege, die von brüskem Bocken geschüttelt wurden. Bald waren sie nur noch eine kleine, verschwommene Masse, die ich unvoreingenommen für einen jungen Zentaur hätte halten können. Ich hätte die Ziege beinahe köteln lassen, dann eine Handvoll von den kleinen, so schnell kalten, harten Kügelchen aufgehoben, daran geschnuppert und sie sogar probiert, ach was, das würde mir heute abend nicht helfen. Ich sage heute abend, als ob es immer derselbe Abend wäre, aber gibt es zwei Abende? Ich ging los mit der Absicht, schleunigst heimzukehren, denn ich kehrte nicht ganz unverrichteter Dinge heim, indem ich wiederholte, Ich werde nie mehr hierher zurückkehren. Meine Beine taten mir weh, gerne wäre jeder Schritt der letzte gewesen. Aber die schnellen, wie verstohlen auf die Schaufenster geworfenen Blicke ließen mich einen großen Zylinder wahrnehmen, der in höchster Eile dahinbrauste und über den Asphalt zu gleiten schien. Ich mußte tatsächlich schnell vorankommen, denn ich holte mehr als einen Fußgänger ein, sieh da, die ersten Menschen, ohne mich anzustrengen, mich, den die Parkinsonschen gewöhnlich abhängten, und mir war dabei, als hielten die Schritte hinter mir an. Und doch wäre jeder meiner kurzen Schritte gerne der letzte gewesen. So gerne, daß ich beim Erreichen eines Platzes, den ich beim Kommen nicht bemerkt hatte und in dessen Hintergrund eine Kathedrale emporragte, beschloß, da hineinzugehen, wenn sie offen wäre, und mich dort zu verstecken, wie im Mittelalter, eine Zeitlang. Ich sage Kathedrale, aber davon weiß ich nichts. Es würde mir aber leid tun, wenn ich mich in dieser Geschichte, die die letzte sein will, in eine simple Kirche geflüchtet hätte. Mir fiel der sächsische Stützenwechsel auf, der zauberhaft wirkte, mich aber nicht bezauberte. Das a giorno beleuchtete Schiff schien verlassen zu sein. Ich machte mehrmals die Runde, ohne eine Menschenseele zu sehen. Man versteckte sich vielleicht unterm Chorgestühl, oder indem man wie Baumspechte um die Säulen kreiste. Plötzlich fingen ganz in meiner Nähe, und ohne daß ich die langen, knirschenden Vorbereitungen gehört hätte, die Orgeln an zu blöken. Ich erhob mich flink von dem Läufer, auf dem ich mich vor dem Altar ausgestreckt hatte, und rannte zum anderen Ende des Schiffs, als wollte ich hinaus, aber es war nicht das Schiff, es war nur ein Nebenschiff, und die Tür, die mich verschluckte, war nicht die richtige. Denn anstatt der Nacht ausgeliefert zu sein, befand ich mich am Fuße einer Wendeltreppe, die ich unter Aufbietung aller meiner Kräfte zu erklimmen begann, ungeachtet meines Herzens, wie einer, dem ein mörderischer Irrer auf den Fersen ist. Der ich weiß nicht wie, vielleicht durch Luftlöcher, schwach beleuchteten Treppe folgte ich keuchend bis zu der vorspringenden Plattform, auf der sie endete, und die, nach der Leere zu mit einer zynischen Brüstung versehen, wie ein Gang um eine glatte, runde Mauer herumführte, die mit einer kleinen Kuppel gekrönt war, aus Blei oder grün gewordenem Kupfer, uff, wenn das nur klar ist. Man stieg sicherlich dort hinauf, um die Aussicht zu genießen. Die von dieser Höhe hinunterfallen, sind tot, bevor sie unten ankommen, das weiß man. Indem ich mich an die Mauer preßte, unternahm ich einen Rundgang im Uhrzeigersinn. Aber kaum hatte ich ein paar Schritte getan, als ich auf einen Mann traf, der in der anderen Richtung herumging, äußerst umsichtig. Wie wünschte ich, ihn hinunterzustürzen, oder daß er mich hinunterstürzte. Er starrte mich eine Weile mit verstörten Augen an und kehrte mir dann, da er nicht wagte, vor mir an der Seite der Brüstung vorbeizugehen und mit Recht voraussah, daß ich mich nicht ihm zuliebe von der Mauer trennen würde, plötzlich den Rükken, vielmehr den Hinterkopf zu, denn der Rücken blieb an die Wand geschmiegt, und zog wieder in die Richtung, aus der er gekommen war, was ihn in kurzer Zeit zu einer linken Hand reduzierte. Diese zögerte einen Moment, bis sie gleitend verschwand. Es blieb mir nur das Bild zweier hervorquellender, entzündeter Augen unter einer karierten Mütze. Was ist das für eine höllische Dingwelt, in die ich mich verirrt habe? Mein Hut flog weg, kam aber nicht weit dank der Kordel. Ich drehte den Kopf zur Treppe und lauschte. Nichts. Dann tauchte ein kleines Mädchen auf, hinter ihm ein Mann, der es an der Hand hielt, beide an die Mauer gepreßt. Er schob es auf die Treppe, ging selber hinunter, drehte sich um und streckte mir ein Gesicht zu, vor dem ich zurückschreckte. Ich sah nur sein bloßes Haupt, über der letzten Stufe. Später, als sie weg waren, rief ich. Ich machte schnell eine Runde auf der Plattform. Niemand. Ich sah am Horizont, da, wo Gebirge, Meer und Ebene den Himmel berühren, einige niedrige Sterne, nicht zu verwechseln mit den Lichtern, die von Menschen angezündet werden, nachts, oder die sich von selber entzünden. Genug. Von neuem auf der Straße, suchte ich meinen Weg, am Himmel, dessen Wagen mir wohlbekannt waren. Wenn ich jemand gesehen hätte, hätte ich ihn angerempelt, der grausigste Anblick hätte mich nicht davon abgehalten. Ich hätte ihm mit der Hand am Hut gesagt, Verzeihung, mein Herr, Verzeihung, das Schäfertor, ich bitte Sie. Ich glaubte, nicht mehr vorankommen zu können, aber kaum hatte der Impuls die Beine erreicht, so kam ich voran, Gott ja, sogar ziemlich schnell. Ich kehrte nicht ganz unverrichteter Dinge heim, ich brachte quasi die Gewißheit mit, noch in dieser, irgendwie auch in jener Welt zu sein, aber ich zahlte auch dafür. Ich hätte die Nacht besser in der Kathedrale verbracht, auf dem Läufer vorm Altar, ich hätte mich in der Frühe wieder auf den Weg gemacht, oder man hätte mich ausgestreckt gefunden, stocksteif, tot im echten leiblichen Tode, unter den blauen Augen, aus denen soviel Hoffnung quillt, und man hätte in den Abendzeitungen von mir gesprochen. Aber, sieh da, ich ging eine breite, etwas vertraut anmutende Straße hinunter, auf die ich jedoch zu Lebzeiten bestimmt nie einen Fuß gesetzt hatte. Aber da ich das Gefälle bald bemerkte, machte ich kehrt und brach wieder in die andere Richtung auf, denn ich fürchtete, hinabgehend wieder zum Meer zurückzukehren, von dem ich gesagt hatte, daß ich nicht mehr dahin zurückkehren würde. Ich machte kehrt, aber in Wirklichkeit hatte ich einen weiten Bogen beschrieben, ohne Geschwindigkeit einzubüßen, denn ich fürchtete, wenn ich anhielte, nicht mehr aufbrechen zu können, ja, das fürchtete ich auch. Und auch an diesem Abend wagte ich nicht mehr anzuhalten. Der Kontrast zwischen dem hellen Licht der Straßen und ihrem verlassenen Anblick frappierte mich mehr und mehr. Nicht daß ich dadurch geängstigt worden wäre, aber ich sage es nichtsdestoweniger in der Hoffnung, mich zu beruhigen. Nicht daß niemand auf der Straße gewesen wäre, soweit will ich nicht gehen, denn ich bemerkte mehrere Silhouetten, von Frauen wie auch von Männern, die seltsam, aber nicht seltsamer als gewöhnlich waren. Was die Stunde betraf, die mögliche, so hatte ich nicht die geringste Ahnung, außer daß es irgendeine Stunde der Nacht sein mußte. Aber es konnte ebensogut drei oder vier Uhr morgens sein wie zehn oder elf Uhr abends, es hing wahrscheinlich davon ab, ob man sich über die spärlichen Passanten oder den außergewöhnlichen Glanz wunderte, den die Straßenlaternen und die Verkehrsampeln verbreiteten. Denn über das eine oder das andere dieser beiden Phänomene mußte man sich wundern, wenn man nicht den Verstand verloren haben wollte. Kein einziger Privatwagen, dagegen wohl von Zeit zu Zeit ein öffentliches Verkehrsmittel, als langsamer Wirbel leisen, leeren Lichts. Ich würde es mir nicht verzeihen, auf diese Antinomien näher einzugehen, denn wir befinden uns natürlich in einem Kopf, aber ich bin gehalten, die folgenden wenigen Bemerkungen hinzuzufügen. Alle Sterblichen, die ich sah, waren allein und wie in sich selbst ertrunken. Man sieht sowas sicher alle Tage, nur vermengt mit anderen Dingen, stelle ich mir vor. Das einzige Paar bildeten zwei Männer, die Körper an Körper mit verschränkten Beinen miteinander rangen. Ich sah nur einen einzigen Radfahrer! Er hatte dieselbe Richtung wie ich. Alle bewegten sich in derselben Richtung wie ich, auch die Fahrzeuge, das wird mir jetzt erst klar. Er fuhr langsam mitten auf der Fahrbahn, wobei er eine Zeitung las, die er mit beiden Händen aufgeschlagen vor seinen Augen hielt. Von Zeit zu Zeit klingelte er, ohne seine Lektüre zu unterbrechen. Ich schaute ihm nach, bis er nur noch ein Punkt am Horizont war. Es kam der Moment, in dem eine junge, vielleicht übel beleumundete Frau mit zerzaustem Haar und in unordentlicher Kleidung über die Fahrbahn huschte, wie ein Kaninchen. Das ist alles, was ich hinzufügen wollte. Aber noch etwas Seltsames, ich hatte nirgendwo Schmerzen, nicht einmal in den Beinen. Die Schwäche. Eine gute Nacht Alpdrücken und eine Büchse Sardinen würden mir dic Empfindlichkeit wiedergeben. Mein Schatten, einer meiner Schatten, streckte sich vor mir aus, schrumpfte zusammen, glitt unter meine Füße, folgte mir, wie Schatten es tun. Daß ich in diesem Maße undurchsichtig war, fand ich bezeichnend. Aber, sieh da, vor mir geht ein Mann, auf demselben Bürgersteig und in dieselbe Richtung, denn man muß immer dasselbe wiederkauen, damit man es nicht vergißt. Der Abstand zwischen uns war groß, mindestens siebzig Schritte, und aus Furcht, daß er mir entwischte, beschleunigte ich meine Schritte, was mich voranschießen ließ, wie auf Schlittschuhen. Das bin ich nicht, sagte ich, aber so was muß man ausnützen. Als ich im Nu bis auf etwa zehn Schritte an ihn herangekommen war, ging ich langsamer, um nicht durch mein plötzliches Auftauchen die Abneigung zu steigern, die meine Person selbst in ihren unscheinbarsten und schlichtesten Haltungen hervorrief. Und kurz darauf sagte ich ihm, Verzeihung, mein Herr, wobei ich mich demütig auf seiner Höhe hielt, das Schäfertor, um des Himmels willen. Von nahem besehen kam er mir eigentlich normal vor, na ja, abgesehen von dieser augenscheinlichen Flucht in sein Innerstes, die ich schon angedeutet habe. Ich verschaffte mir einen kleinen Vorsprung, ein paar Schritte, drehte mich um, verbeugte mich, berührte meinen Hut und sagte, Die genaue Zeit, ich bitte sehr. Ich hätte ebensogut nicht existieren können. Aber was sollte dann der Bonbon? Feuer! schrie ich. In Anbetracht meiner Hilfsbedürftigkeit frage ich mich, warum ich ihm nicht den Weg versperrte. Ich hätte es nicht gekonnt, das ist es, ich hätte ihn nicht berühren können. Ich sah eine Bank am Rande des Bürgersteigs, setzte mich darauf und schlug die Beine übereinander, wie Walther. Ich mußte wohl eingeschlummert sein, denn da saß plötzlich ein Mann neben mir. Während ich ihn von oben bis unten anschaute, öffnete er die Augen und richtete sie auf mich, man hätte sagen können, zum ersten Mal, denn er wich ganz natürlich zurück. Wo kommen Sie her? sagte er. Daß man mich nach so kurzer Zeit wieder ansprach, machte einen starken Eindruck auf mich. Was haben Sie? sagte er. Ich versuchte, so zu tun wie einer, der nur das hat, was er von Natur aus hat. Verzeihung, mein Herr, sagte ich, indem ich meinen Hut leicht lüftete und mich mit einer sofort wieder unterdrückten Bewegung erhob. Die genaue Zeit, ich bitte Sie! Er sagte mir eine Zeit, ich weiß nicht mehr welche, eine Zeit, die nichts besagte, das ist alles, was ich weiß, und die mich nicht beruhigte. Aber welche hätte es tun können? Ich weiß, ich weiß, eine wird kommen, die es tun wird, aber bis dahin? Sie sagten? sagte er. Leider hatte ich nichts gesagt. Aber ich fing mich wieder, indem ich ihn fragte, ob er mir helfen könnte, meinen Weg wiederzufinden, den ich verloren hatte. Nein, sagte er, denn ich bin nicht von hier, und wenn ich auf diesem Stein sitze, dann darum, weil die Hotels belegt sind oder weil sie mich nicht beherbergen wollten, ich, ich habe keine Meinung. Erzählen Sie mir doch Ihr Leben, danach werden wir sehen. Mein Leben! rief ich aus. Ganz recht, sagte er, Sie wissen doch, diese Art von – wie soll ich sagen? Er überlegte lange, wobei er wahrscheinlich danach suchte, wovon das Leben eine Art sein könnte. Schließlich fuhr er mit gereizter Stimme fort, Nun ja, das kennt doch jeder. Er stieß mich mit dem Ellbogen an. Keine Einzelheiten, sagte er, die großen Linien, die großen Linien. Aber da ich immer noch schwieg, sagte er, Wollen Sie, daß ich Ihnen meines erzähle, dann werden Sie es begreifen. Der Bericht, den er erstattete, war kurz und bündig, Tatsachen, ohne Erläuterungen. So was nenne ich ein Leben, sagte er, sind Sie jetzt im Bilde? Sie war gar nicht übel, seine Geschichte, sogar stellenweise märchenhaft. Sie sind dran, sagte er. Und diese Pauline, sagte ich, sind Sie immer noch mit ihr zusammen? Ja, sagte er, aber ich werde sie verlassen und mich mit einer anderen, jüngeren und fetteren einigen. Sie reisen viel, sagte ich. Oh, enorm viel, enorm viel, sagte er. Die Worte und die Art, sie auszusprechen, fielen mir nach und nach wieder ein. Das alles ist für Sie wahrscheinlich vorbei, sagte er. Gedenken Sie lange unter uns zu weilen? sagte ich. Dieser Satz schien mir besonders gut gelungen zu sein. Ohne indiskret zu sein, sagte er, wie alt sind Sie? Ich weiß nicht, sagte ich. Sie wissen es nicht! rief er aus. Nicht genau, sagte ich. Denken Sie oft an Hintern, Arschlöcher, Fotzen und so weiter? sagte er. Ich begriff es nicht. Wird er nicht mehr natürlich steif? sagte er. Steif werden, sagte ich. Der Pinn, sagte er, Sie wissen doch, was das ist, der Pinn? Ich wußte es nicht. Da, sagte er, zwischen den Beinen. Ach das, sagte ich. Er wird dicker, länger, steif und streckt sich, sagte er, nicht wahr? Das waren nicht die Ausdrücke, die ich gebraucht hätte. Ich stimmte ihm jedoch bei. Das nennen wir steif werden, sagte er. Er sammelte sich und rief dann aus, Phänomenal! Finden Sie nicht? Es ist sonderbar, sagte ich, in der Tat. Da liegt übrigens alles drin, sagte er. Was wird nun aber aus ihr? sagte ich. Aus wem? sagte er. Aus Pauline, sagte ich. Sie wird altern, sagte er mit ruhiger Gewißheit, zuerst langsam, dann immer schneller, in Schmerz und Gram, wobei es ihr verteufelt schlecht gehen wird. Das Gesicht war nicht fett, aber ich konnte ihn anschauen, solange ich wollte, es blieb von seinem Fleisch bedeckt, anstatt kreidig und so zu werden, als wäre es mit dem Hohlmeißel bearbeitet worden. Selbst das Nasenbein behielt seine Polsterung. Die Diskussionen haben sich übrigens nie für mich gelohnt. Ich sehnte mich nach der saftigen Luzerne, ich hätte sie sanft, mit den Schuhen in der Hand, niedergetreten, und nach dem Schatten meines Waldes, weit weg von diesem schrecklichen Licht. Was sollen Ihre Grimassen? sagte er. Er hielt auf seinen Knien eine große, schwarze Tasche, man hätte sagen können ein Geburtshelferbesteck, wie mir schien. Er öffnete sie und sagte mir, ich solle hineinschauen. Sie war voller Fläschchen. Sie glitzerten. Ich fragte ihn, ob sie alle gleich wären. Oho, nein, sagte er, je nachdem. Er nahm eins und reichte es mir. Einen Schilling, sagte er, sechs Pence. Was wollte er von mir? Daß ich es kaufte? Von dieser Hypothese ausgehend, sagte ich ihm, daß ich kein Geld hätte. Kein Geld! rief er aus. Blitzschnell schlug seine Hand auf meinen Nacken, seine kräftigen Finger zogen sich zusammen, und mit einem Ruck ließ er mich gegen sich kippen. Aber anstatt mich umzubringen, fing er nun an, so süßes Zeug zu murmeln, daß ich mich gehenließ, und mein Kopf rollte in seinen Schoß. Zwischen dieser einschmeichelnden Stimme und den Fingern, die meinen Hals bearbeiteten, war ein auffälliger Kontrast. Aber nach und nach verschmolzen die beiden Dinge zu einer überwältigenden Hoffnung, wenn ich das zu sagen wage, und ich wage es. Denn an diesem Abend habe ich nichts zu verlieren, soviel ich erkennen kann. Und wenn ich an dem Punkt angelangt bin, wo ich bin (in meiner Geschichte), ohne daß sich etwas geändert hat, denn wenn sich etwas geändert hätte, meine ich, wüßte ich es, so steht doch fest, daß ich hier angelangt bin, das ist schon viel, und daß sich nichts geändert hat, das ist schon etwas. Es ist kein Grund, die Dinge zu überstürzen. Nein, man muß langsam sterben, nicht schleppend, aber langsam, wie die Schritte des Geliebten auf der Treppe sterben, der nicht lieben konnte und der nicht mehr wiederkehren wird und dessen Schritte sagen, daß er nicht lieben konnte und daß er nicht mehr wiederkehren wird. Er stieß mich plötzlich von sich und zeigte mir von neuem das Fläschchen. Da liegt alles drin, sagte er. Das mußte wohl nicht dasselbe alles sein wie soeben. Wollen Sie, sagte er. Nein, aber ich sagte ja, um ihn nicht zu verstimmen. Er schlug mir einen Tausch vor. Geben Sie mir Ihren Hut, sagte er. Ich weigerte mich. Wie ungestüm! sagte er. Ich habe nichts, sagte ich. Suchen Sie in Ihren Taschen, sagte er. Ich habe nichts, sagte ich, ich bin ohne irgend etwas ausgegangen. Geben Sie mir einen Schuhriemen, sagte er. Ich weigerte mich. Langes Schweigen. Und wenn Sie mir einen Kuß gäben, sagte er schließlich. Ich wußte, daß Küsse in der Luft lagen. Können Sie Ihren Hut abnehmen? sagte er. Ich nahm ihn ab. Setzen Sie ihn wieder auf, sagte er, so sehen Sie besser aus. Er dachte nach, er war ein Bedächtiger. Los, sagte er, geben Sie mir einen Kuß, und die Sache ist erledigt. Fürchtete er nicht, daß ich ihm die kalte Schulter zeigte? Nein, ein Kuß ist kein Schuhriemen, und er hatte wohl auf meinem Gesicht lesen müssen, daß mir noch ein Rest an Temperament geblieben war. Los, sagte er. Ich wischte meinen von Haaren überwucherten Mund und streckte ihn seinem entgegen. Einen Moment, sagte er. Ich bremste meinen Schwung. Wissen Sie, was das ist, ein Kuß? sagte er. Ja, ja, sagte ich. Ohne Indiskretion, sagte er, wann war es, Ihr letzter? Es ist eine Weile her, sagte ich, aber ich weiß noch, wie man es macht. Er nahm seinen Hut ab, eine Melone, und tippte mitten auf die Stirn. Er beugte sich vor, wobei er die Augenlider niederschlug. Schnell, sagte er. Ich formte den Mund zu einem Hühnerpopo, wie Mama es mir beigebracht hatte, und drückte ihn auf die angedeutete Stelle. Genug, sagte er. Er hob die Hand nach der Stelle, aber er vollendete die Geste nicht. Er setzte seinen Hut wieder auf. Ich wandte mich ab und betrachtete den anderen Bürgersteig. Dabei bemerkte ich, daß wir gegenüber einer Pferdemetzgerei saßen. Da, sagte er, nehmen Sie. Ich dachte nicht mehr daran. Er stand auf. Stehend war er ganz klein. Eine Liebe ist der anderen wert, sagte er, mit einem strahlenden Lächeln. Seine Zähne glänzten. Ich hörte, wie seine Schritte sich entfernten. Als ich meinen Kopf wieder hob, war niemand mehr da. Wie soll ich das Folgende sagen? Aber es ist doch das Ende. Oder habe ich etwa geträumt, träume ich? Nein, nein, nur das nicht, das ist meine Antwort, denn der Traum ist nichts, eine Spielerei. Und auch noch bedeutungsvoll! Ich sagte, Bleib hier, bis der Tag anbricht. Warte schlafend darauf, daß die Lampen erlöschen und die Straßen sich beleben. Du wirst nach deinem Weg fragen, wenn es sein muß einen Stadtpolizisten, er wird gezwungen sein, dir Auskunft zu erteilen, wenn er nicht eidbrüchig werden will. Aber ich stand auf und ging fort. Meine Schmerzen waren wiedergekommen, aber mit irgend etwas Ungewöhnlichem, das mich hinderte, mich in ihnen zusammenzukauern. Aber ich sagte mir, Nach und nach kommst du wieder zu dir. Beim bloßen Anblick meines Ganges, der bei jedem Schritt ein noch nicht dagewesenes statodynamisches Problem zu lösen schien, hätte man mich wiedererkannt, wenn man mich gekannt hätte. Ich ging auf die andere Seite und blieb vor der Metzgerei stehen. Hinter dem Gitter waren die Vorhänge geschlossen, grobe, gestreifte Tuchvorhänge, blau und weiß, Farben der Jungfrau, die mit großen rosa Flecken befleckt waren. Aber sie stießen in der Mitte kaum aneinander, und durch einen Spalt konnte ich die traurigen Gerippe ausgenommener Pferde sehen, die mit dem Kopf nach unten an Haken hingen. Begierig nach Schatten, streifte ich an den Mauern entlang. Wenn ich daran denke, daß bald alles gesagt ist, alles wieder von vorne zu beginnen ist. Und was war eigentlich mit den Turmuhren los, die mir durch die Luft bis in meinen Wald harte, kalte Schläge versetzten? Was noch? Ach ja, meine Beute. Ich versuchte, an Pauline zu denken, aber sie entwischte mir, wie ein Blitz erschien sie und verschwand, wie die junge Frau von vorhin. Selbst über die Ziege schweifte mein trostloser Gedanke, der nicht anhalten konnte. So ging ich in der grausamen Helligkeit, in meinem alten Fleisch verborgen, gespannt auf einen Ausweg zu, wobei ich rechts und links alle überholte, im Geiste nach diesem und jenem lechzte und stets dahin verwiesen wurde, wo es nichts gab. Es gelang mir nichtsdestoweniger, mich kurz an das kleine Mädchen zu klammern, gerade um es ein wenig besser zu erkennen als soeben, um zu erkennen, daß es eine Art Haube trug und in seiner freien Hand ein Buch, vielleicht ein Gebetbuch preßte, und um zu versuchen, ihr ein Lächeln zu entlocken, aber sie lächelte nicht, sondern wurde von der Treppe verschlungen, ohne mir ihr kleines Gesicht dargeboten zu haben. Ich mußte anhalten. Zunächst nichts, dann allmählich, ich meine außerhalb der Stille anschwellend und sogleich anhaltend, so was wie dichtes Geflüster, das vielleicht aus dem Hause drang, das mich gerade stützte. Es erinnerte mich daran, daß die Häuser voll von Leuten waren, von Belagerten, nein, ich weiß nicht. Nachdem ich zurückgetreten war, um die Fenster zu betrachten, konnte ich mich trotz der Fensterläden, Stores und Gardinen davon überzeugen, daß zahlreiche Zimmer beleuchtet waren. Es war ein so schwaches Licht verglichen mit dem, das den Boulevard überflutete, daß man, wenn man nicht vom Gegenteil unterrichtet war oder es vermutete, hätte annehmen können, daß alles schliefe. Das Geräusch war nicht gleichmäßig, es wurde vielmehr von wahrscheinlich bestürztem Stillschweigen unterbrochen. Ich faßte den Plan, an der Tür zu klingeln und um Obdach und Schutz bis zum Morgen zu bitten. Aber plötzlich war ich wieder unterwegs. Allmählich wurde es jedoch infolge eines zugleich jähen und sanften Sturzes schwarz um mich herum. Ich sah in einer hinreißenden Kaskade verwaschener Farbtöne eine enorme Masse prächtiger Blumen verblassen. Ich sah voller Erstaunen an den ganzen Fassaden entlang das Aufleuchten der gestreiften und ungemusterten, je nach den Vorhängen und Gardinen gelben, grünen oder rosaroten Quadrate und Rechtecke und fand das hübsch. Dann befand ich mich schließlich, bevor ich wie die Ochsen zunächst auf die Knie und dann flach auf den Bauch fiel, inmitten einer Menge. Ich verlor nicht das Bewußtsein, wenn ich das Bewußtsein verlöre, dann nicht, um es wiederzugewinnen. Man achtete nicht auf mich, obwohl man vermied, auf mich zu treten, eine Rücksicht, die mich rühren mußte, ich war darum ausgegangen. Durchdrungen von Finsternis und Stille ging es mir gut zu Füßen der Sterblichen, in der Tiefe des tiefen Tags, wenn es Tag war. Aber die Wirklichkeit, zu müde, um das richtige Wort zu suchen, zögerte nicht, sich wieder einzurenken, die Menge flutete zurück, das Licht kam wieder, und ich brauchte nicht den Kopf vom Asphalt zu heben, um zu wissen, daß ich mich wieder in derselben blendenden Leere befand wie soeben. Ich sagte, Bleib hier, ausgebreitet auf diesen freundlichen oder zumindest neutralen Steinplatten, öffne nicht die Augen, warte bis der Samariter kommt, oder bis der Tag kommt und mit ihm die Stadtpolizisten oder, wer weiß, ein Heilsarmist. Aber plötzlich war ich wieder auf den Beinen, wieder fortgerissen von dem Weg, der nicht meiner war, am Boulevard entlang, der stets anstieg. Gut, daß er nicht auf mich wartete, der arme Vater Breem oder Breen. Ich sagte, Das Meer ist im Osten, also nach Westen gehen, links vom Norden. Vergeblich aber hob ich hoffnungslos die Augen zum Himmel, um dort die Wagen zu suchen. Denn das Licht, in dem ich schmachtete, löschte die Sterne aus, vorausgesetzt, daß sie da waren, was ich eingedenk der Wolken bezweifelte.

Das Ende

Sie kleideten mich und gaben mir Geld. Ich wußte, wozu das Geld dienen sollte, es sollte dazu dienen, mir auf die Beine zu helfen. Sobald ich es ausgegeben hätte, müßte ich mir neues beschaffen, wenn ich weitermachen wollte. Genauso mit den Schuhen, wenn sie verschlissen wären, müßte ich sie reparieren lassen oder mir andere besorgen, oder barfuß weitermachen, wenn ich weitermachen wollte. Genauso mit dem Rock und der Hose, sie brauchten es mir nicht zu sagen, nur, daß ich in Hemdsärmeln weitermachen könnte, wenn ich wollte. Die Kleider – Schuhe, Socken, Hose, Hemd, Rock und Hut – waren nicht neu, der Tote mußte aber ungefähr meine Figur gehabt haben. Das heißt, er mußte wohl etwas kleiner gewesen sein als ich, etwas dünner, denn die Kleider paßten anfangs nicht so gut wie am Ende. Vor allem das Hemd nicht, das ich am Hals lange nicht zubekam, so daß ich den Kragen nicht anknöpfen konnte, und dessen Hemdschöße ich auch nicht mit einer Nadel zwischen meinen Beinen zusammenstecken konnte, wie meine Mutter es mir gezeigt hatte. Er mußte sich wohl schick angezogen haben, um zur Sprechstunde zu gehen, zum erstenmal vielleicht, weil er es nicht mehr aushalten konnte. Wie dem auch sei, der Hut war eine Melone, gut in Form. Ich sagte, Nehmen Sie Ihren Hut zurück und geben Sie mir meinen. Ich fügte hinzu, Geben Sie mir meinen Mantel zurück. Sie antworteten, daß sie sie verbrannt hätten, mit meinen anderen Kleidern. Da begriff ich, daß es bald zu Ende wäre, jedenfalls recht bald. Ich versuchte später, die Melone gegen eine Mütze einzutauschen, oder gegen einen Filzhut, den ich tief in mein Gesicht ziehen könnte, aber ohne viel Erfolg. Ich konnte jedoch nicht mit bloßem Kopf herumlaufen, wegen des Zustands meines Schädels. Der Hut war anfangs zu klein, dann gewöhnte er sich an mich. Sie gaben mir eine Krawatte, nach langem

Hin und Her. Sie schien mir hübsch zu sein, aber ich mochte sie nicht. Als sie endlich da war, war ich zu müde, sie abzulehnen. Sie kam mir aber schließlich zustatten. Sie war blau mit so was wie Sternchen drauf. Es ging mir nicht gut, aber sie sagten mir, daß es mir gut genug gehe. Sie sagten nicht ausdrücklich, daß es mir so gut gehe, wie es mir nie mehr gehen würde, aber es klang durch. Ich lag regungslos auf dem Bett, und es bedurfte dreier Frauen, um mir die Hose anzuziehen. Sie schienen sich nicht sehr für mein Ding zu interessieren, mit dem ich offen gestanden keine Ehre einlegen konnte. Ich selbst interessierte mich auch nicht dafür. Aber sie hätten doch eine Kleinigkeit sagen können. Als sie fertig waren, stand ich auf und zog mich ganz allein weiter an. Sie sagten mir, ich solle mich aufs Bett setzen und warten. Das ganze Bettzeug war verschwunden. Es empörte mich, daß sie mich nicht lieber im vertrauten Bett hatten warten lassen als stehend in der Kälte, in diesen Kleidern, die nach Schwefel stanken. Ich sagte, sie hätten mich in meinem Bett lassen können, bis zum letzten Moment. Es kamen Männer in Kitteln herein, mit Hämmern in den Händen. Sie nahmen das Bett auseinander und trugen die Teile fort. Eine der Frauen folgte ihnen und kam mit einem Stuhl wieder, den sie vor mir hinstellte. Ich hatte gut daran getan, den Empörten zu spielen. Aber um ihnen deutlich zu zeigen, wie empört ich darüber war, daß sie mich nicht im Bett gelassen hatten, schickte ich den Stuhl mit einem Fußtritt zum Teufel. Ein Mann kam herein und bedeutete mir, ihm zu folgen. In der Diele gab er mir ein Papier zu unterschreiben. Was ist das, sagte ich, ein Ausweis? Es ist eine Quittung, sagte er, für die Kleider und das Geld, das Sie bekommen haben. Welches Geld? sagte ich. Daraufhin habe ich das Geld bekommen. Wenn ich mir vorstelle, daß ich beinahe ohne einen Pfennig in der Tasche gegangen wäre. Die Summe war nicht groß, verglichen mit anderen Summen, aber mir kam sie groß vor. Ich sah die vertrauten Gegenstände, die Gefährten so vieler erträglicher Stunden. Den Schemel, zum Beispiel, den traulichsten von allen. Die langen gemeinsamen Nachmittage in Erwartung der Stunde des Schlafengehens. Bisweilen fühlte ich sein Holzleben mich durchdringen, bis ich selbst nur noch ein altes Stück Holz war. Da war sogar ein Loch für meine Geschwulst. Dann an der Milchglasscheibe die Stelle, die blankgerieben war und an die ich in trüben Stunden mein Auge preßte, und zwar selten vergebens. Ich bin Ihnen dankbar, sagte ich, gibt es ein Gesetz, das Sie hindert, mich auf die Straße zu werfen, nackt und mittellos? Es würde uns schaden, auf die Dauer, antwortete er. Ist es nicht möglich, daß Sie mich noch ein wenig behalten, sagte ich, ich könnte mich nützlich machen. Nützlich, sagte er, Sie wären ernstlich bereit, sich nützlich zu machen? Nach einer Weile fügte er hinzu, Wenn man glaubte, daß Sie wirklich willens wären, sich nützlich zu machen, würde man Sie behalten, ich bin sicher. Wie oft hatte ich gesagt, daß ich mich nützlich machen würde, damit würde ich nicht wieder beginnen. Wie schwach ich mich fühlte! Dieses Geld, sagte ich, würde man vielleicht gerne zurücknehmen und mich noch ein wenig behalten. Wir sind eine wohltätige Einrichtung, sagte er, und das Geld ist ein Geschenk, das Ihnen zu Ihrer Entlassung gemacht wird. Wenn Sie es ausgegeben haben, werden Sie sich neues beschaffen müssen, wenn Sie weitermachen wollen. Kehren Sie jedenfalls nie hierher zurück, denn Sie würden nicht mehr zugelassen werden. Unsere Schwesteranstalten würden Sie ebenfalls abweisen. Expektorantium! rief ich aus. Aber, aber, sagte er, übrigens versteht man nicht ein Zehntel von dem, was Sie sagen. Ich bin so alt, sagte ich. So alt sind Sie gar nicht, sagte er. Darf ich noch einen Augenblick hierbleiben, sagte ich, bis der Regen aufhört? Sie dürfen im Kreuzgang warten, sagte er, der Regen wird den ganzen Tag nicht aufhören. Sie dürfen bis sechs Uhr im Kreuzgang warten. Sie hören ja die Glocke. Wenn man sie fragt, brauchen Sie nur zu sagen, daß Sie die Erlaubnis haben, sich im Kreuzgang unterzustellen. Auf wen soll ich mich berufen? sagte ich. Weir, sagte er.

Ich war noch nicht lange im Kreuzgang, als der Regen aufhörte und die Sonne zum Vorschein kam. Sie stand niedrig, und ich folgerte daraus, daß es bald sechs Uhr sein würde, wenn man die Jahreszeit berücksichtigte. Ich blieb da und starrte unter der Wölbung die Sonne an, die hinterm Kreuzgang versank. Ein Mann kam hinzu und fragte mich, was ich machte. Sie wünschen? so sagte er. Sehr freundlich. Ich antwortete, ich hätte die Erlaubnis von Herrn Weir, bis sechs Uhr im Kreuzgang zu bleiben. Er ging weg, kam aber sofort wieder. Er mußte inzwischen mit Herrn Weir gesprochen haben, denn er sagte, Sie dürfen sich nicht länger im Kreuzgang aufhalten, da es nicht mehr regnet.

Nun bewegte ich mich quer durch den Garten voran, in jenem seltsamen Licht, das einen Dauerregentag beendet, wenn die Sonne erscheint und der Himmel sich zu spät aufklärt, um irgendwie nützen zu können. Die Erde scheint zu seufzen, und die letzten Tropfen fallen aus dem leeren, wolkenlosen Himmel. Ein kleiner Junge, der seine Hände ausstreckte und seinen Kopf zum blauen Himmel hob, fragte seine Mutter, wie so was möglich wäre. Halt den Mund, sagte sie. Es fiel mir plötzlich ein, daß ich vergessen hatte, Herrn Weir um ein Stück Brot zu bitten. Er hätte es mir sicherlich gegeben. Ich hatte wohl daran gedacht, während unseres Gesprächs, in der Diele. Ich hatte mir gesagt, Erledigen wir zunächst das, was wir uns gerade sagen, dann werde ich fragen. Ich wußte wohl, daß sie mich nicht behalten würden. Ich wäre wohl wieder zurückgekehrt, aber ich fürchtete, daß einer der Wärter mich anhielte und sagte, daß ich Herrn Weir nie mehr sehen würde. Das hätte meinen Kummer vergrößern können. Übrigens kehrte ich nie um in solchen Fällen.

Auf der Straße wußte ich nicht mehr, wo ich war. Seit langer Zeit hatte ich keinen Fuß in diesen Teil der Stadt gesetzt, und er kam mir sehr verändert vor. Ganze Gebäude waren verschwunden, die Zäune waren versetzt worden, und überall erblickte ich in großen Buchstaben die Namen von Kaufleuten, die ich sonst noch nirgends gesehen hatte und die ich nur mit Mühe hätte aussprechen können. Es gab da Straßen, wo ich mich nicht erinnerte, welche gesehen zu haben, mehrere von denen, an die ich mich erinnerte, waren verschwunden, und andere schließlich hatten vollkommen den Namen geändert. Der allgemeine Eindruck war derselbe wie früher. Ich kannte die Stadt zwar nur sehr schlecht. Es war vielleicht eine ganz andere Stadt. Ich wußte nicht, wohin ich zu gehen hatte. Ich hatte mehrmals das große Glück, nicht überfahren zu werden. Ich gab immer Anlaß zum Lachen, zu jenem robusten und arglosen Lachen, das so gut für die Gesundheit ist. Dadurch, daß ich mich immer möglichst links von der roten Hälfte des Himmels hielt, gelangte ich schließlich zum Fluß. Hier sah alles auf den ersten Blick mehr oder weniger so aus, wie ich es verlassen hatte. Aber bei näherem Hinsehen hätte ich wahrscheinlich manche Veränderungen entdeckt. Das tat ich später. Aber das allgemeine Aussehen des Flusses, der zwischen seinen Ufern und unter seinen Brücken dahinfloß, hatte sich nicht geändert. Besonders der Fluß erweckte in mir immer den Eindruck, als flösse er in die falsche Richtung. Das ist alles gelogen, ich spüre es. Meine Bank stand immer noch an ihrem Platz. Man hatte sie den Rundungen des sitzenden Körpers gemäß ausgehöhlt. Sie befand sich neben einer Tränke, der Stiftung einer Frau Maxwell für die Pferde der Stadt, laut Inschrift. Während der Zeit, die ich dort verweilte, profitierten mehrere Pferde von diesem Denkmal. Ich hörte die Hufeisen und das Klirren des Geschirrs. Dann die Stille. Das Pferd schaute mich an. Dann das Geräusch im Schlamm treibender Kieselsteine, das die Pferde beim Saufen machen. Dann wieder die Stille. Das Pferd schaute mich wieder an. Dann wieder die Kieselsteine. Dann wieder die Stille. Bis das Pferd aufgehört hatte zu saufen oder der Fuhrmann meinte, daß es genug gesoffen hätte. Die Pferde waren unruhig. Einmal, als das Geräusch verstummte, drehte ich mich um und sah das Pferd, das mich anschaute. Auch der Fuhrmann schaute mich an. Frau Maxwell wäre zufrieden gewesen, wenn sie hätte sehen können, welche Dienste ihre Tränke den Pferden der Stadt erwies. Als die Nacht nach einer sehr langen Dämmerung hereingebrochen war, nahm ich meinen Hut ab, der mir weh tat. Ich sehnte mich danach, von neuem eingesperrt zu sein, in einem verschlossenen, leeren und warmen Raum mit künstlichem Licht, einer Petroleumlampe, wenn eben möglich, mit einem Lampenschirm darüber, am liebsten rosa. Es würde von Zeit zu Zeit jemand kommen, um sich zu vergewissern, daß es mir gut gehe und ich nichts nötig hätte. Schon lange hatte ich mich nicht mehr nach irgend etwas wirklich gesehnt, und die Wirkung auf mich war entsetzlich. An den folgenden Tagen besichtigte ich mehrere Wohnhäuser, ohne viel Erfolg. Meistens machte man mir die Tür vor der Nase zu, auch wenn ich mein Geld zeigte und dabei sagte, daß ich eine Woche im voraus bezahlen würde, und auch zwei. Ich konnte noch so sehr meine besten Manieren hervorkehren, lächeln und mich deutlich ausdrücken, ich hatte mein Verslein noch nicht beendet, da schlug man mir schon die Tür vor der Nase zu. Ich vervollkommnete in dieser Periode eine zugleich höfliche und würdige Art, weder unterwürfig noch unverschämt mein Haupt zu entblößen. Ich ließ meinen Hut flink nach vorne gleiten, hielt ihn einen Moment so, daß man meinen Schädel nicht sehen konnte, dann brachte ich ihn auf dieselbe gleitende Weise wieder an seinen Platz. So was ganz natürlich zu machen, ohne einen ungünstigen Eindruck zu erwecken, ist nicht leicht. Wenn ich meinte, das Berühren meines Hutes würde genügen, dann berührte ich ihn natürlich nur. Aber seinen Hut zu berühren, ist auch nicht leicht. Später löste ich dieses Problem, das in den schwierigen Zeiten von kapitaler Bedeutung war, indem ich ein altes britisches Käppi trug und militärisch grüßte, nein, falsch, kurzum, ich weiß nicht, ich hatte schließlich meinen Hut. Ich beging nie den Fehler, Orden zu tragen. Einige Frauen brauchten so dringend Geld, daß sie mich sofort hereinließen und mir das Zimmer zeigten. Aber ich konnte mich mit keiner einigen. Schließlich fand ich ein Unterkommen in einem Keller. Mit der hatte ich mich schnell geeinigt. Vor meinen Marotten, das war der Ausdruck, den sie gebrauchte, hatte sie keine Angst. Sie bestand jedoch darauf, einmal in der Woche das Bett zu machen und das Zimmer zu putzen, anstatt einmal im Monat, wie ich verlangt hatte. Sie sagte mir, daß ich während des Putzens, das schnell gehen würde, in dem Lichtschacht nebenan warten könnte. Sie fügte mit viel Verständnis hinzu, daß sie mich nie bei schlechtem Wetter hinausschicken würde. Diese Frau war Griechin, glaube ich, oder Türkin. Sie sprach nie über sich selbst. Ich dachte mir, sie sei Witwe oder zumindest verlassen. Sie hatte einen eigentümlichen Akzent. Ich jedoch auch, auf Grund meiner Gewohnheit, die Vokale zu assimilieren und die Konsonanten zu verschlucken.

Nun wußte ich nicht mehr, wo ich war. Ich hatte eine vage Vorstellung, nicht einmal das, ich sah nichts, von einem großen Haus mit fünf oder sechs Etagen. Es schien mir, daß es mit anderen Häusern einen Block bildete. Es dämmerte, als ich ankam, und ich beachtete die Umgebung nicht so sehr, wie ich es vielleicht getan hätte, wenn ich auf den Gedanken gekommen wäre, daß sie sich über mir schließen würde. Ich muß sozusagen keine Hoffnung mehr gehabt haben. Bei meinem Fortgang aus diesem Haus war zwar herrliches Wetter, aber ich schaute nie rückwärts beim Weggehen. Als ich klein war und noch las, hatte ich sicher irgendwo gelesen, es sei besser, beim Weggehen nicht rückwärts zu schauen. Und doch tat ich es manchmal. Aber auch ohne das scheint mir, daß ich etwas gesehen haben muß, als ich wegging. Aber was? Ich erinnere mich nur an meine Füße, die einer nach dem anderen aus meinem Schatten traten. Die Schuhe waren steif geworden, und die Sonne hob die Risse des Leders hervor.

Es ging mir gut in diesem Haus, das muß ich sagen. Abgesehen von einigen Ratten war ich allein im Keller. Die Frau hielt sich an unsere Vereinbarungen, so gut sie konnte. Sie brachte gegen Mittag ein Tablett mit Lebensmitteln und nahm das vom vorigen Tag wieder mit. Sie brachte gleichzeitig einen sauberen Nachttopf. Er hatte einen großen Henkel, in den sie ihren Arm schob, um für das Tragen des Tabletts beide Hände frei zu haben. Danach sah ich sie nicht mehr, es sei denn zufällig, wenn sie den Kopf hereinsteckte, um sich zu vergewissern, daß nichts geschehen war. Ich brauchte zum Glück keine Anhänglichkeit. Von meinem Bett aus sah ich die Füße, die auf dem Bürgersteig hin- und hergingen. An gewissen schönen Abenden, wenn ich gut aufgelegt war, ging ich mit meinem Stuhl in den Lichtschacht und schaute unter die Röcke der vorübergehenden Frauen. Mehr als ein Bein ist mir so wohlvertraut geworden. Einmal ließ ich eine Krokuszwiebel holen und pflanzte sie in dem dunklen Lichtschacht in einen alten Topf. Es mußte ungefähr im Frühling gewesen sein, was wahrscheinlich nicht das Richtige war. Ich ließ den Topf draußen an einer Schnur hängen, die durch das Fenster führte. Bei schönem Wetter kletterte abends ein Sonnenstrahl an der Wand hinauf. Dann setzte ich mich ans Fenster und zog an der Schnur, um den Topf im Licht zu halten und in der Wärme. Es ist sicher nicht einfach gewesen, ich kann mir nicht recht vorstellen, wie ich es zustande gebracht habe. Ich düngte sie, so gut ich konnte, und bepißte sie, sobald sie trocken war. Es war wahrscheinlich nicht das Richtige. Sie grünte, aber es kam nie eine Blume, nichts als ein welker Stengel mit bleichsüchtigen Blättern. Ich wäre froh gewesen, einen gelben Krokus zu haben, oder eine Hyazinthe, aber es sollte eben nicht sein. Sie wollte sie wegnehmen, aber ich sagte, sie solle sie dalassen. Sie wollte mir eine andere kaufen, aber ich sagte ihr, daß ich keine andere wollte. Was mich am meisten quälte, waren die Schreie der Zeitungsverkäufer. Sie rannten jeden Tag zu den gleichen Zeiten vorbei, die Absätze knallten auf den Bürgersteig, sie schrien die Namen der Zeitungen und sogar die Schlagzeilen. Der Lärm, der aus dem Hause zu mir drang, quälte mich weniger. Ein kleines Mädchen, wenn nicht ein kleiner Junge, sang jeden Abend um die gleiche Zeit, irgendwo über mir. Lange Zeit gelang es mir nicht, die Worte zu verstehen. Aber da ich sie fast jeden Abend hörte, konnte ich schließlich einige aufschnappen. Seltsame Worte für ein kleines Mädchen, oder einen kleinen Jungen. War es ein Lied tief in meinem Innern, oder kam es bloß von draußen? Es war eine Art Wiegenlied, glaube ich. Mich selbst schläferte es oft ein. Manchmal kam ein ganz kleines Mädchen. Es hatte langes rotes Haar, das in zwei Zöpfen herunterhing. Ich wußte nicht, wer es war. Es ging ein wenig im Zimmer herum, dann lief es fort, ohne mir das geringste gesagt zu haben. Eines Tages bekam ich Besuch von einem Polizeibeamten. Er sagte, daß ich zu überwachen sei, ohne mir zu erklären warum. Verdächtig, das war's, er sagte mir, ich sei verdächtig. Ich ließ ihn reden. Er wagte nicht, mich zu verhaften. Oder er hatte vielleicht ein gutes Herz. Auch ein Priester, eines Tages bekam ich Besuch von einem Priester. Ich ließ ihn wissen, daß ich einem Zweig der reformierten Kirche angehörte. Er fragte mich, welche Art Pastor ich gern sehen möchte. In der reformierten Kirche findet man sich nie zurecht, zwangsläufig. Er hatte ein gutes Herz, glaube ich. Er sagte mir, ich solle ihm Bescheid geben, wenn ich jemals seine Hilfe brauchte. Seine Hilfe! Er nannte seinen Namen und erklärte mir, wo ich ihn finden könnte. Ich hätte es aufschreiben sollen.

Eines Tages machte die Frau mir einen Vorschlag. Sie sagte, sie brauche dringend Bargeld, und ob ich ihr einen Vorschuß für sechs Monate geben könnte, sie würde die Miete während dieser Periode um ein Viertel senken. Ich glaube nicht, daß ich mich sehr täusche. Es hatte den Vorteil, daß ich dabei sechs Wochen (?) Aufenthalt gewann, und den Nachteil, mein kleines Kapital fast zu erschöpfen. Aber konnte man das einen Nachteil nennen? Würde ich nicht in jedem Fall bis zum letzten Pfennig bleiben, und sogar noch länger, bis sie mich hinauswerfen würde? Ich gab ihr das Geld, und sie schrieb mir eine Quittung.

Eines Morgens, kurz nach dieser Transaktion, wurde ich von einem Mann geweckt, der an meiner Schulter rüttelte. Es konnte nicht später als elf Uhr sein. Er bat mich, aufzustehen und sein Haus auf der Stelle zu verlassen. Er war sehr korrekt, das muß ich sagen. Er sagte mir, sein Befremden sei ebenso groß wie das meine. Es war sein Haus. Sein

Eigentum. Die Türkin sei am Tag vorher weggegangen. Ich habe sie aber gestern abend gesehen, sagte ich. Sie müssen sich irren, sagte er, denn sie hat mir die Schlüssel gebracht, in mein Büro, nicht später als gestern morgen. Ich habe ihr aber gerade einen Vorschuß von sechs Monaten Miete gezahlt, sagte ich. Lassen Sie ihn sich zurückgeben, sagte er. Ich kenne ihren Namen doch nicht, sagte ich, geschweige denn ihre Adresse. Sie kennen ihren Namen nicht? sagte er. Er meinte wohl, ich löge. Ich bin krank, sagte ich, ich kann nicht ohne weiteres von hier weggehen, ohne Vorbescheid. So krank sind Sie gar nicht, sagte er. Er schlug vor, ein Taxi holen zu lassen, sogar einen Krankenwagen, wenn mir das lieber wäre. Er sagte, daß er das Zimmer brauche, auf der Stelle, für sein Schwein, das im Begriff sei, sich zu erkälten, auf einer Karre, vor der Tür, und das nur von einem Buben bewacht werde, den er nicht einmal kenne und der möglicherweise dabei sei, es zu piesacken. Ich fragte ihn, ob er mir nicht ein anderes Plätzchen überlassen könne, nur ein Eckchen, wo ich mich eine Weile ausstrekken könnte, um mich von der Aufregung zu erholen und meine Vorkehrungen zu treffen. Er sagte, er könne es nicht. Nicht, daß ich schlecht wäre, fügte er hinzu. Ich könnte hier bei dem Schwein leben, sagte ich, ich würde mich um es kümmern. Die langen Monate der Ruhe, zerstört in einem Augenblick! Ruhe, Ruhe, sagte er, reißen Sie sich zusammen, nur Mut, los, hopp, auf, Schluß. Schließlich ging es ihn nichts an. Er war wirklich sehr geduldig gewesen. Er hatte sicher den Keller besichtigt, während ich schlief.

Ich fühlte mich schwach. Ich mußte es wohl sein. Ich stolperte im blendenden Licht. Ein Autobus beförderte mich aufs Land. Ich setzte mich auf einem Acker in die Sonne. Aber es scheint mir, daß all das viel später war. Unter meinen Hut steckte ich Blätter, rund herum, um Schatten zu machen. Die Nacht war kalt. Ich lief stundenlang über Felder. Schließlich fand ich einen Misthaufen. Am nächsten Tag machte ich mich wieder auf den Weg zur Stadt. Man warf mich aus drei Autobussen. Ich setzte mich an den Straßenrand, in die Sonne, und ließ meine Kleider trocknen. Das gefiel mir. Ich sagte mir, jetzt ist gar nichts, gar nichts zu machen, bis sie trocken sind. Als sie trocken waren, bürstete ich sie mit einer Bürste, einer Art Striegel, glaube ich, den ich in einem Stall gefunden hatte. Die Ställe sind mir immer sehr zustatten gekommen. Anschließend ging ich bis zu dem Haus, wo ich um ein Glas Milch und ein Butterbrot bettelte. Sie gaben mir alles außer der Butter. Darf ich mich im Stall ausruhen? sagte ich. Nein, sagten sie. Ich stank immer noch, aber es war ein Gestank, der mir gefiel. Ich hatte ihn viel lieber als meinen eigenen, den zu riechen er mich übrigens hinderte, wenn ich ihn nicht ab und zu herauskannte. An den folgenden Tagen versuchte ich, mein Geld wiederzubekommen. Ich weiß nicht mehr genau, wie es ging, ob ich die Adresse nicht finden konnte oder ob die Adresse nicht existierte oder ob die Griechin nicht da war. Ich suchte die Quittung in meinen Taschen, um die Entzifferung des Namens zu versuchen. Sie war nicht da. Sie hatte sie vielleicht wieder an sich genommen, während ich schlief. Ich weiß nicht, wie lange Zeit ich so herumlief und mich mal an diesem, mal an jenem Ort ausruhte, in der Stadt und auf dem Lande. Die Stadt hatte manche Änderungen erfahren. Das Land war auch nicht mehr so, wie ich es in Erinnerung hatte. Der allgemeine Eindruck war der gleiche. Eines Tages bemerkte ich meinen Sohn. Mit einer Aktentasche unterm Arm ging er geschwind einher. Er nahm seinen Hut ab und verbeugte sich, und ich sah, daß er kahlköpfig war, wie ein Ei. Ich war fast sicher, daß er es war. Ich drehte mich nach ihm um. Er watschelte eiligst weiter, wobei er seinen Hut tief nach rechts und nach links schwenkte und andere Beweise der Unterwürfigkeit lieferte. Der unausstehliche Hurensohn.

Eines Tages traf ich einen Mann, der mir aus einer früheren Periode bekannt war. Er lebte in einer Höhle am Ufer des Meeres. Er hatte einen Esel, der an den Klippen entlang weidete, oder in den kleinen Hohlwegen, die zum Meer hinabführen. Wenn das Wetter sehr schlecht wurde, kam der Esel aus eigenem Antrieb in die Höhle und stellte sich dort unter, während der ganzen Dauer des Gewitters. Sie hatten manche Nacht zusammen verbracht, einer an den anderen gedrängt, während der Wind heulte und das Meer an den Strand donnerte. Dank diesem Esel konnte er den Städtern Sand, Algen und Muscheln liefern, für ihre Gärten. Er konnte davon nicht viel auf einmal transportieren, denn der Esel war alt und auch klein, und die Stadt war weit. Aber er verdiente so ein bißchen Geld, genug, um sich Tabak und Streichhölzer zu kaufen und von Zeit zu Zeit ein Pfund Brot. Während einer dieser Expeditionen traf er mich, in der Vorstadt. Er war entzückt, mich wiederzusehen, der Arme. Er flehte mich an, ihn zu begleiten und die Nacht bei ihm zu verbringen. Bleiben Sie, solange Sie wollen, sagte er. Was hat denn Ihr Esel? sagte ich. Achten Sie nicht darauf, sagte er, er kennt Sie nicht. Ich erinnerte ihn daran, daß ich nicht die Gewohnheit hätte, mit irgend jemand länger als zwei oder drei Minuten hintereinander zusammenzubleiben, und daß ich das Meer nicht ausstehen könne. Er sah untröstlich aus. Sie kommen also nicht, sagte er. Aber zu meinem Erstaunen setzte ich mich rittlings auf den Esel und vorwärts, im Schatten der roten Kastanienbäume, die links und rechts aus dem Bürgersteig emporschossen. Ich klammerte mich an die Mähne, eine Hand vor der anderen. Die kleinen Jungen schrien höhnisch hinter uns her und bewarfen uns mit Steinen, aber sie zielten schlecht, denn ich wurde nur einmal getroffen, am Hut. Ein Polizist hielt uns an, er warf uns vor, die öffentliche Ruhe zu stören. Mein Freund machte ihn darauf aufmerksam, daß wir so wären, wie die Natur uns schließlich gemacht hätte, und daß die Jungen in derselben Lage wären. Es sei unter diesen Umständen unvermeidlich, daß die öffentliche Ruhe dann und wann gestört würde. Lassen Sie uns unseren Weg fortsetzen, sagte er, und die Ruhe wird sofort wiederhergestellt sein, in Ihrem Bezirk. Wir wählten die kürzeste Strecke über friedliche Straßen des Hinterlandes, die weiß von Staub waren, mit Hagedorn- und Fuchsienhecken und mit Gräsern und Gänseblümchen an ihren Rändern. Die Nacht brach herein. Der Esel trug mich bis vor die Öffnung der Höhle, denn ich hätte in der Dunkelheit dem Pfad, der zum Meer hinabführte, nicht folgen können. Dann stieg er wieder zu seinen Weideplätzen hinauf.

Ich weiß nicht, wie lange ich dort blieb. Man fühlte sich wohl in der Höhle, das muß ich sagen. Ich behandelte meine Filzläuse mit Meerwasser und Algen, aber eine große Anzahl von Nissen haben es wohl überlebt. Ich belegte meinen Schädel mit Algenkompressen, die mir vorübergehend eine enorme Erleichterung verschafften. Ich blieb in der Höhle liegen, und ab und zu schaute ich zum Horizont. Ich sah über eine weite, zuckende Fläche ohne Inseln oder Landzungen. Nachts wurde die Höhle von einem Licht erhellt, in regelmäßigen Abständen. Da habe ich auch mein Fläschchen wiedergefunden, in meiner Tasche. Es war nicht zerbrochen, das Glas war kein echtes

Glas. Ich glaubte, daß Herr Weir mir alles abgenommen hätte. Mein Gastgeber war meistens draußen. Er gab mir Fisch. Es ist leicht für einen Mann, wenn er ein richtiger Mann ist, in einer Höhle zu leben, fern von allen. Er lud mich ein, so lange zu bleiben, wie es mir gefalle. Wenn ich vorzöge, allein zu sein, wäre es ihm ein Vergnügen, mir eine andere Höhle herzurichten, ein wenig weiter weg. Er würde mir jeden Tag zu essen bringen und von Zeit zu Zeit kommen, um sich zu vergewissern, daß es mir gut gehe und ich nichts nötig hätte. Er war gut. Ich bedurfte leider keiner Güte. Kennen Sie nicht vielleicht eine Höhle am Sumpf? sagte ich. Ich kann das Meer, sein Plätschern, sein Gewoge, die Ebben und Fluten und endlosen Ekstasen nur schlecht ertragen. Der Wind legte sich zuweilen. Meine Hände und Füße kribbelten davon. Es ließ mich nicht schlafen, während langer, langer Stunden. Hier würde mir bald ein Unglück geschehen, sagte ich, und was hätte ich dann davon? Sie würden ertrinken, sagte er. Ja, sagte ich, oder ich würde mich von den Klippen stürzen. Und ich, ich könnte anderswo nicht leben, sagte er, in meiner Hütte im Gebirge war ich sehr unglücklich. Ihre Hütte im Gebirge? sagte ich. Er wiederholte die Geschichte von seiner Hütte im Gebirge, ich hatte sie vergessen, es war, als hörte ich sie zum erstenmal. Ich fragte ihn, ob er sie immer noch hätte. Er antwortete, daß er sie nicht wiedergesehen habe, seit dem Tage, an dem er von dort geflohen sei, aber daß sie wohl immer noch an derselben Stelle stehe, ein bißchen verfallen wahrscheinlich. Aber als er auf mich einredete, doch den Schlüssel mitzunehmen, lehnte ich ab, indem ich sagte, ich hätte es mir anders überlegt. Sie werden mich immer hier finden, sagte er, wenn Sie mich irgendwann brauchen sollten. Ach, diese Leute. Er gab mir sein Messer.

Das, was er seine Hütte nannte, war eine Art Holzbaracke. Man hatte die Tür weggeholt, um sie zu verfeuern, oder zu einem anderen Zweck. Das Fenster hatte keine Scheiben mehr. Das Dach war an verschiedenen Stellen eingefallen. Das Innere war durch die Reste einer Zwischenwand in zwei verschieden große Räume unterteilt. Wenn einmal Möbel da gestanden hatten, so standen jetzt keine mehr da. Man hatte sich den gemeinsten Handlungen hingegeben, auf den Boden und an die Wände. Exkremente bedeckten den Boden, von Menschen, Kühen und Hunden, sowie Präservative und Kotze. In einen Kuhfladen hatte man ein Herz gezeichnet, durchbohrt von einem Pfeil. Es war jedoch kein Ausflugsziel. Ich sah die Reste liegengelassener Blumensträuße, die man gierig gepflückt, stundenlang herumgetragen und schließlich als zu schwer oder schon verwelkt weggeworfen hatte. Das war das Domizil, dessen Schlüssel mir angeboten worden war.

Rund herum bot sich das vertraute Bild von Größe und Trostlosigkeit.

Es war immerhin eine Bleibe. Ich legte mich auf einem Bündel Farnkraut, das ich selbst mit viel Mühe gepflückt hatte, zur Ruhe. Eines Tages konnte ich nicht aufstehen. Die Kuh rettete mich. Von eisigem Nebel getrieben, kam sie, um sich unterzustellen. Wahrscheinlich war es nicht das erste Mal.

Sie sah mich wohl nicht. Ich versuchte, an ihr zu saugen, ohne viel Erfolg. Ihre Zitze war mit Mist bekleckert. Ich nahm meinen Hut ab und begann, da hinein zu melken, indem ich meine letzte Kraft aufbot. Die Milch breitete sich auf dem Boden aus, aber ich sagte mir, Das macht nichts, es kostet nichts. Sie schleifte mich über den Boden, wobei sie nur von Zeit zu Zeit stehenblieb, um mir einen Hufschlag zu versetzen. Ich wußte nicht, daß auch unsere Kühe so unmenschlich sein konnten. Man hatte sie wohl vor kurzem gemolken. Während ich mich mit einer Hand an der Zitze festklammerte, hielt ich mit der anderen Hand den Hut hin. Aber sie war mir am Ende überlegen. Denn sie schleifte mich über die Schwelle bis in das riesige, triefende Farnkraut, wo mir nichts anderes übrigblieb, als sie loszulassen.

Beim Trinken der Milch warf ich mir vor, was ich gerade getan hatte. Ich konnte nicht länger mit der Kuh rechnen, und sie würde die anderen warnen. Wenn ich mich besser beherrscht hätte, wäre sie vielleicht eine Freundin geworden. Sie wäre jeden Tag gekommen, andere Kühe wären ihr vielleicht gefolgt. Ich hätte gelernt, Butter zu machen und Käse. Aber ich sagte mir, Nein, so ist es am besten.

Einmal unterwegs, brauchte ich nur dem Abhang zu folgen. Karren kamen, aber alle wiesen mich ab. Wenn ich andere Kleider, ein anderes Gesicht gehabt hätte, wäre ich vielleicht mitgenommen worden. Ich mußte mich wohl verändert haben, seit meiner Vertreibung aus dem Keller. Vor allem das Gesicht mußte wohl sein Klimakterium erreicht haben. Weder das demütige, naive Lächeln kam noch darin auf, noch der Ausdruck unschuldigen Elends, voll von Sternen und Spindeln. Ich wollte sie heraufbeschwören, aber sie kamen nicht mehr. Die Maske aus altem, schmutzigem und behaartem Leder wollte nicht mehr Bitte und Danke und Verzeihung machen. Es war zum Heulen. Womit sollte ich schnorren, in Zukunft? Am Wegesrand lagernd, begann ich mich zu winden, sobald ich eine Karre kommen hörte, damit man sich nicht einbildete, ich schliefe oder ruhte mich aus. Ich versuchte zu stöhnen, Hilfe! Aber der Ton, der herauskam, war ein bloßer Unterhaltungston. Ich konnte nicht mehr stöhnen. Es war noch nicht das Ende und ich konnte nicht mehr stöhnen. Das letzte Mal, als ich das Bedürfnis gehabt hatte zu stöhnen, hatte ich es so echt wie immer getan, und zwar ohne überhaupt ein rührbares Herz zu sehen. Was sollte aus mir werden? Ich sagte mir, Ich werde es wieder lernen. Ich legte mich quer über die Straße, an einer Stelle, wo sie schmal war, so daß die Karren nicht vorbei konnten, ohne über meinen Körper zu fahren, mindestens mit einem Rad und zweien, wenn sie vier hätten. Aber es kam der Tag, an dem ich um mich schaute und mich wieder in der Vorstadt befand, und von dort nach den alten Pfaden war es nicht weit, jenseits der stupiden Hoffnung auf Ruhe oder geringere Mühsal.

Ich verhüllte also den unteren Teil des Gesichts mit einem schwarzen Lappen und ging, um Almosen zu betteln, in eine sonnige Ecke. Denn es schien mir, daß meine Augen nicht ganz und gar erloschen waren, vielleicht dank der schwarzen Brille, die mein Lehrer mir gegeben hatte. Er hatte mir die *Ethik* von Geulincx gegeben. Es war eine Männerbrille, ich war ein Kind. Man fand ihn tot, zusammengebrochen auf dem WC, die Kleider in einer schrecklichen Unordnung, erschlagen von einem Infarkt. Ah, welche Ruhe. Die *Ethik* trug seinen Namen (Ward) auf dem Vorsatzpapier, die Brille hatte ihm gehört. Der Steg war zu der Zeit, von der ich spreche, ein Messingdraht, so wie er verwendet wird, um Gemälde und große Spiegel aufzuhängen, und zwei lange Bänder dienten mir als Bügel. Ich schlang sie um die Ohren und führte sie unters Kinn, wo ich sie zusammenknotete. Die Gläser hatten gelitten, weil sie sich in meiner Tasche aneinander und an dem anderen Zeug, das darin steckte, gerieben hatten. Ich glaubte, daß Herr Weir mir alles abgenommen hätte. Ich hatte die Brille jedoch nicht mehr nötig und setzte sie nur noch auf, um das pralle Sonnenlicht abzuschwächen. Ich hätte besser nicht darüber gesprochen. Der Lappen machte mir viel zu schaffen. Schließlich nahm ich ein Stück vom Futter meines Mantels, nein, ich hatte keinen Mantel mehr, meines Rocks also. Es war eigentlich ein grauer Lappen, oder sogar ein karierter, aber ich begnügte mich damit. Bis zum Nachmittag hielt ich das Gesicht zum südlichen Himmel, dann zum Abendhimmel bis zur Nacht. Die Schale machte mir viel zu schaffen. Ich konnte meinen Hut nicht dazu verwenden, wegen meines Schädels. Die Hand ausstrecken, kam nicht in Frage. Ich besorgte mir also eine Blechbüchse und hakte sie an einen Knopf meines Mantels, was habe ich bloß, meines Rocks, in der Höhe des Schambeins. Sie hielt sich nicht gerade, sie neigte sich respektvoll dem Vorübergehenden zu, er brauchte nur sein Scherflein hineinfallen zu lassen. Aber das nötigte ihn, ganz nahe an mich heranzukommen, er riskierte, mich zu streifen. Ich besorgte mir schließlich eine größere Büchse, eine Art große Büchse, und stellte sie auf den Bürgersteig zu meinen Füßen. Aber die Leute, die ein Almosen geben, werfen es nicht gerne, diese Geste hat etwas Herablassendes, das empfindlichen Gemütern widerstrebt. Ganz abgesehen davon, daß sie zielen müssen. Man will gerne geben, aber man will nicht, daß die Spende unter die Füße der Vorübergehenden rollt, oder unter die Räder der Fahrzeuge, wo jeder x-beliebige sie aufheben kann. Also gibt man nicht. Es gibt natürlich welche, die sich bükken, aber im allgemeinen haben die Leute, die ein Almosen geben, nicht gerne, daß es sie nötigt, sich zu bücken. Sie lieben dagegen, den Bettler von weitem zu entdecken, den Penny bereitzuhalten, ihn im Vorübergehen loszulassen und das *Gott vergelt's* gedämpft durch die Entfernung zu vernehmen. Ich sagte so was nicht, ich war nicht sehr fromm, oder irgend etwas Ähnliches, aber ich machte trotzdem ein Geräusch, mit dem Mund! Schließlich besorgte ich mir eine Art Brettchen, das ich mit Bindfaden am Hals und an den Hüften befestigte. Es ragte gerade in der richtigen Höhe, in Taschenhöhe hervor, und sein Rand war weit genug von meiner Person entfernt, daß man seinen Obolus ohne Gefahr dort loswerden konnte. Man konnte dort manchmal Blumen, Blüten und Ähren sehen, sowie das Kraut, das man, glaube ich, Flohsamen-Wegerich nennt, kurz alles, was ich fand. Ich suchte nicht danach, aber alle hübschen Dinge, die mir in die Hände fielen, hob ich für das Brettchen auf. Man konnte meinen, ich liebte die Natur. Ich schaute gewöhnlich zum Himmel, ohne mich jedoch darauf einzustellen, warum sich darauf einstellen? Es war meistens eine Mischung aus Weiß, Blau und Grau, und abends kamen noch die Abendfarben hinzu. Ich fühlte, wie er sanft auf meinem Gesicht lag, ich rieb mein Gesicht daran, indem ich es hin- und herwiegte. Damit mein Nakken sich ausruhen konnte, ließ ich den Kopf hin und wieder auf die Brust sinken. Dann sah ich schimmernd in der Ferne das Brettchen, ganz verschwommen und bunt. Ich lehnte mich an die Mauer, aber ohne Lässigkeit, verlagerte mein Gewicht von einem Fuß auf den anderen und klammerte die Hände an die Rockaufschläge. Mit den Händen in den Taschen zu betteln, macht einen schlechten Eindruck, es verstimmt die Arbeiter, besonders im Winter. Man soll auch nie Handschuhe tragen. Es gab Strolche, die vortäuschten, mir Geld zu geben, und dabei alles, was ich verdient hatte, klauten. Um sich Bonbons zu kaufen. Ich knöpfte mich unauffällig auf, um mich zu kratzen. Ich kratzte mich von unten nach oben, mit vier Fingernägeln. Ich zog an den Haaren, um mir Erleichterung zu verschaffen. Damit die Zeit verging, die Zeit verging, wenn ich mich kratzte. Das richtige Kratzen ist besser als das Wichsen, meiner Meinung nach. Man kann bis um die Siebzig herum wichsen und sogar weit darüber hinaus, aber das wird schließlich zu einer bloßen Gewohnheit. Um mich zu kratzen, reichten meine beiden Hände nicht aus. Ich hatte sie überall, auf meinem Ding, in den Haaren bis zum Nabel, unter den Armen, im Arsch, und dazu Stellen mit Ausschlag und Krätze, die ich zum Jucken bringen konnte, wenn ich nur daran dachte. Im Arsch fand ich die größte Befriedigung. Ich schob den Zeigefinger hinein, bis zum Handteller. Wenn ich danach scheißen mußte, tat es mir hundemäßig weh. Aber ich schiß kaum noch. Von Zeit zu Zeit flog ein Flugzeug vorbei, gar nicht schnell, wie mir schien. Es ist mir oft passiert, daß ich am Ende des Tages meine Hosen unten ganz naß fand. Das mußten Hunde gewesen sein. Ich pißte kaum noch. Wenn ich zufällig Lust dazu bekam, stillte ich sie, indem ich einen kleinen Strahl in meinen Hosenlatz schießen ließ. Wenn ich einmal auf meinem Posten war, verließ ich ihn nicht mehr bis in die Nacht. Ich aß kaum noch, Gott maß mir den Wind zu. Nach der Arbeit kaufte ich eine Flasche Milch, die ich abends im Schuppen trank. Vielmehr, ich ließ sie durch einen Jungen, immer denselben, kaufen, mich wollten sie nicht bedienen, ich weiß nicht warum. Ich gab ihm einen Penny für seine Mühe. Eines Tages wohnte ich einer seltsamen Szene bei. Gewöhnlich sah ich kaum etwas. Ich hörte auch kaum etwas. Ich gab nicht acht. Im Grunde war ich nicht da. Im Grunde glaube ich, daß ich niemals irgendwo war. Aber an jenem Tage mußte ich wohl wiederkommen. Seit einiger Zeit schon quälte mich ein Geräusch. Ich suchte nicht nach seiner Ursache, denn ich sagte mir, Es wird aufhören. Aber da es nicht aufhörte, sah ich mich gezwungen, nach seiner Ursache zu suchen. Es war ein Mann auf dem Dach eines Autos, der auf die Vorübergehenden einredete. Jedenfalls habe ich die Sache so aufgefaßt. Er schimpfte so laut, daß Fetzen seiner Rede bis zu mir gelangten. Union . . ., Brüder . . ., Marx . . ., Kapital . . ., Beefsteak . . ., Liebe. Ich verstand nichts davon. Der Wagen stand am Bürgersteig vor mir, ich sah den Redner von hinten. Plötzlich drehte er sich um und zeigte auf mich. Schaut euch dieses Wrack an, schrie er, dieses Häufchen Elend. Wenn er nicht auf allen vieren kriecht, dann nur, weil er sich vor dem Pfandstall fürchtet. Alt, verlaust, verfault, zum Abfall damit. Und es gibt Tausende wie ihn, Schlimmere als ihn, zehntausend, zwanzigtausend –. Eine Stimme, Dreißigtausend. Der Redner fuhr fort, Täglich kommt ihr an ihnen vorbei, und wenn ihr beim Rennen gewonnen habt, fällt etwas für sie ab. Überlegt ihr? Die Stimme, Nein. Natürlich nicht, fuhr der Redner fort, das gehört nun mal dazu. Ein Penny, zwei Pence –. Die Stimme, Drei Pence. Es kommt euch nie in den Sinn, fuhr der Redner fort, daß es Versklavung, Verdummung, organisierter Mord ist, was ihr so mit euren sträflichen Gratifikationen billigt. Schaut mir diesen gequälten, verhunzten Kerl an. Ihr werdet sagen, daß es seine eigene Schuld sei. Fragt ihn nur mal, ob es seine eigene Schuld ist. Die Stimme, Tu du es doch. Er beugte sich also zu mir und brüllte mich an. Ich hatte mein Brettchen perfektioniert. Es bestand nun aus zwei durch Scharniere miteinander verbundenen Teilen, was mir gestattete, es nach getaner Arbeit zusammenzuklappen und unterm Arm zu tragen, ich bastelte ganz gerne. Ich zog also den Lappen herunter, steckte die paar Münzen, die ich verdient hatte, in meine Tasche, löste den Bindfaden von dem Brettchen, klappte es zusammen und klemmte es unter den Arm. Sag doch was, du Hungerleider! brüllte der Redner.

Dann ging ich weg, obwohl es noch hell war. Aber im allgemeinen war die Ecke ruhig, belebt, ohne überlaufen zu sein, einträglich und angenehm. Es war sicher ein religiöser Fanatiker gewesen, ich fand keine andere Erklärung. Er war vielleicht aus einem Irrenhaus ausgebrochen. Er hatte einen guten Kopf, etwas rötlich.

Ich arbeitete nicht alle Tage. Ich hatte fast keine Ausgaben. Ich kam sogar dazu, ein wenig auf die Seite zu legen, für das letzte Ende. An den Tagen, an denen ich nicht arbeitete, blieb ich im Schuppen liegen. Er stand am Ufer des Flusses auf einem Privatgrundstück, oder einem ehemaligen. Dieses Grundstück, dessen Hauptzugang an einer dunklen, engen und stillen Straße lag, war mit einer Mauer umgeben, bis auf die Seite des Flusses natürlich, der auf einer Länge von ungefähr dreißig Schritten seine nördliche Begrenzung war. Gegenüber, auf dem anderen Ufer, waren wieder die Kais, dann ein Durcheinander von niedrigen Häusern, freien Plätzen, Zäunen, Schornsteinen sowie spitzen und stumpfen Türmen. Man sah dort ebenfalls eine Art Paradeplatz, auf dem Soldaten Fußball spielten, das ganze Jahr hindurch. Nur die Fenster – nein. Das Grundstück schien verlassen zu sein. Das Gitter war verschlossen. Das Unkraut überwucherte die Alleen. Nur die Fenster des Erdgeschosses hatten Läden. Die anderen leuchteten manchmal nachts auf, nur schwach, mal das eine, mal das andere, wie mir schien. Es konnten irgendwelche Spiegelungen sein. An dem Tage, an dem ich mich für diesen Schuppen entschieden hatte, fand ich dort einen Kahn mit dem Kiel nach oben. Ich drehte ihn um, verkeilte ihn mit Steinen und Holzstücken, nahm die Bänke heraus und machte ihn zu meinem Bett. Die Ratten konnten nur mit Mühe an mich herankommen wegen der Wölbung des Rumpfes. Sie hatten trotzdem große Lust dazu. Man bedenke, lebendiges Fleisch, denn ich war immerhin noch lebendiges Fleisch. Ich hatte schon zu lange in meinen behelfsmäßigen Wohnstätten unter Ratten gelebt, als daß ich vor ihnen den Ekel des gemeinen Volkes haben konnte. Ich hatte sogar eine Art Sympathie für sie. Sie kamen mit soviel Vertrauen zu mir, man hätte sagen können, ohne den geringsten Widerwillen. Sie putzten sich wie Katzen. Die Kröten, die abends stundenlang regungslos bleiben, schnappen nach Fliegen. Sie setzen sich an die Stelle, wo es von drinnen nach draußen geht, sie lieben die Schwellen. Aber es handelte sich um Wasserratten, die außerordentlich mager und blutdürstig waren. Ich konstruierte also aus verstreut herumliegenden Brettern einen Deckel. Es ist toll, was ich an Brettern in meinem Leben gefunden habe, jedesmal, wenn ich ein Brett brauchte, war es da, ich brauchte mich nur zu bücken. Ich bastelte gerne, nein, nicht zu gerne, aber ziemlich. Er bedeckte den ganzen Kahn, ich spreche nun wieder von dem Deckel. Ich schob ihn ein wenig nach hinten, ich rutschte von vorn in den Kahn hinein, ich kroch bis nach hinten, ich hob die Füße, und ich schob den Deckel nach vorn, bis er mich ganz bedeckte. Die Schubkraft wirkte auf eine vorspringende Querleiste, die ich zu diesem Zweck auf der Rückseite des Deckels befestigt hatte, ich bastelte ganz gerne, aber es war besser, von hinten in den Kahn einzusteigen, den Deckel mit Hilfe beider Hände heranzuziehen, bis er mich ganz bedeckte, und ihn ebenso zurückzuschieben, wenn ich hinauswollte. Als Griffe für meine Hände schlug ich da, wo sie hingehörten, zwei lange Nägel ein. Diese kleinen Tischlerarbeiten, wenn ich so sagen darf, die mit zufälligen Werkzeugen und Materialien getan wurden, gefielen mir ganz gut. Ich wußte, daß es bald zu Ende wäre, also spielte ich die Komödie, nicht wahr, die Komödie des –, wie sagt man, ich weiß nicht. Es ging mir gut in dem Kahn, das muß ich sagen. Mein Deckel paßte sich so gut an, daß ich ein Loch hineinbohren mußte. Man darf nicht die Augen zumachen, man muß sie offenlassen im Dunkeln, das ist meine Meinung. Ich spreche nicht vom Schlaf, ich spreche von dem, was man, glaube ich, den Wachzustand nennt. Ich schlief übrigens sehr wenig in dieser Zeit, ich hatte keine Lust, oder ich hatte zuviel Lust, ich weiß nicht, oder ich hatte Angst, ich weiß nicht. Lang auf dem Rücken liegend, sah ich nichts, es sei denn verschwommen, genau über meinem Kopf durch winzige Ritzen das graue Licht des Schuppens. Überhaupt nichts sehen, nein, das ist zuviel. Ich hörte dumpf die Schreie der Möwen, die sich ganz in der Nähe herumtrieben, rund um den Ausfluß der Abwässer. In einem, wenn ich mich recht erinnere, gelblichen Strudel vermischte sich der Unrat mit dem Fluß, die Vögel wirbelten darüber her, kreischend vor Hunger und Wut. Ich hörte das Plätschern des Wassers gegen den Landungssteg, gegen das Ufer, und das andere, so andersartige Geräusch des freien Wellenschlags, das hörte ich ebenfalls. Ich selbst war, wenn ich mich fortbewegte, weniger Boot als Welle, wie mir schien, und wenn ich stockte, war ich Strudel. Das mag unmöglich scheinen. Der Regen auch, ich hörte ihn oft, es regnete oft. Manchmal fiel ein Tropfen, der durch das Schuppendach gedrungen war, klatschend auf mich. All das war eigentlich eine flüssige Welt. Der Wind mischte sich auch mit seiner Stimme ein, das versteht sich, oder vielmehr mit den so verschiedenen seiner Spielsachen. Aber was ist das? Rauschen, Heulen, Stöhnen und Seufzen. Was ich gewollt hätte, waren Hammerschläge, peng, peng, peng, Hammerschläge in der Wüste. Ich furzte, das versteht sich, aber beschwerlich trocken, es entwich mit einem Pumpengeräusch und verhallte in dem großen Nichts. Ich weiß nicht, wie lange ich da blieb. Es ging mir gut in meinem Kasten, das muß ich sagen. Es schien mir, daß ich unabhängiger geworden war in den letzten Jahren. Daß man nicht mehr kam, daß man nicht mehr kommen konnte, um mich zu fragen, ob es mir gut gehe und ich nichts nötig hätte, das kümmerte mich kaum noch. Es ging mir gut, aber ja, bestimmt, und die Angst, daß es mir schlechter gehen könne, machte sich kaum bemerkbar. Was meine Bedürfnisse anbetraf, so waren sie gewissermaßen meinen Dimensionen angepaßt und im Hinblick auf die Qualität so raffiniert, daß jede Hilfe in dieser Hinsicht ausgeschlossen war. Zu wissen, daß ich, so wenig und falsch es sein mochte, außerhalb meiner war, das hatte mich ehemals zu rühren vermocht. Man verwildert, zwangsläufig. Man möchte sich manchmal fragen, ob man auf dem richtigen Planeten ist. Sogar die Worte lassen einen im Stich, das will viel heißen. Es ist vielleicht der Augenblick, in dem die Röhren nicht mehr kommunizieren, Sie wissen doch, die Röhren. Man ist da, immer zwischen den beiden Geräuschen, es ist wahrscheinlich immer das gleiche Lied, aber fürwahr, man sollte es nicht sagen. Es kam vor, daß ich den Deckel verschieben und aus dem Kahn hinaussteigen wollte, ohne es zu können, so faul und schwach war ich, und im Grunde so wohl da, wo ich war. Ich spürte die Nähe der eisigen und lärmenden Straßen, der erschreckenden Gesichter, der schneidenden, durchdringenden, zerreißenden, quetschenden Geräusche. Ich wartete also, bis die Lust zu scheißen, beziehungsweise zu pissen, mich beflügelte. Ich wollte nicht mein Nest beschmutzen! Es passierte mir jedoch, und zwar immer häufiger. Ich zog meine Hose herunter, indem ich eine Brücke machte, ich drehte mich ein wenig auf die Seite, gerade genug, um das Loch freizumachen. Sich ein Königreich schaffen inmitten der allgemeinen Scheiße und dann darauf scheißen, das paßte so recht zu mir. Sie waren ich, meine Exkremente, das versteht sich, aber immerhin. Schluß, Schluß, die Bilder, ich bin dabei, Bilder zu sehen, ich, der nie welche sah, außer manchmal, wenn ich schlief. Ich glaube, daß ich, genau genommen, nie welche gesehen hatte. Als ganz kleiner Junge vielleicht. Mein Mythos will es so. Ich wußte, daß es Bilder waren, da es Nacht war und ich allein in meinem Kahn war. Was konnte es anderes sein? Ich war also in meinem Kahn und glitt über Wasser. Ich brauchte nicht zu rudern, die Ebbe riß mich fort. Ich sah übrigens keine Ruder, man hatte sie wohl weggenommen. Ich hatte ein Brett, ein Stück Bank vielleicht, und ich benützte es, wenn ich mich zu sehr dem Ufer näherte oder wenn ich einen Brückenpfeiler oder einen vertäuten Schleppkahn kommen sah. Es waren Sterne am Himmel, ziemlich viele. Ich sah nicht, wie das Wetter war, mir war weder kalt noch warm, und alles schien ruhig zu sein. Die Ufer entfernten sich immer mehr, zwangsläufig, ich sah sie nicht mehr. Spärliche und schwache Lichter deuteten ihren wachsenden Abstand an. Drüben auf dem Land schliefen die Menschen, die Körper sammelten Kräfte für die Mühen und Freuden des nächsten Tages. Der Kahn glitt nicht mehr, er hüpfte, gepeitscht von den kleinen Wogen der beginnenden offenen See. Alles schien ruhig zu sein, und doch spritzte der Schaum über Bord. Die freie Luft umgab mich nun von allen Seiten. Ich hatte nur noch die Deckung des Landes, und die Deckung des Landes bedeutet nicht viel unter diesen Umständen. Ich sah die Leuchtfeuer, insgesamt vier, darunter ein Feuerschiff. Ich kannte sie gut, als ganz kleiner Junge kannte ich sie schon. Es war am Abend, ich war mit meinem Vater auf einer Höhe, er hielt mich an der Hand. Ich hätte gewünscht, daß er mich an sich zöge mit einer Geste beschützender Liebe, aber er war mit den Gedanken woanders. Er lehrte mich auch die Namen der Berge. Aber um mit diesen Bildern zu enden, ich sah ebenfalls die Lichter der Bojen, die See schien voll davon zu sein, von roten und grünen und zu meinem Erstaunen sogar gelben. Und am Abhang des Berges, der sich nun gut sichtbar hinter der Stadt erhob, gingen die Brände von gold in rot und von rot in gold über. Ich wußte wohl, was es war, es war der Ginster, der brannte. Wie oft hatte ich ihn selbst in Brand gesteckt, mit einem Streichholz, als ich noch klein war. Und viel später, wenn ich nach Hause zurückgekehrt war, sah ich vor dem Schlafengehen von meinem hohen Fenster aus das Feuer, das ich angezündet hatte. In dieser Nacht also, voll von schwachem Funkeln auf dem Lande, auf dem Wasser und am Himmel, trieb ich den Gezeiten und Strömungen preisgegeben dahin. Ich merkte, daß mein Hut wahrscheinlich mit Bindfaden an meinem Knopfloch befestigt war. Ich erhob mich von meiner Bank, hinten im Kahn, und es erklang ein lautes Klirren. Es war die Kette, die vorn befestigt war und sich um meine Hüfte schlang. Ich hatte wohl im voraus ein Loch in die Bretter des Bodens gebohrt, denn nun war ich kniend damit beschäftigt, es freizumachen, mit Hilfe des Messers. Das Loch war klein, und das Wasser stieg nur langsam. Es würde eine gute halbe Stunde dauern, alles in allem, wenn nichts dazwischenkäme. Nachdem ich mich nun hinten wieder hingesetzt, die Beine lang ausgestreckt und den Rücken fest gegen den Sack voll Gras gelehnt hatte, der mir als Kissen diente, schluckte ich mein Beruhigungsmittel. Das Meer, der Himmel, das Gebirge, die Inseln zermalmten mich in einer ungeheuren Systole und strebten dann auseinander bis an die Grenzen des Raumes. Ich dachte ohnmächtig und ohne Bedauern an den Bericht, den ich beinahe gemacht hätte, einen Bericht nach dem Bilde meines Lebens, ich meine, ohne den Mut zu enden und ohne die Kraft weiterzumachen.

Texte um nichts

I

Jählings, nein, allmählich, endlich konnte ich nicht mehr, nicht mehr weiter. Jemand sagte, Sie können da nicht bleiben. Ich konnte da nicht bleiben, und ich konnte nicht weiter. Ich werde den Ort beschreiben, das ist unwichtig. Die recht flache Kuppe eines Berges, nein, eines Hügels, aber so wild, so wild, genug. Morast, kniehohes Heidekraut, kaum erkennbare Schafspfade, tiefe Ausfurchungen. In einer solchen Vertiefung, da lag ich, windgeschützt. Schönes Panorama, ohne den Nebel, der alles verhüllte, Täler, Seen, Ebene, Meer. Wie weiter? Man sollte gar nicht erst anfangen, doch, man sollte es. Jemand, vielleicht derselbe, sagte, Warum sind Sie gekommen? Ich hätte in meiner Ecke bleiben können, im Warmen, im Trocknen, in Dekkung, ich konnte nicht. Meine Ecke, ich werde sie beschreiben, nein, ich kann nicht. Es ist einfach, ich kann nichts mehr, das sagt man so. Ich sage zum Körper, Los, auf, und ich fühle die Mühe, die er sich gibt, um zu gehorchen, wie eine auf die Straße gefallene alte Mähre, die er sich nicht mehr gibt, die er sich noch gibt, bevor er aufgibt. Ich sage zum Kopf, Laß ihn in Ruhe, bleib ruhig, er hört auf zu atmen, dann schnappt er von neuem nach Luft. Ich bin weit weg von all diesen Geschichten, ich sollte mich nicht darum kümmern, ich brauche nichts, weder weiterzugehen, noch zu bleiben, wo ich bin, all das ist mir wirklich gleichgültig. Ich sollte mich davon abwenden, vom Körper, vom Kopf, sie zurechtkommen lassen, sie enden lassen, ich kann nicht, ich, ich müßte enden. O ja, wir scheinen mehr als einer zu sein, lauter Taube, nicht mal das, vereint für das Leben. Ein anderer sagt oder derselbe oder der erste, sie haben alle die gleiche Stimme, alle die gleichen Gedanken, Sie brauchten nur zu Hause zu bleiben. Zu Hause. Man wollte, daß ich nach Hause zurückkehrte. Meine Bleibe. Ohne den Nebel, mit guten Augen, mit einem Fernrohr sähe ich sie von hier aus. Es ist nicht bloß Müdigkeit, ich bin nicht bloß müde, trotz des Aufstiegs. Es ist auch nicht so, daß ich hierbleiben möchte. Ich hatte gehört, ich hatte wohl von der Aussicht sprechen hören, da unten das ferne Meer aus getriebenem Blei, die Ebene, die golden genannte, so oft besungene, die Doppeltäler, die Gletscherseen, die Hauptstadt in ihrem Dunst, es war in aller Munde. Was sind das, was sind das eigentlich für Leute? Sind sie gefolgt, vorausgegangen, mitgekommen? Ich bin in der Grube, die Jahrhunderte gegraben haben, Jahrhunderte schlechten Wetters, platt auf dem bräunlichen Boden liegend, wo ein langsam gesoffenes, safranfarbenes Wasser stagniert. Sie sind da oben, ringsherum, wie auf dem Friedhof. Ich kann die Augen nicht zu ihnen erheben, leider. Ich sähe ihre Gesichter nicht. Vielleicht die in Heidekraut getauchten Beine. Sehen sie mich, was können sie von mir sehen? Es ist vielleicht niemand mehr da, vielleicht sind sie angeekelt weggegangen. Ich lausche, und es sind die gleichen Gedanken, die ich höre, ich meine die gleichen wie immer, sonderbar. Wenn man bedenkt, daß im Tal die Sonne glänzt, himmelabwärts unter zerfetzten Wolken. Wie lange bin ich schon hier? Welche Frage, ich habe sie mir oft gestellt. Und oft habe ich antworten können, Eine Stunde, einen Monat, ein Jahr, ein Jahrhundert, je nachdem, was ich unter hier, unter ich, unter sein verstand, und darin habe ich nie etwas Außergewöhnliches gesucht, darin habe ich nie viel geändert, da war fast nur das Hier, das tat, als ändere es sich. Oder ich sagte, Ich kann noch nicht lange hier sein, ich hätte nicht durchgehalten. Ich höre die Brachvögel, was bedeutet, daß der Tag sinkt, daß die Nacht sinkt, denn die Brachvögel sind so, sie schweigen den ganzen Tag und schreien beim Nahen der Nacht. Ja, so ist es bei diesen wilden Kreaturen, deren Leben so kurz ist, gemessen an meinem. Und die andere Frage, der ich auch so wohlvertraut bin, Warum gekommen sein, auf die es keine Antwort gibt, so daß ich antwortete, Zur Abwechslung, oder, Ich bin es nicht, oder, Ein Zufall, oder aber, Um mal zu sehen, oder endlich, in den Jahren mit langem Sommer, Es ist das Schicksal, ich fühle sie kommen, laß sie nur kommen, sie wird mich nicht unversehens überfallen. Alles ist Rauschen, schwarzer, übersättigter Torf, der noch mehr saufen muß, Woge aus riesigem Farn, Heidekraut mit Schlünden aus Stille, wo der Wind ertrinkt, mein Leben und seine alte Leier. Um mal zu sehen, zur Abwechslung, nein, es ist gesehen, alles gesehen, daß man den Star davon bekommt, auch nicht aus Budenübel, das Übel ist geschehen, das Übel geschah eines Tages, als ich ausging, im Schlepp meiner Füße, die zum Gehen bestimmt sind, zum Schrittemachen, die ich habe gehen lassen, die mich hierher geschleppt haben, ja, deswegen bin ich gekommen. Und was ich tue, vornehmlich, ich atme, wobei ich mir mit Worten wie Rauch sage, Ich kann nicht bleiben, ich kann nicht weg, mal sehen, was geschieht. Und als Empfindung? Mein Gott, ich kann mich nicht beklagen, ja, das ist er, aber leise, wie unterm Schnee, ohne die Wärme, ohne den Schlaf, ich kann ihnen gut folgen, all diesen Stimmen, allen Partien, recht gut, die Kälte durchdringt mich, die Nässe ebenfalls, ich vermute es wenigstens, ich bin weit weg. An mein Rheuma denke ich jedenfalls nicht mehr, es läßt mich nicht mehr leiden als das meiner Mutter, wenn es sie leiden ließ. Geduldiges, starres Auge am hageren Kopf des Aasjägers, treues Auge, es ist seine Stunde, es ist vielleicht seine Stunde. Ich bin dort oben und ich bin hier unten, so wie ich mich sehe, verschlampt, mit geschlossenen Augen, das Ohr an das saugende Moor gepreßt, wir sind uns einig, alle einig, im Grunde, schon immer, wir haben uns gern, wir beklagen uns gern, wir können eben nichts ändern. Sicher ist, daß es in einer Stunde zu spät sein wird, in einer halben Stunde wird es Nacht, und das ist noch gar nicht sicher, was denn, was ist nicht sicher, ganz sicher, daß die Nacht verbietet, was der Tag erlaubt, denen, die fertigzuwerden wissen, die fertigwerden wollen, und die es können, die noch versuchen können. Ja, es wird Nacht, der Nebel löst sich auf, ich kenne ihn, man kann noch so zerstreut sein, der Wind frischt auf, wenn es einmal Nacht ist, und auf dem Berge wird der ganze nächtliche Himmel lasten, mit seinen Lichtern, unter ihnen die Bären, um mir als Führer zu dienen, noch einmal, als Führer meiner Schritte, erwarten wir die Nacht. Alles verschlingt sich, die Zeiten verschlingen sich, zuerst war ich hier nur gewesen, jetzt bin ich immer hier, gleich werde ich noch nicht hier sein, während ich mich auf halbem Hang abmühe, oder im dichten Farn am Rande des Waldes, es sind Lärchen, ich versuche nicht mehr zu begreifen, ich werde nie mehr versuchen zu begreifen, das sagt man so, zur Zeit bin ich hier, seit jeher, für immer, ich werde keine Angst mehr vor großen Worten haben, sie sind nicht groß. Ich erinnere mich nicht, gekommen zu sein, ich werde nie weg können, meine ganze kleine Welt, ich habe die Augen geschlossen, und ich fühle an meiner Wange den herben, feuchten Humus, mein Hut ist gefallen, er ist nicht weit gefallen, oder der Wind trug ihn weit weg, ich hing daran. Mal ist es das Meer, mal das Gebirge, oft war es der Wald, die Stadt, auch die Ebene, ich habe mich auch in die Ebene gewagt, ich habe mich überall tot gestellt, aus Hunger, aus Altersschwäche, ermordet, ertrunken und dann unbegründet, oft unbegründet, aus Überdruß, das stärkt, so ein letzter Seufzer, und dann die Zimmer meines sanften Todes, im Bett, wo ich unter meinen Penaten erstickte, immer murmelnd, die gleichen Worte, die gleichen Geschichten, die gleichen Fragen und Antworten, arglos, ziemlich arglos, an der äußersten Spitze meiner Welt voll Unwissender, niemals eine Verwünschung, bin nicht so dumm, oder aber ich vergesse. Ja, bis zum Schluß, mit leiser Stimme, mich wiegend, mir Gesellschaft leistend, und stets gespannt, gespannt auf alte Geschichten, wie zu der Zeit, da mein Vater mir, auf seinen Knien, die von Joe Breem oder Breen vorlas, dem Sohn eines Leuchtturmwärters, Abend für Abend, den ganzen langen Winter. Es war eine Erzählung, eine Erzählung für Kinder, es spielte auf einem Felsen, mitten im Sturm, die Mutter war tot, und die Möwen prallten gegen das Leuchtfeuer, Joe stürzte sich ins Wasser, das ist alles, was mir wieder einfällt, mit einem Messer zwischen den Zähnen, tat das Nötige und kehrte zurück, das ist alles, was mir heute abend wieder einfällt, es endete gut, es begann schlecht und endete gut, jeden Abend, eine Komödie, für Kinder. Ja, ich war mein Vater und ich war mein Sohn, ich habe mir Fragen gestellt, und ich habe so gut es ging geantwortet, ich habe mir Abend für Abend dieselbe Geschichte von neuem aufsagen lassen, die ich auswendig konnte, ohne daran glauben zu können, oder wir gingen, Hand in Hand, stumm, in unsere Welten versunken, jeder in seine Welten, mit ineinander vergessenen Händen. So habe ich durchgehalten, bis jetzt. Und auch heute abend scheint es zu gehen, ich bin in meinen Armen, ich halte mich in meinen Armen, ohne viel Zärtlichkeit, aber getreulich, getreulich. Schlafen wir, verschlungen wie unter jener fernen Lampe, nach allem Reden, allem Lauschen, aller Mühe, allem Spiel.

II

Dort oben ist das Licht, sind die Elemente, eine Art Licht, genug, um darin zu sehen, die Lebenden gehen ihrer Wege, schlecht und recht, sie meiden sich, vereinigen sich, vermeiden die Hindernisse, schlecht und recht, suchen mit den Augen, schließen die Augen, stehenbleibend, ohne stehenzubleiben, inmitten der Elemente, die Lebenden. Wenn es sich nicht geändert hat, wenn es nicht geendet hat. Auch die Dinge müssen noch da sein, etwas abgenützter, noch etwas verschlissener, viele an derselben Stelle wie zur Zeit ihrer Indifferenz. Das hier ist eine andere Haube, auch bald unwohnlich, man wird sie verlassen müssen. Man ist da, überall, wo man sein wird, wird es unwohnlich sein, das ist es. Also aufbrechen, nein, besser bleiben. Denn wohin aufbrechen, jetzt, da man Bescheid weiß? Wieder nach oben? Das fehlte noch. In diese Art Licht. Die Klippen wiedersehen, wieder zwischen Meer und Klippen sein, sich nach rechts und nach links werfen, mit eingezogenem Kopf, an die Ohren gepreßten Händen, eilig, unschuldig, verdächtig, schädlich. In dem übermäßigen Licht der Nacht einen dem Angebot entsprechenden Bedarf suchen, und sich verkriechen, unverrichteter Dinge, am frühen Tag, am neuen Tag. Madame Calvet wiedersehen, wie sie den Abfall abschäumt, bevor der Müllkarren kommt. Madame Calvet. Sie muß noch da sein. Mit ihrem Hund und ihrem klapprigen Kinderwagen. Gibt es etwas Erträglicheres. Sie sprach leise mit sich selbst, sie murmelte, Mein Präsident, mein Prinz. Sie trug eine Art Dreizack. Der Hund machte Männchen, hängte sich an den Rand der Mülleimer und wühlte zusammen mit ihr darin herum. Er hinderte sie, sie ließ ihn gewähren und sagte, Mistvieh. Das ist eine gute Erinnerung. Madame Calvet. Sie wußte, was sie wollte, vielleicht sogar, was sie gewollt hätte. Und die Schönheit, die Kraft, die Intelligenz, des Tages, jeden Tag, die Tätigkeit, die Poesie, nach Wahl, für alle. Wenn es nur ein Mittel gäbe, es nicht mehr zu wissen. Welche Dummheit, unter jenem kümmerlichen Licht gelitten zu haben. Er zeigte nichts, nichts Schreckliches, nichts zeigte sich darin, nichts von dem wahren Sachverhalt, es wäre darüber erloschen. Und jetzt hier, welches Jetzt hier, eine unermeßliche Sekunde, wie im Paradies, und der träge, träge, fast erstarrte

Geist. Aber es ändert sich, etwas ändert sich, es muß im Kopf sein, langsam im Kopf die Puppe, die verschleißt, und wenn man in einem Kopf wäre, es ist dunkel wie in einem Kopf, bevor sich die Würmer daranmachen. Elfenbeinverlies. Auch die Wörter träge, träge, das Subjekt stirbt, bevor es das Verbum erreicht, auch die Wörter erstarren. Also besser als in redseliger Zeit? Das ist es, das ist es, das Gute daran. Und die Abwesenheit der anderen, ist das nichts? Ach was, die anderen, das gibt es nicht, die anderen, das hat nie jemanden gestört. Es muß übrigens welche geben, andere andere, unsichtbare, stumme, es ist unwichtig. Man versteckte sich jedoch vor ihnen, man schlich an ihren Mauern entlang, das ist wahr, es fehlt hier, die Derivantia fehlen, hier ist das Übel, ach was, das sagte man dort oben, lebendes Senfpflaster. Solange die Worte mir einfallen, wird sich nichts ändern, schon wieder die alten, losgelassenen Worte. Sprechen, es ist das einzige Mittel, sprechen, sich aussprechen, hier wie jederzeit, das einzige. Aber sie versiegen, das ist wahr, das ändert alles, sie kommen nur schlecht, schlimm, schlimm. Oder es ist die Angst, zu den letzten zu gelangen, sein Letztes gesagt zu haben, vor dem Ende, nein, denn das wird das Ende sein, das letzte, nicht sicher. Zu stöhnen haben, ohne es zu können, o weh, es ist besser, sich einzuschränken, die echte Agonie abzupassen, sie ist trügerisch, man glaubt soweit zu sein, man beginnt zu brüllen, man lebt wieder auf, wohltuendes Gebrüll, besser schweigen, es ist das einzige Mittel, wenn man krepieren will, sich nicht mucksen, vor verschluckten Flüchen berstend krepieren, stumm zerplatzen, alles ist möglich, und dann. Es ist nicht der Tod, es ist nicht das Grab, weit gefehlt, es kann nicht das Grab sein, es wäre zu stark. Dort oben ist vielleicht Sommer, da ist vielleicht Sonntag, ein Sommersonntag. Monsieur Joly ist im Turm, er hat die Uhr aufgezogen, jetzt läutet er die Glocken. Monsieur Joly. Sein linkes Bein endet am Knie. Sonntag. Er hätte nicht ausgehen sollen. Die Straßen waren schwarz, die oft so freundlichen Straßen. Hier gibt es wenigstens nichts von alledem, keine Rede von einem Schöpfer, und was die Natur betrifft, so ist sie unbestimmt. Trockenes, das ist möglich, oder Flüssiges, oder Schlamm, wie vor dem Leben. Ist es Luft, dank der man noch erstickt, oft beinahe laut, es ist möglich, eine Art Luft. Was ist genau geschehen, genau, ach, altes Sauerlachen, so was, nein, weg damit, ein Glück, es ist nie heiter gewesen. Nein, aber eine letzte Erinnerung, die letzte, sie kann dazu beitragen, wieder zu scheitern. Piers, der seine Ochsen durch die Ebene trieb, nein, denn am Ende der Furche hob er, bevor er kehrtmachte, die Augen zum Himmel und sagte, Das schöne Wetter ist vorbei. Und siehe, in der Tat, kurz darauf Schnee. Schwarze Nacht also, endlich hereingebrochen, eben nicht, trotz des verhüllten Himmels. Der Weg war lang, der zum Unterschlupf führte, quer durch die Felder, holperig, er muß noch da sein. Am Rand der Steilküste angelangt wirft er sich, man möchte sagen wie wild, ach was, geschickt, wie eine Ziege, in brüsken Windungen hinab zum Strand. Nie hatte das Meer aus so weiter Ferne gedröhnt, das Meer im Schnee, wenngleich Superlative kaum noch Reiz ausüben. Der Tag war nicht ergiebig gewesen, nicht mehr als recht, in Anbetracht der Jahreszeit, der des allerletzten Winterlauchs. Es war gleichwohl die Rückkehr, nicht so wichtig wohin, die Wiederkehr, heil, man kam aus dem Staunen nie heraus. Was geschehen ist? Ein Zusammentreffen? Peng!? Nein. Auf der Höhe des Hofes der Brüder Graves kurzer Halt, gegenüber dem beleuchteten Fenster. Ein Schein, rot, in der Ferne, die Nacht, der Winter, es lohnt sich, es mußte sich lohnen. So, es ist vollbracht, es endet hier, ich ende hier. Eine ferne Erinnerung, weit von den letzten entfernt, das ist möglich, man scheint noch sehr rüstig zu sein. Schade, daß die Hoffnung tot ist. Nein. Wie man hoffte dort oben, zuweilen. Wie verschiedenartig.

III

Laß, ich hätte beinahe gesagt, laß das alles. Was liegt daran, wer spricht, jemand hat gesagt, was liegt daran, wer spricht. Es wird einen Aufbruch geben, ich werde dabei sein, nicht ich werde es sein, ich werde hier sein, ich werde mir sagen, ich sei weit weg, nicht ich werde es sein, ich werde nichts sagen, es wird eine Geschichte geben, jemand wird versuchen, eine Geschichte zu erzählen. Ja, Schluß mit den Dementis, alles ist falsch, es ist niemand da, das ist klar, es ist nichts da, Schluß mit den Phrasen, wir wollen betrogen sein, von den Zeiten betrogen, von allen Zeiten, beim Warten, bis es vorübergeht, bis alles vorüber ist, bis die Stimmen verstummen, es sind nur Stimmen, nur Lügen. Hier, weg von hier und anderswohin, oder hier bleiben, aber hin- und hergehend. Bewege dich erst mal, du brauchst einen Körper, wie einst, ich sage nicht nein, ich werde nicht mehr nein sagen, ich werde mir sagen, ich hätte einen Körper, einen Körper, der sich bewegt, nach vorn, nach hinten, und der hinauf- und hinabgeht, je nach den Notwendigkeiten. Mit einer Menge von Gliedern und Organen, etwas zum Leben, noch einmal, zum Durchhalten, einen kurzen Moment, ich werde das Leben nennen, ich werde sagen, daß ich es sei, ich werde aufstehen, ich werde nicht mehr denken, es wird mich zu sehr beschäftigen, auf zu sein, mich aufrecht zu halten, den Platz zu wechseln, durchzuhalten, bis zum nächsten Morgen auszuhalten, zur nächsten Woche, das wird genügen, acht Tage werden genügen, acht Tage im Frühling, das ist erquicklich. Es genügt zu wollen, ich werde wollen, einen Körper haben wollen, einen Kopf haben wollen, ein wenig Kraft, ein wenig Mut, ich werde mich daran machen, acht Tage sind schnell vorbei, dann die Rückkehr, dieser unentwirrbare Ort, fern von den Tagen, die Tage sind fern, das wird nicht ganz von selbst gehen. Und warum eigentlich, nein nein, laß, fang nicht wieder an, hör nicht alles, sag nicht alles, es ist alles schon dagewesen, es ist alles dasselbe, das ist sicher. Du stehst also, ich bins, der dies sagt, ich schwöre es, setz deine Hände in Bewegung, betaste deinen Schädel, da steckt der Verstand, ohne den nee, und dann, was dann kommt, die unteren Partien, es bedarf ihrer, und sag, wie du bist, sag es auf gut Glück, welche Art Mann, es bedarf eines Mannes oder einer Frau, taste nach zwischen den Beinen, es bedarf weder der Schönheit noch der Spannkraft, acht Tage sind schnell vorbei, man wird dich nicht lieben, hab keine Angst. Nein, nicht so, das geht zu schnell, ich habe mir Angst gemacht. Und hör zuerst einmal auf zu bibbern, man wird dich nicht umbringen, o nein, man wird dich nicht lieben und man wird dich nicht umbringen, du kannst auf die Hochebene von Gobi geraten, du wirst dich dort heimisch fühlen. Ich werde dich hier erwarten, ganz unbesorgt, unbesorgt um dich, nein, ich bin allein, allein bin ich, ich bins, der weggehen wird, diesmal bin ichs. Ich weiß, wie ich es machen werde, ich werde ein Mann sein, es muß sein, eine Art Mann, eine Art altes Kind, ich werde eine Gouvernante haben, sie wird mich gern haben, sie wird mir die Hand geben, zum Überqueren der Straße, sie wird mich in den Anlagen loslassen, ich werde mich gut benehmen, ich werde mich in eine Ecke stellen und mir den Bart kämmen, ich werde ihn glatt streichen, um schöner zu sein, etwas schöner, wenn es sich so abspielen könnte. Sie wird mir sagen, Komm, mein Jesus, es ist Zeit heimzukehren. Ich werde keine Verantwortung tragen, sie wird die ganze Verantwortung tragen, sie wird sich Nanny nennen, ich werde sie Nanny nennen, wenn es sich so abspielen könnte. Komm, mein Häschen, es ist Zeit für die Mili. Wer hat mir alles beigebracht, was ich weiß, ich ganz allein, als ich noch herumirrte, ich habe alles gefolgert, aus der Natur, mit Hilfe eines Allbuchs, ich weiß, daß es nicht stimmt, aber es ist zu spät, zu spät es zu leugnen, die Kenntnisse sind da, sie leuchten nacheinander auf, nahe und ferne, sie blinzeln über dem Abgrund, Komplizen. Laß, man muß aufbrechen, man muß es jedenfalls sagen, es ist an der Zeit, man weiß nicht warum. Was macht das schon, ob man sagt, man sei hier oder anderswo, unverrückbar oder beweglich, formlos oder länglich wie die Menschen, ohne Licht oder in dem des Himmels, ich weiß nicht, es scheint wichtig zu sein, es wird nicht von selbst gehen. Wenn ich da wieder anfinge, wo alles erloschen ist, nein, das kann nichts ergeben, das hat nie etwas ergeben, die Erinnerung ist dabei auch erloschen, eine große Flamme und dann das Dunkel, ein großer Krampf und dann kein Gewicht und kein durchschreitbarer Raum mehr, ich weiß nicht. Ich habe versucht, mich von der Steilküste fallen zu lassen, auf die Straße, unter die Sterblichen, das hat nichts ergeben, ich habe aufgegeben. Den Weg noch einmal machen, der mich hierher verschlagen hat, bevor ich ihn in umgekehrter Richtung antrete oder noch weiter gehe, weiser Rat. Dies, damit ich mich nie mehr rühre, damit ich hier sabbere, bis zum Ende der Zeiten, indem ich alle zehn Jahrhunderte murmelte, Das bin nicht ich, das ist nicht wahr, das bin nicht ich, ich bin weit weg. Nein nein, ich werde von der Zukunft sprechen, ich werde im Futurum sprechen, wie damals, als ich mir in der Nacht sagte, Morgen werde ich meine blaue Krawatte anlegen, mit den Sternen, und ich sie anlegte, nachdem die Nacht vorüber war. Schnell schnell, bevor ich weine. Ich werde einen Freund haben, meines Jahrgangs, einen Landsmann, einen alten Kameraden, wir werden unsere Feldzüge noch einmal erleben, indem wir unsere Schrammen vergleichen. Schnell schnell. Er hatte in der Marine gedient, vielleicht unter Jellicoe, während ich, in Deckung hinter einem Guinness-Faß liegend, mit der Armbrust dem Eindringling ein Loch ins Fell brannte. Es bleibt uns nicht mehr viel, das ists, im Präsens, nicht mehr viel Zeit, es ist unser allerletzter Winter, hallelujah. Man fragt sich, was uns am Ende dahinraffen wird. Er geht am Brustkasten ein, ich eher an der Prostata. Wir beneiden uns, er beneidet mich, ich beneide ihn, mitunter. Ich kathetere mich ganz allein, mit zitternder Hand, in den Pissoirs stehend, vornübergebeugt, unter meinem Umhang, man hält mich für ein altes Ekel. Unterdessen erwartet er mich auf einer Bank, von Hustenanfällen geschüttelt, in eine Tabakdose speiend, die er kurz vorm Überlaufen im Kanal leert, aus Bürgersinn. Wir haben den Dank des Vaterlandes verdient, es wird uns schließlich in ein Hospiz einliefern. Wir verbringen unser Leben, es gehört uns, indem wir versuchen, im gleichen Moment einen Sonnenstrahl und eine Gratis-Bank in einer Oase öffentlicher Grünanlagen zusammenzuhalten, wir sind darauf gekommen, die Natur zu lieben, mit Verspätung, sie gehört jedwedem, stellenweise. Er liest mir, um Atem ringend, leise vor, aus der Zeitung vom Vortage, er wäre besser der Blinde gewesen. Die Pferderennen begeistern uns, auch die Windhundrennen, wir haben keine politische Meinung, wenngleich wir laue Republikaner sind. Aber wir interessieren uns auch für die Windsors, für die Hannoveraner, ich weiß nicht mehr, für die Hohenzollern vielleicht auch noch. Nichts Menschliches ist uns fremd, wenn wir einmal die Pferde- und Hundenachrichten verdaut haben. Nein, allein, allein wird es mir besser gehen, wird es schneller gehen. Er würde mir zu essen geben, er kannte einen Fleischer, er würde mir die Seele mit Mortadella wieder in den Hals hineintreiben. Er würde mit seinem Trost, seinen Anspielungen auf Krebs und Erinnerungen an unvergeßliche Trunkenheiten die Entmutigung hindern, ihren Stein wegzutragen. Und ich würde, anstatt ganz auf meine eigenen Aussichten bedacht zu sein, was mir vielleicht gestattet hätte, sie unter einen Lastwagen zu werfen, mich durch seine davon ablenken lassen. Ich würde ihm sagen, Komm, Alter, laß das, denk nicht mehr daran, und ich wäre es, der, vor Brüderlichkeit abgestumpft, nicht mehr daran dächte. Und die Verpflichtungen, ich denke vor allem an die Treffen um zehn Uhr morgens, bei jedem Wetter, vor Duggan, wo schon viel Betrieb war, Sportler, die herbeigerannt waren, um ihre Wetten unter Dach und Fach zu bringen, vor der Öffnung der Kneipen. Wir waren, sieh da, schon vorbei, um so besser, um so besser, höchst pünktlich, das muß ich sagen. Unter peitschendem Regen die Reste von Vinzenz in der unfreiwillig komischen Auftakelung eines alten Seebären ankommen sehen, seinen mit einem blutigen Lappen umwickelten Kopf und den scharfen Blick, das war, für einen, der klar sehen konnte, beispielhaft dafür, wozu der Mensch in seiner Genußsucht fähig ist. Mit einer Hand stützte er sein Brustbein, mit dem Rücken der anderen seine Wirbelsäule, nein, das sind alles Erinnerungen, vorsintflutliche Ausflüchte. Sehen, was hier geschieht, wo niemand ist, wo nichts geschieht, machen, daß hier etwas geschehe, daß hier jemand sei, dem ein Ende bereiten, für Stille sorgen, in der Stille gehen oder in einem anderen Geräusch, einem Geräusch von anderen Stimmen als denen des Lebens und des Todes, von Leben und von Toden, die nicht meine sein wollen, in meiner Geschichte gehen, um ihr entgehen zu können, nein, das ist alles Gefasel. Kann es sein, daß mir endlich ein eigener Kopf wächst, in dem ich Gifte mischen kann, die meiner würdig sind, und Beine, um herumzuschlendern, ich würde endlich da sein, ich könnte weggehen, das ist alles, was ich verlange, nein, ich kann nichts verlangen. Nichts als den Kopf und die beiden Beine, oder nur eins, in der Mitte, ich würde mich hüpfend davonmachen. Oder nichts als den Kopf, schön rund, schön glatt, er braucht keine Gesichtszüge, ich würde rollen, den Abhängen folgen, fast als reiner Geist, nein, das würde nicht gehen, von hier aus steigt alles an, es bedarf des Beins, oder eines Äquivalents, ein paar Ringe vielleicht, zusammenziehbare, damit kommt man weit. Von vor Duggan aus aufbrechen, an einem Frühlingsmorgen mit Regen und Sonnenschein, in der Ungewißheit, bis zum Abend gehen zu können, was geht daran nicht? Es wäre so leicht. In diesem Fleisch hier versteckt sein oder in einem anderen, in diesem Arm, den eine Freundeshand drückt, und in dieser Hand, ohne Arme, ohne Hände, und ohne Seele in diesen zitternden Seelen, mitten durch die Menge, zwischen den Reifen, den Luftballons, was geht daran nicht? Ich weiß nicht, ich bin hier, das ist alles, was ich weiß, und daß noch immer nicht ich es bin, damit muß man sich abfinden. Es gibt nirgends Fleisch oder etwas zum Sterben. Laß das alles, das alles lassen wollen, ohne zu wissen, was das heißen soll, das alles, das ist schnell gesagt, das ist schnell getan, vergebens, es hat sich nichts gerührt, niemand hat gesprochen. Hier, hier wird nichts geschehen, hier wird niemand sein, so bald nicht. Die Aufbrüche, die Geschichten, sie sind noch nicht spruchreif. Und die Stimmen, woher sie auch kommen mögen, sind ganz tot.

IV

Wohin ginge ich, wenn ich gehen könnte, was wäre ich, wenn ich sein könnte, was sagte ich, wenn ich eine Stimme hätte, wer spricht so und nennt sich ich? Einfach antworten, jemand möge einfach antworten. Es ist derselbe Unbekannte wie immer, der einzige, für den ich existiere, in der Höhle meiner Inexistenz, seiner, unserer, das ist eine einfache Antwort. Denkend wird er mich nicht finden, aber was kann er machen, lebendig und ratlos, ja, lebendig, was er auch sagen mag. Mich vergessen, mich ignorieren, ja, es wäre das Klügste, er kennt sich aus. Warum diese plötzliche Freundlichkeit nach soviel Vernachlässigung, das ist leicht zu begreifen, das ist es, was er sich sagt, aber er begreift nicht. Ich bin nicht in seinem Kopf, nirgends in seinem alten Körper, und doch bin ich da, für ihn bin ich da, bei ihm, daher das ganze Durcheinander. Das müßte ihm genügen, mich abwesend wiedergefunden zu haben, aber nein, er will mich da haben, mit einer Gestalt und einer Welt, wie er, trotz ihm, ich, der ich alles bin, wie er, der nichts ist. Und wenn er fühlt, daß ich ohne Existenz bin, will er, daß ich der seinen beraubt sei, und umgekehrt, verrückt, verrückt, er ist verrückt. Eigentlich sucht er mich, um mich zu töten, damit ich tot sei wie er, tot wie die Lebenden. Er weiß das alles, aber es dient zu nichts, es zu wissen, ich aber weiß es nicht, ich aber weiß nichts. Er bestreitet, daß er überlegt, aber er tut nichts anderes als überlegen, falsch, als wenn das helfen könnte. Er glaubt zu stammeln, er glaubt stammelnd mein Schweigen aufzufangen, mit meinem Schweigen zu schweigen, er möchte, daß ich es sei, der ihn stammeln läßt, freilich stammelt er. Er erzählt seine Geschichte alle fünf Minuten, wobei er sagt, es sei nicht seine, merkwürdige Schläue. Er möchte, daß ich es sei, der ihn hindert, eine Geschichte zu haben, freilich hat er keine Geschichte, ist das ein Grund, mir eine andrehen zu wollen? So überlegt er, daran vorbei, das ist klar, aber woran vorbei, eben das ist zu prüfen. Er läßt mich sprechen, wobei er sagt, daß ich es nicht sei, geniale Idee, er läßt mich sagen, daß ich es nicht sei, ich, der nichts sagt. Das alles ist wirklich plump. Wenn er mir noch die dritte Person zuerkennte, wie seinen anderen Schimären, aber nein, er will nur mich, für sein Ich. Als er mich hatte, als er ich war, beeilte er sich, mich fallenzulassen, ich existierte nicht, er mochte das nicht, das war kein Leben, freilich existierte ich nicht, er auch nicht, freilich war das kein Leben, er hat es jetzt, sein Leben, auf daß er es verliere, wenn er den Frieden will, und selbst dann. Sein Leben, sprechen wir darüber, das mag er nicht, er hat begriffen, nämlich daß es nicht seines ist, es ist nicht er, was für ein Gedanke, ihm so was anzutun, das ist gut für Molloy, für Malone, das sind die Sterblichen, die glücklichen Sterblichen, aber er, kein Gedanke daran, so was durchzumachen, er, der sich nie gerührt hat, er, der ich ist, wenn man alles in Betracht zieht, und was alles und wie in Betracht zieht, er brauchte nur nicht dahin zu gehen. So spricht er, heute abend, so läßt er mich sprechen, so spricht er zu sich, so spreche ich, es gibt nur mich, mit meinen Schimären, heute abend, hier, auf Erden, und eine Stimme, die kein Geräusch macht, weil sie niemanden angeht, und einen Kopf voller Kriegsmüder und sofort wieder aufgestandener Toter, und einen Körper, ich hätte ihn beinahe vergessen. Heute abend, ich sage heute abend, es ist vielleicht Morgen. Und alle diese Dinge, welche Dinge, um mich herum, ich will sie nicht mehr leugnen, es lohnt sich nicht mehr. Wenn es die Natur ist, sind es vielleicht Bäume und Vögel, sie gehören zusammen, Wasser und Luft, damit alles weitergehen kann, ich brauche die Einzelheiten nicht zu kennen. Ich sitze vielleicht unter einer Palme. Oder es ist ein Zimmer, mit seinen Möbeln, alles Nötige, um das Leben bequemer zu machen, nur wenig Licht, wegen der Mauer vor dem Fenster. Was ich tue, ich spreche, ich lasse meine Schimären sprechen, das kann nur ich sein. Ich muß auch schweigen und lauschen und dann die Geräusche des Ortes hören, die Geräusche der Welt, na, bemühe ich mich nicht, vernünftig zu sein. Das ist mein Leben, warum nicht, es ist eines, wenn man will, wenn man absolut darauf besteht, ich sage nicht nein, heute abend. Es bedarf dessen, wie es scheint, sobald Sprache da ist, es ist keine Geschichte erforderlich, eine

Geschichte ist nicht unerläßlich, nur ein Leben, das ist der Fehler, den ich gemacht habe, einer der Fehler, eine eigene Geschichte gewollt zu haben, wo das bloße Leben genügt. Ich mache Fortschritte, es wurde Zeit, ich werde schließlich mein dreckiges Maul halten können, wenn nichts Vorhergesehenes eintritt. Aber jener, der kommt und geht, der es schafft, den Ort zu wechseln, ganz allein, selbst wenn ihm nichts geschieht, eben jener da. Ich, ich bleibe hier sitzen, wenn ich sitze, oft fühle ich mich sitzen, manchmal stehen, es ist das eine oder das andere, oder liegen, das ist noch eine Möglichkeit, oft fühle ich mich liegen, es ist eins von den dreien, oder knien. Auf der Welt zu sein, das ist die Hauptsache, die Positur ist nicht so wichtig, wenn man nur auf Erden ist. Atmen, mehr wird nicht verlangt, Herumirren ist keine Pflicht, Gastfreundlichsein auch nicht, man kann sich sogar für tot halten, vorausgesetzt, daß man es bemerkbar macht, kann man sich ein milderes Reglement erträumen, ich weiß nicht, ich träume nicht. Es nützt unter solchen Bedingungen nichts, zu sagen, ich sei woanders, ein anderer, wie ich bin, habe ich alles Nötige bei der Hand, um was zu tun, ich weiß nicht, das, was ich zu tun habe, endlich bin ich wieder allein, welche Erleichterung muß das sein. Ja, es gibt Momente, wie in diesem Moment, wie heute abend, da es beinahe den Anschein hat, als sei ich dem Reich des Möglichen wieder anheimgegeben. Dann geht es vorbei, alles geht vorbei, ich bin wieder weit weg, ich habe noch eine Geschichte in weiter Ferne, ich erwarte mich in der Ferne, damit meine Geschichte beginne, damit sie ende, und wieder kann diese Stimme nicht meine sein. Dahin ginge ich, wenn ich gehen könnte, der dort wäre ich, wenn ich sein könnte.

V

Ich führe das Protokoll, ich führe die Feder bei den Verhandlungen ich weiß nicht welcher Sache. Warum wollen, daß es meine sei, mir liegt nichts daran. Da gehts schon wieder los, das ist die erste Frage heute abend. Richter und Partei sein, Zeuge und Anwalt, und der Aufmerksame, der Gleichgültige, der das Protokoll führt. Es ist ein Bild in meinem kraftlosen Kopf, wo alles schläft, alles tot ist, noch ungeboren, ich weiß nicht, oder vor meinen Augen, sie sehen die Szene, einen Augenblick, sie zwängt sich zwischen die Lider, ein Augenzwinkern lang. Schnell schließen sie sich wieder, um in den Kopf zu blicken, um zu versuchen, darin zu sehen, um mich darin zu suchen, um irgend jemand darin zu suchen, im Schweigen einer ganz anderen Justiz, in den Netzen jener unergründlichen Instanz, wo Sein Schuldigsein heißt. Eben darum zeigt sich nichts, schweigt alles, hat man Angst, geboren zu werden, nein, man will es wohl, um mit dem Sterben zu beginnen. Man, das heißt ich, das ist nicht dasselbe, dort, wo ich mich abmühe, sehen zu wollen, kann es kein Wollen geben. Ich könnte aufstehen, eine Runde machen, ich sehne mich danach, aber ich werde es nicht tun. Ich weiß, wohin ich ginge, ich ginge in den Wald, ich würde versuchen, den Wald zu erreichen, es sei denn, ich wäre schon drin, ich weiß nicht, wo ich bin. Jedenfalls bleibe ich. Ich weiß, was es ist, ich suche, wie der zu sein, den ich suche, in meinem Kopf, den mein Kopf sucht, den blindlings in seinen Tiefen zu ertasten ich meinem Kopf gebiete. Nein, gib nicht vor zu suchen, gib nicht vor zu denken, bleib nur auf der Lauer, mit hinter den Lidern gespannten Augen, und einer Stimme lauschend, die nicht einem Dritten gehört, und sei es nur einen Moment, eine neue Lüge lang. Ich höre sagen, das muß schon wieder die Stimme der Vernunft sein, das Warten sei vergeblich, ich sollte lieber eine Runde machen, wie man einen Bleisoldaten verschiebt. Und es ist ohne Zweifel immer sie, die antwortet, ich könne nicht, ich, der es soeben noch zu können schien, wenn es nicht das Gefühl ist, das sein Wort anbringt, es ist ja so unberechenbar, abgetan. Pozzo, warum ist er aufgebrochen, er hatte doch ein Schloß und Diener. Verfängliche Frage, damit ich nicht vergesse, daß ich der Angeklagte bin. Manchmal höre ich Dinge, die einen Moment richtig scheinen, einen Moment bedaure ich, daß sie nicht von mir sind. Welche Erleichterung dann, welche Erleichterung, mich auf ewig stumm zu wissen, wenn ich nur nicht darunter litte. Und taub, mir scheint, wenn ich taub wäre, litte ich weniger darunter, stumm zu sein, man höre sich das an, welche Erleichterung, das nicht auf dem Gewissen zu haben. Ja, ja, ich höre sagen, daß ich eine Art Gewissen habe, und damit eine Art Empfindungsvermögen, hoffentlich vergißt der Redner nichts, und daß es mir beim Zuhören und Kritzeln leid tut, ich habe es gehört, es ist notiert. Die Sitzung ist heute abend ruhig, es herrscht manchmal langes Schweigen, während alle mich anschauen, damit wollen sie mich aus der Fassung bringen, ich fühle wirre Schreie in mir aufkommen, es ist notiert. Aus dem Augenwinkel beobachte ich die schreibende Hand, die ganz verschwommen aussieht wegen – wegen des Gegenteils von Entferntsein. Wer sind all diese Leute, es ist der Gerichtshof, dem Bilde nach, aber nur nach diesem, es gibt noch andere, es wird noch andere geben, andere Bilder, andere Leute. Werde ich nie mehr den Himmel sehen, werde ich nie mehr kommen und gehen können, in der Sonne, im Regen, die Antwort lautet nein, alle antworten nein. Es ist ein Glück, daß ich nichts gefragt habe, um solchen Irrsinn beneide ich sie geradezu, ein Echo lang. Der Himmel, ich habe – der Himmel und die Erde, ich habe davon viel reden hören, ich gebe es Wort für Wort wieder, ich erfinde nichts. Ich habe es notiert, ich habe viele Geschichten, die sie zum Hintergrund hatten, notieren müssen, sie erzeugen die Stimmung. Um den Helden herum lassen sie einen großen Abstand, wobei sie sich ringsum zusammenschließen, so daß er sich sozusagen unter einer Haube befindet, unter der er sich doch endlos in alle Richtungen bewegen kann, das verstehe, wer kann, ich bin dafür nicht zuständig. Auch das Meer, ich bin auch über das Meer auf dem laufenden, es gehört zu demselben Bild, ich habe mich sogar wiederholt darin ertränkt, unter verschiedenen falschen Bezeichnungen, daß ich nicht lache, wenn ich nur lachen könnte, alles würde verschwinden, was, wer weiß, alles, ich, abgetan. Ja, ich sehe die Szene, ich sehe die Hand, sie kriecht langsam aus dem Schatten, dem des Kopfes, kehrt dann mit einem Ruck wieder zurück, das geht mich nichts an. Wie ein kurzbeiniges Tierchen rückt sie ein Stückchen ins Freie und zieht sich wieder zurück, was man nicht alles zu hören kriegt, ich gebe es wieder, wie ich es höre. Es ist die Hand des Protokollführers, steht ihm eine Perücke zu, ich weiß nicht, früher vielleicht. Was ich tue, wenn Stille eintritt, die einen rednerischen Effekt deutlich macht oder die Wirkung des Überdrusses, der Ratlosigkeit, der Bestürzung, ich streiche mit dem Mittelglied des Zeigefingers zwischen meinen Lippen hin und her, vielmehr der Kopf bewegt sich, die Hand ruht, mit solchen Kleinigkeiten glaubt man, die Leute zu täuschen. Heute abend ist es so, morgen wird es anders sein, ich werde vielleicht vor dem Konzil erscheinen, es wird das Gericht der höchsten Liebe sein, streng, wie es sich gehört, doch zuweilen zu sonderbaren Nachsichten geneigt, es wird sich um meine Seele handeln. Das ist mir lieber, man wird vielleicht Mitleid für meine Seele erbitten, das darf man nicht versäumen, ich werde nicht da sein, Gott auch nicht, das macht nichts, wir werden vertreten sein. Ja, das wird sicher bald sein, es ist wohl eine Ewigkeit her, daß ich nicht mehr verdammt wurde, ja, jeder Tag hat seine Plage, heute abend führe ich die Feder. Heute abend, es ist immer Abend, man spricht immer vom Abend, sogar wenn es Morgen ist, damit ich glaube, daß die Nacht kommt, die Ruhe bringt. Ich müßte zunächst glauben, ich sei da, dann würde ich alles schlucken, es würde keinen Gutgläubigeren geben als mich, wenn ich da wäre. Ich bin aber da, es ist nicht anders möglich, eben, es ist nicht möglich, es braucht nicht möglich zu sein. Das ist so eine Sache, da sein, wenn man es nicht glauben kann. Es ist ermüdend, in einem Zuge zu gewinnen und zu verlieren, mit den dazugehörigen Emotionen, man ist ja nicht aus Holz, das Urteil fällen, das Barett aufsetzen und aus den Latschen kippen, das ist ermüdend, auf die Dauer, ich bin es müde, ich wäre es müde, an meiner Stelle. Es ist ein Spiel, es wird ein Spiel, ich werde aufstehen, ich werde gehen, wenn nicht ich, dann irgendein anderer, ein Phantom, hoch sollen sie leben, die Phantome, die der Toten, die der Lebenden und die der Ungeborenen. Ich werde ihm nachschauen, mit geschlossenen Augen, es braucht keine Tür, braucht keinen Gedanken, um hinauszugelangen aus diesem imaginären Kopf, sich mit der Luft zu mischen, mit der Erde, sich davon aufsaugen zu lassen, nach und nach, im Exil. Es spukt ja in mir, sie sollen sich wegscheren, eines nach dem anderen, auch die letzten sollen mich verlassen, und mich leer lassen, leer und still. Sie sind es, die meinen Namen murmeln, die mir von mir erzählen, von einem Ich erzählen, sie sollen gehen, anderen davon erzählen, die ihnen nicht glauben werden, oder die ihnen glauben werden. Sie gehören ihnen, all diese Stimmen, wie ein Geräusch von Ketten in meinem Kopf, sie knirschen mir zu, daß ich einen Kopf habe. Darin ist heute abend Gericht, in der Tiefe dieser gewölbten Nacht, da führe ich das Protokoll, ohne zu verstehen, was ich höre, ohne zu wissen, was ich schreibe. Da wird morgen das Konzil sein, es wird für meine Seele gebetet werden, wie für die eines Toten, wie für die eines in seiner toten Mutter gestorbenen Kindes, damit sie nicht in den Limbus komme, so ist sie, die Theologie. Es wird an einem anderen Abend sein, alles geschieht abends, aber es wird dieselbe Nacht sein, auch sie hat ihre Abende, ihre Morgen und ihre Abende, das ist eine hübsche Vorstellung, damit ich glaube, daß der Tag kommt, der die Phantome verscheucht. Und da sind jetzt Vögel, die ersten Vögel, was ist denn das schon wieder für eine Geschichte, vergiß nicht das Fragezeichen. Es muß das Ende der Sitzung sein, sie ist alles in allem ruhig gewesen. Ja, das kommt vor, da sind plötzlich Vögel, und alles schweigt, einen Moment. Aber die Phantome kommen wieder, sie können noch so weit weggehen, sich unter die Sterbenden mischen, sie kommen wieder, um in den Sarg zu schlüpfen, der so klein wie eine Streichholzschachtel ist, von ihnen habe ich alles, was ich weiß, über die Dinge von droben, und alles, was ich über mich wissen sollte, sie wollen mich erschaffen, sie wollen mich machen wie die Vogelmutter das Vögelchen, mit Larven, die sie von weither holt, unter Einsatz – ich hätte fast gesagt, unter Einsatz ihres Lebens! Aber jeder Tag hat seine Plage, das da ist ein anderes Protokoll. Ja, man beginnt recht müde zu werden, recht müde von seiner Mühe, recht müde vom Führen der Feder, sie fällt, es ist notiert.

VI

Was geschieht zwischen diesen Erscheinungen? Und wenn es geschähe, daß meine Wärter sich ausruhen und schlafen, bevor sie mich von neuem vornehmen, wenn das geschähe? Es wäre natürlich, daß sie sich erholen. Alle zusammen? Karten sie, ein wenig, kegeln sie, um den Kopf auszuruhen, haben sie Recht auf Erholung? Ich würde, wenn ich Sitz und Stimme hätte, nein sagen, keine Erholung, nur ein wenig Ruhe, eine Brotzeit, aus Vernunftgründen, wegen der Gesundheit. Sie lieben diese Arbeit, ich fühle es! Nein, ich meine in mir, es handelt sich nicht um sie. Schlechte Akustik heute abend, lauter Fetzen, wirklich. Die Neuigkeiten, erinnerst du dich an die letzten Neuigkeiten, vom Abend, die allerletzten, in langsamen, leuchtenden Buchstaben überm Piccadilly Circus, im Nebel? Wo standst du, auf der Schwelle des kleinen geschlossenen Tabakladens an der Ecke der Glasshouse Street, nein, es fällt dir nicht mehr ein, und das nicht ohne Grund. Das ist mitunter so, ein wenig, mitunter ist es das Auge, das anstrengt, und das Schweigen, die Seufzer, wie aus einer des Schreiens müden oder plötzlich alten Traurigkeit, die sich plötzlich alt vorkommt und über sich selbst seufzt, über die schönen Tage, die langen Tage, an denen sie sich unvergänglich schrie, aber das ist eigentlich selten. Meine Wärter, warum Wärter, ich riskiere nicht, fortzugehen, ah, ich verstehe, damit ich mich für einen Gefangenen halte, von Anwesenheit so aufgebläht, daß die Wände, die Mauern, die Grenzen ihr weichen müßten. Zu anderen Zeiten sind es Pfleger, weiß vom Kopf bis zu den Füßen, sogar die Schuhe sind weiß, und dann ist es eine andere Sprache, was aber auf das gleiche hinausläuft. Zu anderen Zeiten sind es koboldartige Wesen, weich und nackt wie Würmer, sie kriechen glucksend auf der Leiche herum, aber gestorben habe ich ebensowenig Erfolg wie sterbend. Zu anderen Zeiten sind es große, tanzende, wie Kastagnetten klappernde Knochenbündel, sauber, und fröhlich wie Neger. Ich ginge wohl mit ihnen, wenn es sogleich sein könnte, warum kann so was nie und nimmer sogleich sein. Hier einige Beispiele. Es ist wechselvoll, mein Leben ist wechselvoll, ich werde zu nichts kommen. Ich weiß wohl, es ist niemand hier, weder ich noch irgend jemand, aber so was sagt man nicht, also sage ich nichts. Anderswo, das sage ich nicht, anderswo, kann es ein Anderswo für dies unendliche Hier geben? Ich weiß, wenn ich nur etwas im Kopf hätte, würde ich entkommen, in meinem Kopf, wie so viele andere, und Schlimmerem als diesem hier, es würde von neuem die Welt sein, in meinem Kopf, und ich in der Tiefe, wie in alten Zeiten. Ich wüßte, daß sich nichts gerührt hat, daß das Wollen genügt, um unterm veränderlichen Himmel auf und ab zu gehen, auf der beweglichen Erde, wie die langen Sommertage lang, die zu kurz für all die Spiele waren, man nannte das Spiele, wenn ich etwas im Kopf hätte. Es wären da von neuem die Luft, die Sonne, die über die Erde gleitenden Schatten des Himmels und diese Ameise, diese Ameise, nur gut, daß ich nichts mehr im Kopf habe. Laß, laß, nichts führt irgendwohin, nichts von alledem, mein Leben ist wechselvoll, man kann nicht alles bekommen, ich werde zu nichts kommen, wann bin ich denn zu irgend etwas gekommen? Als ich arbeitete, den ganzen Tag, und einen Teil der Nacht, das hätte ich fast vergessen, als ich glaubte, daß ich mit Ausdauer dazu käme, mich zu finden? Nun ja, da bin ich, ein kleines Staubkorn in einem kleinen Winkel, das ein aus dem verlorenen Draußen kommender Hauch hochhebt und das der nächste wieder niederschlägt. Ja, ich bin für immer hier, mit den Spinnen und den toten Fliegen, tanzend zum Schwirren ihrer verstrickten Flügel, und ich bin ganz froh darüber, ganz froh, daß ich damit fertig bin, keuchend hinter mir herzulaufen, durch ihr beträntes Tempetal. Mitunter kommt ein Schmetterling, ganz warm von den Blumen, wie schwach er ist, und schnell gestorben, mit ausgebreiteten Flügeln, wie beim Ausruhen in der Sonne, mit grauen Schuppen. Zu streichen, die Wörter lassen sich streichen, und die irrsinnigen Gedanken, die sie erfinden, die Sehnsucht nach jenem Schlamm, wo der Geist des Ewigen wehte und sein Sohn sehr viel später, zu Füßen der Ehebrecherin, mit seiner armseligen göttlichen Fingerspitze schrieb, auszuwischen, nur sagen, nichts gesagt zu haben, auch das ist nichts sagen. Aber was mag wohl daraus geworden sein, in diesem Falle, die Gewebe, die ich war, ich sehe sie nicht mehr, ich fühle sie nicht mehr, um mich herum hängend, in mir, bah, sie werden sich wohl noch irgendwo herumtreiben, wobei sie sich als mich ausgeben. Habe ich jemals daran geglaubt, habe ich mich jemals darin geglaubt, such lieber dort herum, such dort herum lieber, du bist vielleicht immer schon da, ganz simpel, nur vom Gegenteil überzeugt. Die Augen, ja, wenn diese Erinnerungen meine sind, ich habe daran glauben müssen, einen Moment, glauben müssen, mich darin zu sehen, dunkel, in der Tiefe ihrer Perspektiven. Ich sehe mich mit diesen von hier, den seit langem versiegelten, mit denen von damals forschen, ich war wohl zwölf Jahre alt, wegen des runden Spiegels, eines Rasierspiegels mit zwei Seiten, einer vergrößernden und einer getreuen, ein einziges der anderen erforschen, der echten, der echten von damals, und mich darin sehen, mir einbilden mich darin zu sehen, zusammengekauert weit hinter bläulichen Schleiern, wie ich mich betrachtete, ohne mich zu sehen, mit zwölf Jahren, wegen des Spiegels, des drehbaren, wegen meines Vaters, wenn es mein Vater war, im Badezimmer, von wo aus man das Meer sah, und die Feuerschiffe nachts, und das rote Signal des Hafens, wenn diese Erinnerungen mich angehen, mit zwölf Jahren, oder mit vierzig, denn der Spiegel ist geblieben, mein Vater ist gegangen, aber der Spiegel ist geblieben, worin er sich so sehr verändert hatte, meine Mutter frisierte sich darin, mit zitternden Händen, in einem anderen Haus, von wo aus man nicht das Meer sah, von wo aus man das Gebirge sah, wenn es meine Mutter war, welch ein guter Happen Leben auf Erden. Ich war, ich war, sagen die im Purgatorium, auch die in den Höllen, herrliche Mehrzahl, wunderbare Gewißheit. In Eis getaucht, bis zu den Nasenlöchern, mit von gefrorenen Tränen verklebten Augenlidern, seine Feldzüge noch einmal erleben, welche Ruhe, und sich am Ende seiner Überraschungen wissen, nein, ich habe es wohl schlecht verstanden. Wieviel Stunden noch, bis zur folgenden Stille, es sind keine Stunden, es wird keine Stille sein, wieviel Stunden noch bis zur nächsten Stille? Ah, Bescheid wissen, dies Etwas endlos wissen, dies Etwas, dies Etwas, diesen Wirrwarr aus Stille und Worten, aus Stillen, die keine sind, aus Worten, die nur Raunen sind. Oder wissen, daß es noch Leben ist, eine Form von Leben, geweiht zu enden, wie andere haben enden können, wie andere werden enden können, bevor das Leben endet, in allen seinen Formen. Worte, Worte, meines war immer nur das, wirr, das Babel aus Stillen und Worten, meines, mein Leben, das ich beendet nenne, oder künftig, oder immer noch im Gange, je nach den Worten, je nach den Stunden, wenn es nur noch andauert, in dieser seltsamen Weise. Erscheinungen, Wärter, welche Kinderei, und Kobolde, wenn ich bedenke, daß ich Kobolde sagte, weiß ich überhaupt, was das bedeutet, natürlich weiß ich es nicht, und das, was geschieht, in der Zwischenzeit, als ob ich es nicht wüßte, als ob es zwei Etwas gäbe, etwas anderes als dieses Etwas, was ist das, dieses unnennbare Etwas, das ich nenne, nenne, nenne, ohne es zu verschleißen, und so was heiße ich Worte. Ich bin eben nicht auf die rechten gestoßen, die, welche töten, aus der Säure dieses ekelhaften Breis sind sie mir noch nicht aufgestoßen, aus diesem Wortbrei, mit welchen Worten soll man sie nennen, meine unnennbaren Worte. Ich hoffe jedoch, das schwöre ich, eines Tages eine Geschichte erzählen zu können, noch eine, mit Menschen, Arten von Menschen, wie damals, als ich an nichts zweifelte, an beinahe nichts. Aber zunächst muß ich den Mund schließen und weiter weinen, mit weit geöffneten Augen, damit das kostbare Naß sich frei verliert, ohne die Augenlider zu ätzen, oder die Kristallinse, ich weiß nicht mehr, was es ätzt. Nanu, sollte dies der Ton und Tenor sein, ganz simple Schluchzer? Es wäre zu schön. Übrigens, keine Träne, keine einzige, ich könnte eher noch lachen. Auch nicht. Ernst, ich werde ernst sein, ich werde nicht mehr zuhören, ich werde den Mund schließen und ernst sein, die Stunde ist gekommen, sie ist wiedergekommen. Und würde er wieder geöffnet, wer weiß, so nur, um eine Geschichte zu sagen, im wahren Sinne der Worte, des Wortes sagen, des Wortes Geschichte, ich hoffe es, eine kleine Geschichte, mit lebenden Wesen, die auf einer bewohnbaren, mit Toten vollgepfropften Erde hin und her gehen, eine kurze Geschichte, im Kommen und Gehen von Tag und Nacht, wenn sie so lange reichen, die übriggebliebenen Worte, ich hoffe es, ich schwöre es.

VII

Habe ich alles versucht, gut überall herumgespürt, leise, geduldig lauschend, ohne Lärm zu machen? Ich meine es ernst, wie so oft, ich möchte wissen, ob ich alles getan habe, bevor ich mich abschrieb und aufgab. Überall, ich meine an den Orten, wo ich sein konnte, wo ich mich einst aufhielt und darauf wartete, hinauszukönnen, an den bewährten Orten, das ist alles, was ich meinte, als ich überall sagte. Einst, ich meine, als ich mich noch bewegte, als ich fühlte, daß ich mich bewegte, mühsam, kaum, wobei ich im ganzen doch unleugbar den Platz wechselte, was die Bäume, die Sandflächen, die Gipfelluft und die Straßenpflaster bewiesen. Dieser Ton ist verheißungsvoll, er ist eher der vom Vorjahr, der Tage und Nächte, während deren ich ruhig war, trotz allem, während deren ich den unnützen Weg immer wieder zurücklegte, wissend, daß er kurz war und sanft, vom Sirius aus gesehen, und ruhig wie der Tod, im Herzen meines Wahns. Meine Frage, ich hatte eine Frage, ach ja, ob ich alles versucht habe, ich sehe sie noch, aber sie schwindet dahin, leichter als Luft, wie eine Wolke, in einer Mondnacht, vor dem Dachfenster, vor dem Mond, wie der Mond, vor dem Dachfenster. Nein, auf ihre Art, ich kenne sie gut, wie ein Schatten, dem man abends nachschaut, während man an etwas anderes denkt, geistesabwesend, ja, das ists, geistesabwesend, und mit abwesenden Augen, ja, auch mit abwesenden Augen. Ah, wenn man sprechen muß, dann alles ohne Seele sagen, wie in einem Salon, nein, ich habe nur einen einzigen Wunsch, wenn ich ihn noch habe. Aber noch etwas, bevor es ernst wird, ich habe gerade noch Zeit, wenn ich mich beeile, gerade noch Zeit, in der Öde all dieser Zeit. Etwas anderes, ich nenne es etwas anderes, dieses alte Etwas, das ich zu verschweigen mich abmühe, während ich die Momente enteilen sehe, mit Wonne, ich nenne es Wonne, ich spreche von Wonne, anstatt die Gelegenheit auszunützen, sie kehrt so bald nicht wieder, wenn ich mich recht erinnere, doch, kehrt wieder, das ist mein Trost, mit ihrer Fantasia von Momenten. Ich bin es übrigens nicht, ich spreche nicht von mir, ich habe es hunderttausendmal gesagt, sinnlos, mich dafür zu entschuldigen, zu entschuldigen, daß ich von mir spreche, wo es doch X gibt, als Paradigma des menschlichen Geschlechts, das sich beliebig bewegt, mit Freuden und Schmerzen, vielleicht mit Frau und Kindern, bestimmt mit Vorfahren, ein Gerippe nach dem Ebenbild Gottes und ein zeitgemäßer Kopf, vor allem aber zur Bewegung befähigt, vor allem, das ist erstaunlich, mit einem so bildhaften Äußeren und einer so lehrreichen Seele, daß fürwahr, von sich zu sprechen, wo es X gibt, nein, zum Glück spreche ich nicht von mir, hör auf, gemeiner Papagei, ich bring dich um. Und wenn ich während dieser ganzen Zeit, die ganze Zeit lang im Wartesaal dritter Klasse des Südostbahnhofs geblieben wäre, ich wagte nie beim Warten auf die Abfahrt die Klasse zu wechseln, wenn ich dort immer noch auf die Abfahrt wartete, nach dem Südosten, richtiger nach dem Süden, im Osten war das Meer, längs der ganzen Schienen, und mich dabei fragte, wo, wo ich nur aussteigen sollte, oder in Gedanken weit weg, woanders. Die letzte Abfahrt war um dreiundzwanzig Uhr dreißig, danach schloß man den Bahnhof, für die Nacht. Was für Erinnerungen, um mich glauben zu lassen, ich sei tot, ich habe es hunderttausendmal gesagt. Aber dieselben kommen immer wieder, wie die Speichen eines drehenden Rades, immer dieselben, die sich alle gleichen, wie Speichen. Und doch frage ich mich, jedesmal, wenn die Stunde wiederkehrt, in der ich es mich fragen muß, ob sich das Rad in meinem Kopf dreht, das frage ich mich, so sehr denke ich mit meinem Blut, und ob es sich nicht hin und her bewegt, wie die Unruhe in ihrem Gehäuse, und zwar nur mühsam in Anbetracht der zu zählenden Unermeßlichkeit und der Tatsache, daß Köpfe sich nur einmal aufziehen lassen, so sehr denke ich mit meinem

Atem. Verflixt, da bin ich schon wieder weit weg von der Endstation mit dem hübschen klassizistischen Säulengang, und von dem Klumpen aus Fleisch, Speck, Knochen und Borsten, der auf die Abfahrt wartet, nach er weiß nicht wohin, es sei denn, daß es nach Süden geht, vielleicht eingeschlafen, wobei er seine Fahrkarte, um sich eine Haltung zu verleihen, in der Hand hält, wenn sie nicht zwischen seine Füße gefallen ist, weil der Schlaf alles entkrampft hat, vielleicht träumend, er sei im Himmel, im Himmel ausgestiegen, oder vielmehr auf die Morgendämmerung, der vielmehr auf die Morgendämmerung wartet und auf die Freude, sich sagen zu können: Ich habe den ganzen Tag, um mich zu irren, um mich wieder zu fangen, um mich zu beruhigen, um aufzugeben, ich habe nichts zu fürchten, meine Fahrkarte gilt auf Lebenszeit. Habe ich da haltgemacht, bin ich es schon wieder, der da gerade und steif auf dem Rand der schmalen Bank sitzt, mit den Händen auf den Oberschenkeln, eingedenk der Gefahren des Sichgehenlassens, mit der Fahrkarte zwischen Daumen und Zeigefinger, in diesem Saal, den eine spärlich verglaste, mit einem Groom gewappnete Tür nur mit dem trüben Tageslicht der Bahnsteige beleuchtet, eingesperrt, in der Dunkelheit, da ist es, das bin ich. In diesem Falle ist die Nacht lang und ungewöhnlich still für den, der sich an die Geräusche der Stadt zu erinnern glaubt, trüb, es ist nur noch ein einziges Geräusch, nur noch die unmögliche Erinnerung an ein einziges trübes Geräusch, das die ganze Nacht dauerte, anschwellend und verebbend, aber keinen einzigen Augenblick durch eine Stille gestört, die mit dieser betäubenden Stille vergleichbar wäre. Woraus folgen sollte, aber dem ist nicht so, daß der Wartesaal dritter Klasse des Südostbahnhofs aus der Anzahl der zu besuchenden Orte zu streichen ist, siehe weiter oben, Jahrhunderte weiter oben, daß dieses Denkmal nicht mehr ich ist, und daß man anderswo suchen muß, wenn man es nicht aufgibt, und dafür wäre ich. Aber leise, alle Städte sind nicht ewig, sie ist vielleicht tot, die Stadt dieses Pensums, und der Bahnhof stillgelegt, wo ich mit aufrecht gestrafftem Oberkörper, mit den Händen auf den Oberschenkeln, mit der Ecke der Fahrkarte zwischen Daumen und Zeigefinger auf einen Zug warte, der nie ankommen wird, der nie wieder abfahren wird, in die Natur, oder auf den Anbruch des Tages, hinter der verschlossenen Tür mit der trümmerstaubschwarzen Scheibe. Darum sollte man sich nicht beeilen, Schlüsse zu ziehen, die Gefahr eines Irrtums ist zu groß. Und mich anderswo suchen, da wo das Leben andauert, während ich da bin, von wo sich alles Leben zurückgezogen hat, mit Ausnahme des meinen, wenn ich lebe, nein, das hieße seine Zeit verlieren. Und ich persönlich habe keine Zeit mehr zu verlieren, ich höre es sagen, und daß dies alles sein wird, für heute abend, daß die Nacht naht und es Zeit wird, zu beginnen.

VIII

Nur die Worte zerreißen die Stille, alles andere schweigt nun. Wenn ich schwiege, würde ich nichts mehr hören. Aber wenn ich schwiege, würden die anderen Geräusche wieder beginnen, für die mich die Worte taub machten, oder die wirklich aufhörten. Ich schweige aber, das kommt vor, nein, nie, nicht eine Sekunde. Ich weine auch, unaufhörlich. Es ist eine ununterbrochene Flut von Worten und Tränen. Das alles ohne Überlegung. Aber ich spreche leiser, jedes Jahr etwas leiser. Mag sein. Auch langsamer, jedes Jahr etwas langsamer. Mag sein. Es fällt mir schwer, es zu beurteilen. Die Pausen wären demnach länger, zwischen den Worten, den Sätzen, den Silben, den Tränen, ich verwechsele sie, Worte und Tränen, meine Worte sind meine Tränen, meine Augen mein Mund. Und ich müßte bei jeder kurzen Pause hören, ob es die Stille ist, wie ich sage, indem ich sage, daß nur die Worte sie zerreißen. Eben nicht, es ist immer das gleiche rauschende Raunen, ohne Pause, wie ein einziges endloses und folglich sinnloses Wort, denn das Ende verleiht den Worten ihren Sinn. Mit welchem Recht also, nein, diesmal merke ich, wohin es führt, und ich halte inne, indem ich sage, Mit gar keinem, mit gar keinem. Aber ich setze sie fort, die alte dumme Klage, und stelle mir bis zur Antwort eine neue Frage, die älteste, nämlich, ob das immer so war. Nun ja, ich werde mir etwas sagen (wenn ich es kann), das hoffentlich verheißungsvoll für die Zukunft ist, nämlich, daß ich beginne, überhaupt nicht mehr zu wissen, wie es sich ehemals abspielte (ich habe es gekonnt), und unter ehemals verstehe ich anderswo, die Zeit ist Raum geworden, und es wird keine mehr geben, solange ich hier nicht raus sein werde. Ja, meine Vergangenheit hat mich hinausgeworfen, ihre Gitter haben sich geöffnet, oder ich bin selbst ausgebrochen, vielleicht unterirdisch. Um mich eine Weile frei in einem Traum von Tagen und Nächten herumzuschleppen, träumend, ich ginge, von Jahreszeit zu Jahreszeit, auf eine letzte zu, wie ein Lebender, bevor ich plötzlich hier wäre, ohne Erinnerung. Von da an nichts mehr als Einbildungen und die Hoffnung, mir eine Geschichte zu ersinnen, von irgendwoher gekommen zu sein und dahin zurückkehren oder eines Tages fortfahren zu können, oder aber ohne Hoffnung. Ohne welche Hoffnung, ich habe es gerade gesagt, die, mich lebendig zu sehen, und nicht nur in einem eingebildeten Kopf, ein dem Sand geweihter Kieselstein, unter wechselndem Himmel, und ein wenig den Platz wechselnd, jeden Tag, jede Nacht, als ob das helfen könnte, weniger zu werden, immer weniger, ohne jemals zu verschwinden. Nein wahrhaftig, einfach irgend etwas, ich sage einfach irgend etwas, in der Hoffnung, eine Stimme zu verschleißen, einen Kopf zu verschleißen, oder ohne Hoffnung, ohne Grund, einfach irgend etwas, ohne Grund. Aber das wird enden, es wird eine Endung kommen, oder, noch besser, der Atem wird ausgehen, es wird die Stille sein, ich werde wissen, ob es eine Stille gibt, nein, ich werde niemals etwas wissen. Aber hier rauskommen, das wenigstens. Ich weiß nicht. Und daß die Zeit wiederkehre, der Himmel, die Schritte auf der Erde, die Nacht, die man dummerweise in der Frühe herbeiruft, und der Morgen, den man abends beschwört, nicht mehr anzubrechen. Ich weiß nicht, ich weiß nicht, was das alles heißen soll, der Tag und die Nacht, die Erde und der Himmel, die Rufe und die Beschwörungen. Und ich kann sie ersehnen? Wer sagt denn, daß ich sie ersehne, die Stimme sagt es, und daß es unmöglich sei, daß ich etwas ersehne, das scheint sich zu widersprechen, ich für mein Teil habe keine Meinung. Ich, hier, wenn sie sich auftun könnten, diese kleinen Worte, mich verschlingen und sich wieder schließen könnten, das ist es vielleicht, was gerade geschehen ist. Sie sollen sich also von neuem auftun und mich hinauslassen, in den Wirbel des Lichts, das meine Augen versiegelte, und der Menschen, damit ich versuche, von neuem einer zu sein. Oder man soll mich begnadigen, wenn ich schuldig bin, und mich sühnen lassen, in der Zeit, auf und ab gehend, jeden Tag etwas reiner, etwas abgestorbener. Denken zu wollen, das ist mein Fehler, einer meiner Fehler, selbst auf diese Weise, so wie ich bin, dürfte ich es nicht können, auch auf diese Weise nicht. Wen habe ich nur so schwer beleidigen können, daß ich auf diese unbegreifliche Weise bestraft werde, alles ist unbegreiflich, Raum und Bewußtsein, falsch und unbegreiflich, Leiden und Tränen, bis zu dem alten, paroxysmalen Schrei, Ich bin es nicht, ich kann es nicht sein. Leide ich eigentlich ob ich es nun bin oder nicht, Hand aufs Herz, gibt es Leiden? Nun ist hier, und hier gibt es doch keine Freimütigkeit, was ich auch sagen mag, es wird falsch sein, und es wird übrigens nicht von mir sein, ich bin hier nur eine Bauchrednerpuppe, ich fühle nichts, ich sage nichts, er hält mich in seinen Armen und bewegt meine Lippen mit einer Schnur, mit einem Angelhaken, nein, Lippen sind nicht nötig, alles ist dunkel, es ist niemand da, wo habe ich bloß den Kopf, ich habe ihn in Irland lassen müssen, in einer Kneipe, er muß noch dort sein, mit der Stirn auf der Theke, mehr hatte er nicht verdient. Aber der andere, der ich bin, blind, taub und stumm, Grund dafür, daß ich hier bin, in dieser schwarzen Stille, ohne mich bewegen und glauben zu können, diese Stimme sei meine. In ihm muß ich mich bis zu meinem Tode verstellen, für ihn bis dahin versuchen, nicht mehr zu leben, in dieser grabähnlichen Gruft, die seine sein soll. Wobei ich doch weiß, daß ich vor Sterblichkeit platze, dort oben, irgendwo in Europa wahrscheinlich, unterm saugenden und drückenden Himmel, jeden Tag etwas mürber, wie gestern in der Pumpe der Gebärmutter. Nein, es gesagt zu haben, überzeugt mich vom Gegenteil, ich habe nie das Licht der Welt erblickt, ebensowenig wie er, das ist eben die ganze negative Schönheit der Sprache, deren Negationen leider das gleiche Schicksal erleiden, was eben ihre Häßlichkeit ist. Den Moment gut wählen und schweigen, sollte dies das einzige Mittel sein, Dasein und Heimat zu haben? Aber ich bin hier, das zumindest ist gewiß, ich kann es noch so oft sagen und wiederholen, es bleibt wahr. Ja? Es fällt mir schwer, es zu beurteilen. Weniger wahr und weniger gewiß, als wenn ich sage, ich sei auf Erden, zur Welt gekommen und mir sei zugesagt, sie zu verlassen, darum sage ich es geduldig variierend, versuchend zu variieren, denn man kann nie wissen, es handelt sich vielleicht nur darum, auf das richtige Aggregat zu stoßen. Um endlich nicht mehr hier zu sein, niemals hier gewesen zu sein, sondern seit all der Zeit dort oben, mit einem Namen wie ein Hund, damit man mich rufen kann und mit besonderen Kennzeichen, damit man mich ausfindig machen kann, während die Brust sich von selbst füllt und leert und nach der großen Apnoe lechzt. Das richtige Aggregat, davon gibt es doch vier Millionen mögliche, besser wahrscheinliche, nach Aristoteles, der alles wußte. Aber was sehe ich, und womit, ein weißer Stock und ein Hörrohr, wo denn, auf der Place de la République, zur Pernodstunde, das wollen wir uns mal näher ansehen, ich bin es vielleicht endlich. Der in Ohrhöhe schwebende Schalltrichter gleicht plötzlich einer Dampfsirene, wie jene, die meinen steamers gestattet, in den Nebel zu stechen, mit halber Fahrt, das dürfte die Epoche bestimmen, auf etwa fünfzig Jahre genau. Der Stock tastet sich vor und stößt mit seinem beschlagenen Ende an die edlen Grundmauern der Magasins Réunis, es ist wahrscheinlich Winter, jedenfalls nicht Sommer. Ich erblicke, wenn ich mich etwas anstrenge, ebenfalls verschwommen, eine Melone, die man leider eine lächerliche Synthese von all denen nennen könnte, die mir nie gestanden haben, und an der anderen Extremität, ebenfalls verdächtige, zerrissene und klaffende gelbe Halbschnürstiefel. Diese Insignien, wenn ich so sagen darf, bewegen sich, wie durch das althergebrachte menschliche Bindemittel verbunden, gleichzeitig voran, halten an und ziehen, durch die breiten Schaufenster bestätigt, weiter. Das Niveau des Hutes, und folglich des Hörrohrs, verheißt mir ein wenig Zukunft als Zwerg oder zumindest als Buckligem. All das steht mir frei, all das ist verlockend. Werde ich da hineinschleichen, werde ich versuchen, meine Traumgebrechen noch einmal davon profitieren zu lassen, damit sie Fleisch werden und, sich verschlimmernd, um diesen grandiosen Platz kreisen, den ich vielleicht mit dem Bastille-Platz verwechsele, bis sie würdig für den nahen Père-Lachaise-Friedhof befunden werden, oder, besser noch, beim Versuch, die Straße zur Vesperstunde zu überqueren, vorzeitig Linderung finden. Nein, die Antwort lautet nein, denn beim Kreisen, und sogar im höchst pathetischen Moment des Ausstreckens der Hand, oder des Hutes, ohne vorherigen Gesang oder irgendein anderes Zugeständnis an die Eigenliebe, auf der Terrasse eines Cafés oder in einem Metroschacht, wüßte ich, daß ich es nicht bin, wüßte ich mich hier, bettelnd in anderer Finsternis, in anderer Stille, um ein anderes Almosen, nämlich das, zu sein oder aber, noch besser, aufzuhören, ohne gewesen zu sein. Und die vergebens alte Hand würde den Obolus fallen lassen, und die alten Füße würden wieder weitergehen, zu einem noch vergeblicheren Tod als dem von irgendwem.

IX

Wenn ich sagte, Dort gibt es einen Ausweg, dort irgendwo gibt es einen Ausweg, der Rest würde sich finden. Worauf warte ich nur, um es zu sagen, um es zu glauben? Und was bedeutet der Rest? Werde ich antworten, versuchen zu antworten, oder aber weitermachen, als ob ich nichts gefragt hätte? Ich weiß nicht, ich kann nichts wissen, weder im voraus, noch nachher, noch gleichzeitig, die Zukunft wird es lehren, ein naher oder ferner Moment, ich werde nicht hören, ich werde nicht verstehen, so sehr stirbt alles, kaum geboren. Und die Ja und Nein bedeuten nichts in diesem Munde, sie sind wie Mühsal skandierende Seufzer, oder sie sind Antworten auf eine nicht begriffene Frage, auf eine stumme Frage, in den Augen eines Stummen, eines Zurückgebliebenen, der nicht begreift, der nichts begriffen hat, der sich in einem Spiegel erblickt, der vor sich blickt, in die Wüste, mit aufgesperrten Augen, ja seufzend, nein seufzend, dann und wann. Es tut sich ja was im Kopf, das kommt vor, was heißt, daß dieselben Dinge wiederkehren, die einander mitreißen oder vorantreiben, man braucht nicht zu wissen welche. Es geht mechanisch, wie die großen Kälten, die großen Hitzen, die langen Tage, die langen Nächte des Mondes, das ist meine Überzeugung, denn ich habe Überzeugungen, wenn sie an der Reihe sind, dann habe ich keine mehr, so ist das, man muß es glauben, das heißt, man muß es sagen, da ich es gerade sagte. Der Ausweg, heute abend ist der Ausweg an der Reihe, könnte man es nicht für ein Duo halten, oder für ein Trio, ja, mitunter hört es sich so an, dann geht es vorüber und hört sich nicht mehr so an, hat sich niemals so angehört, hört sich wie nichts an, gleicht nichts, die Frage erhebt sich nicht, die Frage nach dem, was es ist. Welche Mannigfaltigkeit und zugleich welche Monotonie, wie mannigfaltig es ist und zugleich wie, wie soll man sagen, wie monoton. Wie bewegt es ist und wie ruhig zugleich, welche Wechselfälle im Herzen welches Unveränderlichen. Momente des Zögerns, eher seltene als häufige, wenn man wählen müßte, und schnell überwundene, zugunsten der alten Crux, von der zunächst alles abhängt, dann viel, dann wenig, dann nichts. Das ist es, Wortschwall, umhülle mich, Wortlawine, damit von niemandem mehr die Rede sei, weder von einer zu verlassenden Welt noch von einer zu erreichenden, auf daß es damit zu Ende sei, mit den Welten, den Personen, den Worten, dem Elend, dem Elend. Und kaum ist das gesagt, Ah, sage ich mir, damit hätte man rechnen müssen, wenn ich nur sagen könnte, Dort gibt es einen Ausweg, dort irgendwo gibt es einen Ausweg, wäre alles gesagt, es wäre der erste Schritt auf dem langen, gangbaren Weg, Endstation Grab, schweigend zu gehen, Schrittchen für Schrittchen, nicht wieder rückgängig zu machende, in den langen Gängen zuerst, dann in tödlicher frischer Luft, durch Tage und Nächte, immer schneller, nein, immer langsamer aus leicht begreiflichen Gründen, und dabei doch immer schneller, aus anderen leicht begreiflichen Gründen, oder aus denselben, anders begriffenen, oder genauso begriffenen, aber in einem anderen Moment, einem früheren Moment, einem späteren Moment, oder im selben Moment, es gibt ihn nicht, es würde ihn nicht geben, ich fasse zusammen, unmöglich. Wüßte ich, woher ich gekommen bin, nein, ich hätte eine Mutter, ich hätte eine Mutter gehabt, und woraus ich hervorgegangen bin, mit welcher Mühe, nein, ich hätte es vergessen, alles vergessen, was läßt mich dies sagen, was mich jenes sagen läßt, was mich alles sagen läßt, und das ist nicht sicher, nicht so sicher wie es die Mutter wäre, wie es das Grab wäre, wenn es einen Ausweg gäbe, wenn ich sagte, daß es einen Ausweg gäbe, laßt es mich sagen, Dämonen, nein, ich werde nichts verlangen. Ja, ich hätte eine Mutter, ich hätte ein Grab, ich wäre nicht hieraus hervorgegangen, man geht hieraus nicht hervor, das ist hier mein Grab und meine Mutter, heute abend ist das alles hier, ich bin tot und in Geburt begriffen, ohne geendet zu haben, ohne beginnen zu können, das ist mein Leben. Wie vernünftig dies ist, und worüber beklage ich mich nur, nicht mehr auf und ab zu gehen, vor dem Friedhof, indem ich mir sage, Wenn diese Komödie nur solange dauert, daß ich enden kann, sollte dies meine Klage sein, es ist möglich. Ich hatte recht, besorgt zu sein, und mich dabei zu fragen worüber, und ich suchte auf und ab gehend, was es wohl sein könnte, und ich fand es, indem ich mir sagte,

Das bin ich nicht, ich habe noch nicht begonnen, man hat mich noch nicht gesehen, und indem ich mir sagte, Doch, doch, das bin ich, und zwar, was mehr ist, im Begriff, nicht mehr zu sein, und den Schritt beschleunigend, um vor der folgenden Bedrängnis anzukommen, als liefe ich auf der Zeit, und indem ich mir sagte, und und so weiter. Ich blieb sicherlich nicht unbemerkt, seit all der Zeit, und doch hätte man nicht gesagt, daß ich nicht unbemerkt blieb. Ich meine nicht das Guten-Tag-Sagen, es hätte niemanden so verwirrt wie mich, fast ebenso wie ein Zeichen mit dem Kopf, oder mit der Hand. Aber die anderen Zeichen, die nicht zu unterdrückenden, Zuckungen und Grimassen, durch die man unwillkürlich von den Leuten bestätigt wird, auch die nicht, scheint mir, wenn nicht vielleicht seitens der immerhin gut abgerichteten, mit Scheuklappen versehenen Pferde, die die Leichenwagen zogen, und auch da maß ich mir vielleicht zuviel Ehre an. Fürwahr, ich finde kein einziges Gesicht wieder, das ist doch der Beweis dafür, daß ich nicht da war, nein, das beweist nichts. Die Tatsache aber, nicht belästigt worden zu sein, ist es möglich, daß ich dafür unempfindlich geblieben bin. Leider glaube ich, daß sie sich bei mir zu den verbindlichsten Roheiten hätten hinreißen lassen können, ich sage nicht, ohne daß ich es gemerkt hätte, aber ich sage, ohne daß es mir geholfen hätte, mich mehr dort zu fühlen als anderswo. Und ich habe vielleicht die Hälfte meines Lebens in den Gefängnissen ihres Arkadiens verbracht, um für die Delikte der anderen Hälfte zu büßen, ohne daß mir mein problematisches Wacheschieben, in der Freiheit, vor dem Friedhofstor, durch einen einzigen Augenblick Rast erleichtert zu werden schien. Und wenn sie aus Überdruß, zu sehen, wie ich mich nach jeden Zwangsferien erhob und wieder zum Friedhofstor zurückkehrte, sich erlaubt hätten, ihren Schlägen ein wenig Nachdruck zu verleihen, gerade genug, um den Tod zu vergönnen, ohne sich im geringsten über die Leiche herzumachen, dort, am Friedhofstor, wo ich erschienen war, am gleichen Morgen, nachdem man mich nach bezahlter Schuld, an die Gesellschaft, kaum wieder losgelassen hatte, und meinem alten Vergehen wieder frönte, hin und her, bald mit langsamen, bald mit hastigen Schritten, gleich denen des Verschwörers Catilina, als er auf den Ruin des Vaterlandes sann, wobei ich mir sagte, Das bin ich nicht, doch ich bins, und wobei ich mir sagte, Dort gibt es einen Ausweg, nein, nein, ich verwechsele etwas, ich muß hier und dort verwechseln, jetzt und damals, genauso wie ich sie damals verwechselte, das Hier von damals, das Damals von dort, mit anderen Räumen und anderen Zeiten, schlecht wahrgenommen, aber nicht schlechter als jetzt, jetzt, da ich hier bin, wenn ich hier bin, und nicht mehr dort, vor dem Friedhof, ratlos auf und ab gehend. Oder habe ich mich nur hingesetzt, am Ende, mit dem Rücken an die Mauer, vor mir die lange Nacht, während der die Toten im Totenhemd auf ihrem Totenbett oder im Sarg liegend darauf warten, daß die Sonne aufgeht. Was mache ich bloß, ich versuche, festzustellen, wo ich bin, um gegebenenfalls anderswohin gehen oder mir sagen zu können, Nur warten, man möge mich abholen, das ist mein Eindruck, mitunter. Dann vergeht er und, nein, ich merke, daß es nicht so ist, es ist etwas anderes, schwer zu Fassendes, das ich nicht fasse, oder fasse, je nachdem, und das läuft auf das gleiche hinaus, denn das ist es auch nicht, sondern noch etwas anderes, oder das erste, das wiederkehrt, oder es ist immer dasselbe, dieselbe Sache, die sich meiner Ratlosigkeit anbietet und verschwindet, bevor sie sich ihr von neuem anbietet, meiner ungestillten oder vorübergehend verhungerten Ratlosigkeit. Der Friedhof, ja, dorthin werde ich zurückkehren, heute abend dorthin, von meinen Worten getragen, wenn ich hier raus könnte, das heißt, wenn ich sagen könnte, Dort gibt es einen Ausweg, dort irgendwo gibt es einen Ausweg, genau zu wissen wo, wäre eine einfache Frage der Zeit, und der Geduld, und des folgerichtigen Denkens, und des treffenden Ausdrucks. Aber der Körper, um dorthin zu gehen, wo ist der Körper? Das ist nebensächlich, das ist nebensächlich. Und ich bin ruhig, ich würde dorthin gehen, zum Ausweg, früher oder später, wenn ich sagte, er sei dort, irgendwo, die anderen Worte würden mir einfallen, früher oder später, und das Nötige, um dorthin gehen zu können, und dorthin zu gehen, und hindurchzugehen, und die schönen Dinge zu sehen, die der Himmel trägt, und die Sterne wiederzusehen.

X

Aufgeben, es ist doch alles aufgegeben, das ist nichts Neues, ich bin nichts Neues. Es hat also einmal etwas gegeben. Man muß glauben, es sei wahr, aber wissen, daß es falsch ist und es nie etwas anderes gab als Aufgeben. Da man aufgeben gesagt hat, sagt man das Aufgeben, ohne es zu meinen. Aber angenommen, es sei nicht so, das heißt, angenommen es sei so, daß es einmal etwas gegeben hat, in einem Kopf, in einem Herzen, in den Händen, bevor sich alles öffnete, leerte, wieder schloß, erhärtete. Jetzt sind wir wieder ruhig, nachdem es uns heiß geworden ist, und imstande weiterzumachen, noch einmal. Aber das ist nicht die Stille. Nein, es spricht, irgendwo spricht man. Um nichts zu sagen, gewiß, aber genügt es, um irgend etwas zu bedeuten? Ich sehe, was es ist, der Kopf ist hinter dem Rest zurückgeblieben, sowie sein Anus, der Mund, oder er macht ganz allein weiter, ganz allein auf seinen alten Irrpfaden, seine alte Scheiße scheißend und wieder hinunterschlingend, von den Hängelippen wieder erfaßt, wie damals, als er glaubte, ein Ganzes zu sein. Nur das Herz ist nicht mehr dabei, der Appetit auch nicht. Und da ist sie, da ist sie wieder, unverfälscht, auf meinem Aktivposten, diese alte, niemals gleiche, aber für immer beendete, für immer endende Vergangenheit, und alles, was sie an Verheißungen für morgen und an Trost für sofort enthält. Und ich bin wieder in guten Händen, sie halten mir den Kopf, von hinten, sonderbare Einzelheit, wie beim Friseur, und mit ihren Zeigefingern halten sie mir die Augen zu und mit ihren Mittelfingern die Nasenlöcher und mit ihren Daumen die Ohren, aber schlecht, damit ich höre, aber schlecht, und mit den vier anderen behandeln sie Kiefer und Zunge, damit ich ersticke, aber schlecht, und zu meinem Besten sage, was ich sagen muß, zu meinem künftigen Besten, das alte Lied, und zwar in diesem Moment, daß es nur ein schlechter Moment ist, der durchzumachen ist, ein Moment der Rast, der sich ohne sie fatal auf mich hätte auswirken können, und daß ich eines Tages wieder wissen werde, daß ich war, und ungefähr wer, und wie ich weitermachen und für mich allein sprechen soll, freundlich, über meine Wenigkeit und über die bleichen Ihresgleichen. Und es mag sein, denn ich darf es noch nicht zu laut behaupten, es würde mir nichts einbringen, daß noch andere Finger, mag sein, daß noch andere Finger, andere Fühler, so ist es, andere gute Schröpfköpfe, aber wir wollen uns nicht mit solchen Kleinigkeiten aufhalten, meine Erklärungen notieren, damit ich mir am Ende des unendlichen Deliriums, wenn es jemals wieder von neuem beginnt, nicht den Vorwurf zuziehe, einmal schlapp gemacht zu haben. Es geht schlecht, schlecht, aber es geht, das ist schon etwas. Und nebenan, mag sein, daß man nebenan und rundherum andere Seelen massiert, in Ohnmacht gefallene Seelen, die krank sind, weil sie zuviel gedient haben, oder nicht dienen konnten, aber noch geeignet zum Dienst sind, oder bestimmt zum Wegwerfen, bleiche Seelen, die meiner gleichen. Oder ist es der Ort und die Stunde unserer endlichen Übergabe an die Körper, wie die der Körper an die Erde in der Stunde ihres endlichen Todes, und zwar dort, wo sie sterben, um zusätzlich Kosten zu vermeiden, oder einer neuen Verwendung von Seelen, Seelen gestorbener Kinder, oder von vor dem Körper gestorbenen, oder jung gebliebenen, inmitten der Trümmer, oder von solchen, die nicht gelebt haben, nicht zu leben wußten, aus dem einen oder anderen Grunde, oder von unsterblichen Seelen, so was muß es auch geben, die sich immer im Körper getäuscht haben, die jedoch vom richtigen inmitten der zu gebärenden Scharen erwartet werden, vom richtigen Grabeskörper, denn die lebenden sind alle bedient. Nein, keine Seelen, keine Körper, weder Geburt noch Leben, noch Tod, man muß ohne all das weitermachen, all das ist an Worten gestorben, all das ist zuviel Worte, sie können nichts anderes sagen, sie sagen, es gäbe nichts anderes, daß hier nichts anderes sei, aber sie werden es nicht mehr sagen, sie werden es nicht immer sagen, sie werden etwas anderes finden, ganz gleich was, und ich werde weitermachen können, nein, ich werde aufhören können, oder ich werde beginnen können, eine brühwarme Lüge, und die meine Zeit mitmachen wird, die mir eine Zeit machen wird, die mir einen Ort machen wird, und eine Stimme und eine Stille, eine Stimme aus Stille, die Stimme meiner Stille. Mit solchen Aussichten wollen sie einen geduldig stimmen, wo man doch geduldig ist, und ruhig, irgendwo ist man ruhig, welche Ruhe hier, fein, ich werde sie sagen, die Ruhe von hier, und wie wohl ich mich fühle, und wie still, ich werde mich daranmachen, die Ruhe und die Stille, die nichts jemals gestört hat, die nichts jemals stören wird, die ich, indem ich es sage, nicht stören werde und auch nicht, indem ich sage, sie sagen zu müssen, ich werde das alles morgen abend sagen, ja, morgen abend, kurzum, an einem anderen Abend, nicht heute abend, heute abend ist es zu spät, um es gut zu machen, ich werde schlafen, um mir sagen zu können, mich sagen zu hören, ein wenig später, Ich habe geschlafen, er hat geschlafen, aber er wird nicht geschlafen haben, oder aber er schläft, er wird nichts getan haben, nichts als weiterzumachen, was weiterzumachen, das, was er macht, ohne Pause, das heißt, ich weiß nicht, aufgeben, ich werde weiter aufgegeben haben, ohne irgend etwas gehabt zu haben, ohne da zu sein.

XI

Wenn ich denke, nein, das geht nicht, wenn die kommen, die mich gekannt haben, und die mich sogar noch kennen, vom Sehen natürlich, oder am Geruch, wenn ich daran denke, ist es, als ob, was denn, ich weiß nicht, ich weiß nicht mehr, ich hätte nicht beginnen sollen. Wenn ich wieder begönne und dabei achtgäbe, es führt manchmal zu guten Ergebnissen, man muß es versuchen, ich werde es versuchen, an einem der nächsten Tage, einem der nächsten Abende oder heute abend, bevor ich verschwinde, von dort oben, von hier unten, von den uralten Worten weggefegt. Ach was, eben nicht, eben nicht, ich dachte nicht mehr daran, ich war nicht mehr ganz dabei, eben nicht. Denn ich bin noch unterwegs, über Ja und über Nein, nach einem noch zu Nennenden, damit er mich in Frieden läßt, damit er den Frieden hat, damit er nicht mehr ist, damit er nie gewesen ist. Nennen, nein, nichts ist nennbar, sagen, nein, nichts ist sagbar, was denn, ich weiß nicht, ich hätte nicht beginnen sollen. Ihn dem Repertoire hinzufügen, das ists, und ihn verhunzen, wie ich mich verhunze, totes Stück für totes Stück, Abend für Abend, und Nacht für Nacht, und die ganzen Tage lang, aber es bleibt Abend, wie kommt es, daß es immer Abend ist, ich werde es sagen, um es gesagt zu haben, um es hinter mir zu haben, ein Augenblickchen. Die Zeit ist es nämlich, die in der Abendständchenstunde nicht mehr kann, es sei denn, es wäre die Morgenröte, nein, ich bin nicht draußen, ich bin unter der Erde, oder irgendwo in meinem Körper, oder in einem anderen Körper, und die Zeit frißt immer weiter, aber nicht mich, das ists, darum bleibt es eben Abend, damit ich das Beste vor mir habe, die lange, schwarze Nacht, um darin zu schlafen, das ist's, ich habe geantwortet, ich habe auf etwas geantwortet. Oder es ist im Kopf, wie eine Minutenuhr, eine Sekundenuhr, oder es ist wie ein Stückchen Meer, unter dem vorbeiziehenden Leuchtturm, vorbeiziehendes Meer unter dem vorbeiziehenden Leuchtturm. Leidige Worte, um mich glauben zu machen, daß ich da sei, und daß ich einen Kopf habe, und eine Stimme, einen Kopf, der dieses glaubt, der jenes glaubt, der nicht mehr glaubt, weder an sich selbst, noch an etwas anderes, aber einen Kopf, und eine dazugehörige Stimme, oder die Stimme anderer, anderer Köpfe, als wenn es zwei Köpfe gäbe, als wenn es einen Kopf gäbe, oder eine hohle, eine hohle Stimme, aber eine Stimme. Doch ich lasse mir nichts weismachen, in diesem Moment lasse ich mir nichts weismachen, in diesem Moment bin ich nicht da, und mehr noch, ich bin nicht woanders, weder als Kopf, noch als Stimme, noch als Hode, schade, schade, daß ich nirgendwo als Hode bin, oder als Fotze, da irgendwo jedenfalls, ein Härchen im Vlies, es kriegt tolle Dinge zu sehen, und von oben herab, na ja, so ist es. Und ich lasse sie sagen, meine Worte, die nicht mir gehören, mir, diesem Wort, diesem Wort, das sie sagen, aber vergebens sagen. Es geht voran, es geht voran, und wenn die kommen, die mich gekannt haben, schnell, schnell, es ist als ob, nein, zu früh. Aber ich schaffe es, kukkuck, da bin ich wieder, um der Sache willen, wie die Quadratwurzel von minus eins, ich, hochschulreif, sehen wir uns das mal an, diesen bleichen, mit Tinte und Marmelade beschmierten Kopf, ein caput mortuum einer fleißigen Jugend, mit abstehenden Ohren, schielenden Augen, spärlichem Haar, schäumendem Munde und kauend, was kaut er, Schleim, ein Gebet, eine Lektion, von allem etwas, ein für jeden Zweck gelerntes Gebet, vor dem Ende der Seele, und das ganz verkehrt auftaucht, in dem alten Mund, der am Ende seiner Worte ist, in dem alten Kopf, der nicht mehr zuhört, schon bin ich alt, das geht schnell, eine alte Rotznase, hochschulreif, im Zwei-Personen-Pissoir der Rue d'Assas, wo das Spülwasser genauso zischt wie vor sechzig Jahren, meinem liebsten, wegen der Reizwirkung, es hört sich an, wie wenn Mama pfeift, mit der Stirn an der Trennungswand, inmitten von Graffiti, mit der Prostata drükkend, hüstelnd die Jungfrau anflehend, bei zugeknöpftem Schlitz, ich erfinde nichts, aus Zerstreuung, oder Erschöpfung, oder Gleichgültigkeit, oder mit Absicht, damit es feuchter würde, ich versteh mich, oder als Krüppel, das ist besser, ohne Hände, ohne Arme, es ist vorzuziehen, alt wie die Welt, verrottet wie die Welt, überall amputiert, auf meinen treuen Stümpfen stehend, vor alter Pisse, alten Gebeten und alten Lektionen platzend, Gerippe, Seele und Schädel eng aneinander, ohne vom Spucken zu sprechen, sprechen wir nicht davon, von schleimgewordenen Schluchzern, direkt aus dem Herzen, jetzt ist das Herz dran, jetzt habe ich ein Herz, jetzt bin ich komplett, abzüglich einiger hochschulreifer Gliedmaßen, einiger ausgedienter, dabei gar nicht stolz, nichts fordernd, von Stoßgebeten geschüttelt, Jesus, Jesus. Abende, Abende, welche Abende denn, woraus bestehend, und wann, ich weiß nicht, aus freundlichem Schatten, freundlichen Himmeln, einer gesättigten Zeit, einer rastenden Zeit, vor der Medianoche, ich weiß es nicht, nicht besser als damals, als ich mir sagte, von drinnen, oder von draußen, von der Nacht, die nahte, oder von unter der Erde, von weitem jedenfalls, Wo bin ich, um nur vom Ort zu sprechen, und wie gemacht, und seit wann, um von der Zeit zu sprechen, und bis wann, und wer ist der Trottel, der nicht weiß, wohin er gehen soll, der nicht anhalten kann, der sich für mich hielt und für den ich mich hielt, ganz gleich was, immer der alte Singsang. Abende von damals, aber woraus besteht dieser Abend, der gar nicht endet, wo ich allein bin, da ist es, wo ich bin, wo ich damals war, wo ich immer gewesen bin, von wo ich zu mir sprach, von wo ich zu ihm sprach, und wo ist er hin, er, den ich sah, immer noch auf der Straße, wahrscheinlich, es ist möglich, der nicht weiß, wohin er gehen soll, der nicht anhalten kann, ohne Stimme, die zu ihm spricht, ich spreche nicht mehr zu ihm, ich spreche nicht mehr zu mir, ich habe niemand mehr zum Sprechen, und ich spreche, eine Stimme spricht, die nur meine sein kann, weil nur ich da bin. Ja, ich habe ihn verloren, und er hat mich verloren, aus den Augen verloren, aus den Ohren verloren, das wollte ich ja, ist es möglich, daß ich es gewollt habe, daß ich dies gewollt habe, und er, was wollte er, er wollte anhalten, vielleicht hat er angehalten, ich habe angehalten, aber ich habe mich doch nie bewegt, vielleicht ist er tot, ich bin tot, aber ich habe doch nie gelebt. Er aber ging auf und ab, Beweis für die Lebendigkeit, durch die Abende von damals, die sich auch bewegten, Abende mit Enden, Abende mit Nächten, ohne ein Wort zu sagen, ohne ein Wort sagen zu können, nicht wissend wohin, nicht anhalten könnend, meinen Schreien lauschend, schreien hörend, dies sei kein Leben, als ob er es nicht wüßte, als ob es sich um seines handelte, das eins war, das ist eben der große Unterschied, es war die gute Zeit, ich wußte weder, wo ich war, noch wie ich gemacht war, noch seit wann, noch bis wann, wogegen jetzt, das ist eben der große Unterschied, jetzt weiß ich es, es ist nicht wahr, aber ich sage es, das ist eben der große Unterschied, ich bin im Begriff, es zu sagen, ich werde es sagen, ich werde es endlich sagen, dann enden, ich werde enden können, ich werde nicht mehr sein, es wird der Mühe nicht wert sein, es wird nicht mehr nötig sein, es wird nicht mehr möglich sein, aber es ist der Mühe nicht wert, es ist nicht nötig, es ist nicht möglich, so denkt es sich fort. Nein, man muß etwas anderes finden, einen besseren Grund, damit es aufhört, ein anderes Wort, eine bessere Idee, im Negativ zu benützen, ein neues Nein, das alle anderen annulliert, alle die alten Neins, die mich hier hineingetaucht haben, in die Tiefe dieses Ortes, der keiner ist, der nur eine Zeit ist, eine vorläufig ewige, der Hier heißt, und dieses Wesens, das Ich heißt und keines ist, und dieser unmöglichen Stimme, all die alten Neins, die in der Finsternis hängen und wie eine Leiter aus Rauch schwanken, ja, ein neues Nein, das sich nur einmal sagen läßt, das seine Falltür öffnet und mich, den Schatten und das Geschwätz, in eine Abwesenheit verschlingt, die nicht so vergeblich ist wie die der Existenz. Oh, ich weiß, daß es nicht so geschehen wird, daß nichts geschehen wird, daß nichts geschehen ist, und daß ich immer noch, und besonders seitdem ich es nicht mehr glauben kann, bin, was man lebendig nennt, im Fleische irgendwo dort oben in ihrem tripperig tropfenden Licht, im Begriff, mich totzureden. Und eben darum ist es, wenn die Stunde jener, die mich kannten, kommt, diesmal wirds gehen, wenn die Stunde jener, die mich kennen, kommt, als ob ich unter ihnen wäre, das hatte ich eben zu sagen, unter ihnen mich kommen sehend, und mir dann kopfschüttelnd nachschauend und sagend, Ist er es wirklich, ist es möglich, bevor ich mit ihnen wieder einen Weg beschreite, der nicht meiner ist, und der mich mit jedem Schritt von jenem anderen entfernt, der es auch nicht sein kann, oder allein zurückbleibe, zwischen zwei auseinanderstrebenden Träumen, niemanden kennend, von niemandem gekannt, das ist im Grunde das, was ich zu sagen hatte, alles, was ich wohl zu sagen hatte, heute abend.

XII

Es ist eine Winternacht, dort wo ich war, sein werde, erinnert, eingebildet, ganz gleich, an mich glaubend, glaubend, daß ich es sei, nein, nicht der Mühe wert, da es die anderen gibt, wo denn, in der Welt der anderen, der langen tödlichen Strecken, unterm Himmel, mit einer Stimme, nein, nicht der Mühe wert, und das Nötige zum Bewegen, von Zeit zu Zeit, auch nicht, da die anderen vorbeigehen, die wirklichen, aber auf Erden, sicherlich auf Erden, für die Dauer eines neuen Todes, eines neuen Erwachens, bis es hier anders wird, bis etwas anders wird, das besser geboren werden, besser sterben, oder aber wiederauferstehen läßt, in die, aus der Tiefe dieses Raunens von Erinnerung und Traum. Eine Winternacht, ohne Mond, ohne Sterne, aber hell, er sieht seinen Körper, die ganze vordere Seite, einen Teil der vorderen Seite, was erhellt sie, diese unmögliche Nacht, diesen unmöglichen Körper, es ist in ihm meine Erinnerung, an die wirkliche Nacht, es ist mein Traum, von der Nacht ohne Morgen, und morgen, wie wird er es morgen machen, um morgen zu ertragen, die Dämmerung, den Tag, er wird es wie gestern machen, wie er es gestern machte, um gestern zu ertragen. Es ist wahr, ich bin es nicht, noch nicht, jetzt nicht mehr, es ist ein Veteran, der Tage und Nächte, aber er vergißt, er träumt von mir, zuviel von mir, und die Dämmerung ist noch weit, sie hat vielleicht Zeit, endlich nicht mehr anzubrechen. Das sagt er, mit seiner Stimme, die ihn verläßt, vielleicht diese Nacht, und er sagt, Wie hell ist es, wie werde ich es morgen machen, wie machte ich es gestern, bah, es ist das Ende, morgen ist weit, und wer spricht so zu mir, und wer verleugnet mich so, als hätte ich seinen Platz eingenommen, als hätte ich sein Leben usurpiert, alte Scham, die mich hinderte, zu leben, die Scham, mich lebend am Leben gehindert zu haben, und so weiter, den alten Nonsens brummelnd, mit dem Kinn auf dem Herzen, mit schlenkernden Armen, geknickten Knien, in der Nacht. Wird es ihnen gelingen, mich in ihn hineinzuschieben, die Erinnerung und den Traum von mir, in ihn, der noch lebt, und bin ich nicht schon, seit jeher, wie eine Reue in ihm ausgebreitet, und ist das nicht meine Nacht und mein Nichterscheinen, im Geheimsten dieses Sterbenden, und dessen Tod meine letzte Frist, um gelebt zu haben, und wer redet so irre, bah, es gibt überall Stimmen, überall Ohren, einer, der spricht und fragt indem er spricht, Wer spricht, und worüber, und einer, der hört, stumm, ohne zu begreifen, fern von allen, und überall zusammengesunkene, erstarrte Körper, in denen ich ebensoviele Chancen haben muß, ebensowenige, wie in diesem ersten besten. Und keiner wird warten, er ebensowenig wie die anderen, keiner hat je gewartet mit dem Sterben, bis ich in ihm lebte, um mit ihm sterben zu können, sondern sie sterben alle schnell schnell und sagen sich: Sterben wir schnell, ohne ihn, wie im Leben, solange es Zeit ist, bevor wir nicht gelebt haben. Und jener andere, natürlich, was soll man von jenem anderen sagen, der so irre redet, von einem zu versehenden Ich und einem unversehenen Er, jener andere ohne Numerus noch Person, dessen verlassenes Sein wir heimsuchen, nichts. Das ist ein hübsches Trio, und wenn man bedenkt, daß das alles nur eins ist, und daß dieses Eine gar nichts ist, und was für ein Nichts, es taugt nichts. Also, sollte ich sagen, sollte ich jetzt sagen, das ist also die Erde, dieses gerade noch lebendige Gewebe, das mir bestimmt war, und das, wieder zurückgenommen, einem andern bestimmt würde, danke, und lachen, das lange, stille Lachen des selbstbewußten Nichtexistierenden, so große Worte mir in den Mund legen zu hören, welch ein Humor, geben Sie zu, daß Sie weich werden, bald werden Sie sogar radfahren. Da, der Chor der Arithmetiker, sie stimmen zu, wie ein einziger Mann, noch einer, und es ist noch nicht zu Ende, alle Völker würden nicht genügen, am Ende der Billionen wäre ein Gott nötig, der Zeugen Zeuge ohne Zeugen, gut, daß es mißlungen ist, daß es nichts Begonnenes gegeben hat, nichts niemals gegeben hat als niemals und nichts, es ist ein wahres Glück, nichts und nimmer als tote Worte.

XIII

Sie wird noch schwächer, die alte, schwache Stimme, die mich nicht zu machen verstand, sie entfernt sich noch mehr, um zu sagen, daß sie geht, um anderswo zu versuchen, oder sie wird leiser, wie soll man das wissen, um zu sagen, daß sie aufhören, nicht mehr versuchen wird. Es hat nur sie gegeben, sagt sie, als Stimme in meinem Leben, wenn man von mir sprechend von Leben sprechen kann, und sie kann es, sie kann es noch, wenn nicht von Leben, hier erlischt sie, wenn nur dieses, wenn nur jenes, hier erlischt sie, wenn sie von mir sprechend, hier erlischt sie, aber wer soviel kann, kann auch dies, worüber kann der nicht sprechen, der über mich sprechen kann, bis zu einem gewissen Punkt, bis zu dem Moment, wo sie erlischt, sie kann es nicht mehr, über mich sprechen, hier, anderswo, sagt sie, murmelt sie. Wer, es ist niemand, es ist niemand da, es ist eine Stimme ohne Mund, und ein Gehör irgendwo, etwas, das hören muß, und eine Hand irgendwo, sie nennt das eine Hand, sie will eine Hand machen, kurz, irgend etwas, irgendwo, das Spuren hinterläßt, von dem, was geschieht, von dem, was gesagt wird, es ist wirklich das Minimum, nein, es ist wie im Roman, immer noch wie im Roman, nur die Stimme ist, raunend und Spuren hinterlassend. Spuren, sie will Spuren hinterlassen, ja, wie die Luft sie im Laub hinterläßt, im Gras, im Sand, damit will sie ein Leben machen, aber es ist bald vorbei, es wird kein Leben geben, es wird kein Leben gegeben haben, es wird Stille sein, die Luft, die noch einen Augenblick bebt, bevor sie für immer erstarrt, ein Stäubchen, das ein Weilchen herabsinkt. Luft, Staub, es gibt hier weder Luft, noch irgend etwas, das stauben könnte, und von Augenblicken, Weilchen zu sprechen, das will nichts heißen, aber das ist es ja eben, dies sind die Worte, die sie braucht, die immer gesprochen hat, die immer sprechen wird, von Dingen, die nicht existieren, oder die anderswo existieren, wenn man will, wenn das existieren ist, aber das ist es ja eben, es handelt sich eben nicht um anderswo, es handelt sich um hier, ah, sie ist endlich so weit, so weit wie immer, man hätte hier hinausgelangen, woanders hingehen müssen, dahin, wo die Zeit vergeht, und die Atome sich sammeln, ein Weilchen, dahin, wo sie vielleicht herkommt, woher sie manchmal sagt gekommen sein zu müssen, um über soviel Schimären sprechen zu können. Ja, hier hinausgelangen, aber das ist es ja eben, es ist leer, kein Stäubchen, kein Hauch, nur der ihre, er kann sich noch so viel bewegen, es entsteht nichts. Wenn ich da wäre, wenn sie mich hätte machen können, wie würde ich sie beklagen, soviel vergebens gesprochen zu haben, nein, das geht nicht, sie würde nicht vergebens gesprochen haben, wenn ich da wäre, und ich würde sie nicht beklagen, wenn sie mich gemacht hätte, ich würde sie verfluchen, oder ich würde sie segnen, sie würde in meinem Munde sein, fluchend, segnend, wen, was, sie würde es nicht sagen können, sie würde nicht mehr viel sagen können, in meinem Munde, sie, die soviel vergebens zu sagen wußte. Was für Versuchsballons, sie mögen verschwinden, es sind die letzten. Aber dies Erbarmen, dies Erbarmen trotz allem, das in der Luft liegt, obgleich es hier keine Luft gibt, die Erbarmen tragen könnte, aber es ist eine Redensart, muß man dabei innehalten, sich fragen, woher sie kommt, sie fragt es sich, und ob es nicht eine kleine Hoffnung ist, die boshaft in der trügerischen Asche glimmt, eine andere Redensart, die kleine Hoffnung eines kleinen Wesens immerhin, menschlichen Geschlechts, Tränen in den Augen, bevor es irgend etwas gesehen hat, nein, man muß nicht, ebensowenig wie beim Rest, man muß bei nichts mehr innehalten, nichts darf sie mehr anhalten, bei ihrem Sturz, oder bei ihrem Aufstieg, sie wird sich vielleicht gellend oder brüllend vollenden. Es war zwar nicht oft die Rede vom Herzen, im wörtlichen und übertragenen Sinne, aber das ist kein Grund zu hoffen, was, daß es jemals eins geben wird, nach oben zu schicken, auf daß es zwischen den Schattenrissen platze, leider, leider. Aber worauf wartet sie eigentlich noch, da es entschieden ist, da es unausbleiblich ist, um ihre große, tote Klappe zu halten, wieder eine Redewendung, vielleicht bis sie alle ihre Albernheiten versammelt hat, in einer dem Übrigen würdigen Kadenz. Letzte, uralte Fragen, Kleinmädchenposen in den allerletzten Laken, letzte Bilder, Ende der Träume, des Seins, das kommt, des Seins, das vergeht, des Seins, das war, Ende der Lügen. Ist es möglich, ist dies endlich was möglich ist, daß dieses schwarze Nichts samt seinen unmöglichen Schatten erlischt, dies endlich, was zu machen ist, daß das Nicht-zu-machende ein Ende nimmt und daß die Stille schweigt, sie fragt es sich, diese Stimme, die Stille ist, oder ich, wie soll man es wissen, mit meinem Ich aus drei Buchstaben, das alles sind Träume, Stillen, die einen soviel wert wie die anderen, sie und ich, sie und er, ich und er, und all die unsern, und all die ihren, und all die ihren, aber von wem, Träume von wem, Stillen von wem, alte Fragen, letzte Fragen, von uns, die Traum und Stille sind, aber es ist vorbei, wir sind vorbei, die nie gewesen sind, es wird da nichts mehr geben, wo es nie etwas gab, letzte Bilder. Und wer schämt sich bei jedem stummen Millionstel einer Silbe, mit einer unauslöschlichen Unendlichkeit von sich Biß auf Biß vertiefenden Gewissensbissen, diesseits vom mindesten Gemurmel, soviel Lügen hören zu müssen, sagen zu müssen, so oft dieselbe lügnerisch geleugnete Lüge, wer, dessen brüllende Stille Wunde des Ja und Messer des Nein ist, sie fragt es sich. Aber der Wunsch zu wissen, was ist aus ihm geworden, sie fragt es sich, er ist nicht dabei, das Herz ist nicht dabei, der Kopf ist nicht dabei, niemand fühlt etwas, fragt etwas, sucht etwas, sagt etwas, hört etwas, es ist die Stille. Es ist nicht wahr, doch, es ist wahr, es ist wahr und es ist nicht wahr, es ist die Stille und es ist nicht die Stille, es ist niemand da und es ist jemand da, nichts verhindert nichts. Und wenn die Stimme, die alte, schwächer werdende Stimme endlich schwiege, so wäre es nicht wahr, wie es nicht wahr ist, daß sie spricht, sie kann nicht sprechen, sie kann nicht schweigen. Und wenn es eines Tages an diesem Ort, wo es keine Tage gibt, der kein Ort ist, hervorgegangen aus der unmöglichen Stimme das nicht zu machende Sein gäbe und einen Beginn von Tageslicht, so wäre alles still und leer und schwarz wie jetzt, wie bald, wenn alles zu Ende, alles gesagt sein wird, sagt sie, murmelt sie.

Aus einem aufgegebenen Werk

Auf, frisch und früh an jenem Tage, ich war noch jung, fühlte mich gräßlich, und raus, Mutter hing in ihrem Nachthemd aus dem Fenster, weinend und winkend. Schöner, frischer Morgen, zu früh hell wie so oft, fühlte mich wirklich gräßlich, voller Grimm. Der Himmel würde sich bald verdunkeln, und es würde regnen und immerfort regnen, den ganzen Tag, bis zum Abend. Dann Blau und Sonne wieder, einen Augenblick, dann Nacht. Da ich dies alles fühlte, wie grimmig ich und was für ein Tag es war, blieb ich stehen und kehrte um. So zurück, mit gesenktem Kopf und offenen Augen für eine Schnecke, einen Schnegel oder einen Wurm. Dabei in meinem Herzen viel Liebe für alles, was ruhig und verwurzelt, Büsche, Felsbrocken und dergleichen, zu zahlreich, um sie zu nennen, sogar die Blumen auf dem Felde, um nichts in der Welt würde ich je bei vollem Verstand eine berühren, um sie zu pflücken. Wohingegen ein Vogel etwa, oder ein Schmetterling, der herumflattert und mir in den Weg kommt, alles, was sich bewegt und mir in die Bahn kommt, ein Schnegel etwa, der mir unter die Füße kommt, nein, kein Erbarmen. Nicht daß ich von meinem Wege abwiche, um ihnen beizukommen, nein, von weitem gesehen schienen sie oft regungslos zu sein, aber im nächsten Augenblick fielen sie über mich her. Vögel habe ich mit meinem durchdringenden Blick so hoch, so fern fliegen sehen, daß sie sich nicht zu rühren schienen, aber in der nächsten Minute waren sie alle um mich herum, Krähen haben das getan. Enten sind vielleicht am schlimmsten, plötzlich inmitten von Enten oder Hühnern oder anderem Federvieh herumzustapfen und zu -stolpern, etwas Schlimmeres gibt es kaum. Ich will auch nicht von meinem Wege abgehen, um solche Dinge zu vermeiden, wenn sie vermeidbar sind, nein, ich will einfach nicht von meinem Weg abgehen, obwohl ich in meinem Leben nie irgendwohin unterwegs, sondern einfach nur unterwegs war. Und auf diesem Wege bin ich durch große Dickichte gegangen, blutend, und tief in Sümpfe, auch ins Wasser, sogar ins Meer in gewissen Stimmungen, und von meiner Richtung abgedrängt oder zurückgetrieben worden, um nicht zu ertrinken. Und so werde ich vielleicht am Ende sterben, wenn sie mich nicht fangen, ich meine ertrinkend, oder im Feuer, ja, so werde ich es vielleicht am Ende schaffen, ungestüm kopfüber ins Feuer stürzen und zu Bröckeln verbrannt sterben. Dann hob ich den Blick und sah meine Mutter noch immer winkend am Fenster, mich zurückwinkend oder mich wegwinkend, ich weiß es nicht, oder einfach winkend, in trauriger, hilfloser Liebe, und ich hörte leis ihr Schreien. Der Fensterrahmen war grün, blaßgrün, die Hauswand grau und meine Mutter weiß und so schmal, daß ich an ihr vorbeisehen konnte (einen durchdringenden Blick hatte ich damals), an ihr vorbei in das Dunkel des Zimmers, und prall auf alledem die gerade aufgegangene Sonne, und alles klein wegen der Entfernung, das Ganze wirklich sehr hübsch, ich sehe es vor mir, das alte Grau und den schmalen grünen Rahmen und das schmale Weiß vor dem Dunkel, hätte sie nur ruhig sein können und mich alles betrachten lassen. Nein, das eine Mal, da ich stehenbleiben und etwas betrachten wollte, konnte ich es nicht, so wie sie da am Fenster winkte, wankte und vor- und zurückschwang, als ob sie Freiübungen machte, und, was weiß ich, sie tat es womöglich und kümmerte sich gar nicht um mich. Keine Zielstrebigkeit, das war auch etwas, das ich an ihr nicht leiden konnte. Eine Woche waren es Freiübungen und die nächste Beten und Bibellesen und die nächste Gartenarbeit und die nächste Klavierspielen und Singen, das war gräßlich, und dann nur Herumliegen und Ruhen, immer etwas anderes. Nicht daß es mir etwas ausmachte, ich war immer außer Hause. Aber nun weiter mit dem Tag, auf den ich verfiel, um damit zu beginnen, jeder andere hätte es ebensogut sein können, ja, weiter und aus dem Weg damit, und weiter zu einem anderen, genug von meiner Mutter, einstweilen. Nun denn, für eine Weile war alles gut, kein Ärger, keine Vögel um mich herum, nichts, das meine Bahn kreuzte, abgesehen von einem weißen Pferd in weiter Ferne, gefolgt von einem Knaben, oder es kann auch ein kleiner Mann oder eine kleine Frau gewesen sein. Dies ist das einzige vollkommen weiße Pferd, an das ich mich erinnere und das die Deutschen, glaube ich, einen Schimmel nennen, oh, ich war als Knabe sehr helle und schnappte viel Wissenswertes auf, Schimmel, schönes Wort für englische Zungen. Prall auf ihm die Sonne, wie kurz zuvor auf meiner Mutter, und mir schien, daß er einen roten Gurt oder Riemen um seine Flanke hatte, ich dachte, vielleicht ein Bauchgurt, vielleicht war das Pferd unterwegs, um irgendwo angespannt zu werden, an ein Wägelchen oder dergleichen. Es kreuzte meine Bahn weit weg von mir, dann verschwand es hinter Grün, nehme ich an, alles, was ich bemerkte, war das plötzliche Erscheinen des Pferdes, dann sein Verschwinden. Es war hell weiß, mit der Sonne darauf, ich hatte noch nie ein solches Pferd gesehen, wenn auch oft von ihnen gehört, und sah ein solches nie wieder. Ich muß sagen, daß Weiß mich immer stark beeindruckt hat, alles Weiße, Laken, Wände und so weiter, sogar Blumen, und dann das bloße Weiß, der Gedanke an Weiß, mehr nicht. Aber weiter mit dem Tag, und ihn hinter mich bringen. Dann eine Weile alles gut, nur der Grimm und dann dieses weiße Pferd, als mich plötzlich eine ganz wilde Wut packte, die mich blind machte. Warum nun diese plötzliche Wut, ich weiß es wirklich nicht, diese plötzlichen Wutanfälle, sie machten mein Leben zu einer Misere. Vieles andere auch, mein rauher Hals zum Beispiel, ich habe nie gewußt, wie es ist, keinen rauhen Hals zu haben, aber die Wutanfälle waren das schlimmste. Wie ein heftiger, plötzlich in mir aufkommender Wind, nein, ich kanns nicht beschreiben. Es war jedenfalls nicht der Grimm, der schlimmer wurde, es hatte nichts damit zu tun, an manchen Tagen war ich den ganzen Tag grimmig und hatte doch keinen Wutanfall, an anderen, für mich ganz ruhigen Tagen, hatte ich vier oder fünf. Nein, es ist unberechenbar, alles ist unberechenbar für einen Verstand, wie ich ihn immer hatte, immer auf der Hut vor sich selbst, ich werde vielleicht darauf zurückkommen, wenn ich mich nicht so schwach fühle. Es gab eine Zeit, da ich Erleichterung zu finden versuchte, indem ich meinen Kopf an irgend etwas schlug, aber ich gab es auf. Ich fand, daß es am besten sei, loszulaufen. Vielleicht sollte ich hier erwähnen, daß ich sehr langsam zu Fuß war. Ich bummelte oder schlenderte nicht etwa, ich ging nur sehr langsam, mit kurzen Schrittchen und sich ganz langsam durch die Luft bewegenden Füßen. Andererseits muß ich einer der schnellsten Läufer gewesen sein, die die Welt je gesehen hat, auf kurzen Strekken, fünf oder zehn Meter, im Nu war ich da. Aber ich konnte solche Geschwindigkeit nicht beibehalten, nicht aus Atemnot, es war geistig, alles ist geistig, Gespinste. Und andererseits war mir das Trotten ebensowenig möglich wie das Fliegen. Nein, alles an mir war langsam, und dann die Ausbrüche oder Aufwallungen, Mach dir Luft, das waren so Worte, die ich zu sagen pflegte, immer wieder, während ich einherging, Mach dir Luft, Mach dir Luft. Glücklicherweise starb mein Vater, als ich noch ein Knabe war, sonst wäre ich womöglich Professor, er hatte es sich von Herzen gewünscht. Ich war auch kein schlechter Schüler, kein Denker, aber ein famoses Gedächtnis. Eines Tages erzählte ich ihm etwas über Miltons Kosmologie, wir waren weit oben in den Bergen, lehnten an einem riesigen Felsblock zur See hin, das beeindruckte ihn sehr. Auch an Liebe dachte ich oft als Knabe, doch nicht soviel wie andere, sie ließ mich nicht schlafen, fand ich. Nie jemand geliebt, glaube ich, ich würde es noch wissen. Außer in meinen Träumen, und da waren es Tiere, Traumtiere, gar nicht mit denen zu vergleichen, die man im Lande herumlaufen sieht, ich könnte sie nicht beschreiben, liebliche Geschöpfe waren es, meistens weiße. In gewisser Hinsicht ist es vielleicht schade, eine gute Frau wäre vielleicht das Richtige für mich gewesen, ich würde mich nun in der Sonne rekeln, meine Pfeife schmauchen und die Hintern der dritten Generation tätscheln, angesehen und respektiert, mich fragen, was es wohl zum Abendessen gibt, anstatt bei jedem Wetter über die Straßen zu stromern, über dieselben alten Straßen, ich war nie ein Freund von unerforschtem Gelände. Nein, ich bedaure nichts, ich bedaure nur, geboren zu sein, Sterben ist eine so lange, mühselige Sache, fand ich immer. Aber nun weiter, von da ab, wo ich abgeschweift war, das weiße Pferd und dann die Wut, kein Zusammenhang, nehme ich an. Aber warum weiter mit alledem, ich weiß es nicht, eines Tages muß ich zu einem Ende kommen, warum nicht jetzt? Aber das sind so Gedanken, nicht meine, macht nichts, ich sollte mich schämen. Nun bin ich alt und schwach, qualvoll und schwächlich murmele ich, Warum, und halte inne, und die alten Gedanken wallen in mir auf und dringen in meine Stimme, die alten mit mir geborenen und mit mir gewachsenen und unterdrückten Gedanken, das ist wieder einer. Nein, zurück zu dem fernen Tag, irgendeinem fernen Tag, und von dem trüben gegebenen Boden die Augen zu seinen Dingen und seinem Himmel erhoben und wieder gesenkt, wieder erhoben und wieder gesenkt, und die Füße, nirgendwohin gehend, nur irgendwie nach Hause, morgens von zu Hause fort und abends wieder zurück nach Hause. Und das Geräusch meiner Stimme, den ganzen Tag dieselben alten Dinge brummelnd, auf die ich nicht höre, nicht einmal meine war es am Ende des Tages, wie ein Seidenäffchen mit buschigem Schwanz auf meiner Schulter, das mir Gesellschaft leistete. All dieses Gerede, sehr leise und heiser, kein Wunder, daß ich einen rauhen Hals hatte. Vielleicht sollte ich hier erwähnen, daß ich nie zu irgend jemandem sprach, ich glaube, mein Vater war der letzte, zu dem ich sprach. Meine Mutter war genauso, sprach nie, antwortete nie, seit meines Vaters Tod. Ich bat sie um das Geld, ich kann es jetzt nicht leugnen, das müssen meine letzten Worte zu ihr gewesen sein. Manchmal schrie sie mich laut an oder flehte, aber nie lange, nur ein paar Schreie, wenn ich dann aufblickte, preßten sich die armen alten dünnen Lippen fest zusammen, und der Körper wandte sich ab, und nur noch die Augenwinkel auf mir, aber das war selten. Manchmal nachts hörte ich sie sprechen, zu sich selbst, nehme ich an, oder laut beten, oder laut lesen, oder ihre Hymnen hersagen, arme Frau. Nun denn, nach dem Pferd und der Wut, ich weiß nicht, einfach weiter, dann die langsame Umkehr, nehme ich an, mehr und mehr nach der einen oder anderen Seite schwenkend, bis ich das Haus wieder vor mir hatte, dann nach Hause. Ah, mein Vater und meine Mutter, wenn ich bedenke, daß sie wahrscheinlich im Paradies sind, so gut waren sie. Laßt mich in die Hölle, das ist alles, worum ich bitte, und sie dort weiter verfluchen, und laßt sie herunterschauen und mich hören, das könnte den Glanz ihrer Seligkeit ein wenig trüben. Ja, ich glaube all ihr Geschwätz über das zukünftige Leben, es muntert mich auf, und ein Elend wie meines, das läßt sich nicht aus der Welt schaffen. Ich war natürlich verrückt und bin es noch, aber harmlos, ich galt als harmlos, ein guter Witz. Ich war natürlich nicht wirklich verrückt, nur seltsam, etwas seltsam, und mit jedem dahingehenden Jahr etwas seltsamer, es können nur wenige seltsamere Geschöpfe herumlaufen heutzutage. Mein Vater, habe ich auch ihn umgebracht ebenso wie meine Mutter, in gewisser Weise habe ich es vielleicht getan, aber ich kann jetzt nicht darauf eingehen, viel zu alt und schwach. Die Fragen tauchen auf, während ich einhergehe, und lassen mich sehr verwirrt zurück, zugrunde gehe ich. Plötzlich sind sie da, nein, sie tauchen auf, aus einer alten Tiefe, und schweben und verweilen, ehe sie sterben, Fragen, die, wenn ich bei vollem Verstand wäre, keine Sekunde überlebt hätten, nein, sie wären vielmehr zersprengt worden, kaum daß sie sich erhoben hätten, zersprengt. Sie kamen oft zu zweit, eine hart hinter der anderen, so, Wie soll ich noch einen Tag weitermachen? und dann, Wie habe ich je noch einen Tag weitermachen können? Oder, Habe ich meinen Vater umgebracht? und dann, Habe ich je irgend jemanden umgebracht? Solcher Art, zum Allgemeinen vom Besonderen, wird man sagen, nehme ich an, gewissermaßen auch Frage und Antwort, sehr zermürbend. Ich ringe mit ihnen, so gut ich kann, beschleunige meinen Schritt, wenn sie nahen, werfe meinen Kopf hin und her, auf und nieder, starre gequält auf dies und das, steigere mein Gemurmel zu einem Schrei, das sind Hilfen. Aber sie sollten nicht nötig sein, irgend etwas stimmt hier nicht, wenn es das Ende wäre, würde ich mir nicht so viel daraus machen, aber wie oft habe ich in meinem Leben gesagt, vor irgend etwas neuem Gräßlichem, Es ist das Ende, und es war nicht das Ende, und doch kann das Ende nun nicht mehr weit sein, ich werde fallen, während ich einhergehe, und liegenbleiben oder mich zusammenrollen für die Nacht wie gewöhnlich, zwischen den Felsen, und vor dem Morgen dahin sein. Oh, ich weiß, auch ich werde aufhören und sein wie als ich noch nicht war, nur daß alles vorbei sein wird, anstatt noch bevorzustehen, das macht mich glücklich, oft gerät nun mein Gemurmel ins Stocken und stirbt, und ich weine vor Glück, während ich einhergehe, und vor Liebe zu dieser alten Erde, die mich so lange getragen hat und deren Klaglosigkeit bald meine sein wird. Nur wenig unter der Oberfläche werde ich sein, alles zusammen zuerst, dann getrennt, und treiben durch die ganze Erde und vielleicht am Ende durch eine Klippe ins Meer, irgend etwas von mir. Eine Tonne Würmer pro Morgen, das ist ein wunderbarer Gedanke, eine Tonne Würmer, meinetwegen. Wo habe ich ihn her, aus einem Traum oder aus einem Buch, das ich als Knabe in einem Winkel gelesen, oder ist es ein Wort, das ich unterwegs aufschnappte, oder war er vielleicht in mir, die ganze Zeit, unterdrückt, bis er mich erfreuen könnte, gegen solche schrecklichen Gedanken muß ich ankämpfen, so wie ich sagte. Ist nun nichts mehr zu sagen zu diesem Tag mit dem weißen Pferd und der weißen Mutter im Fenster, man möge meine Beschreibungen davon nachlesen, bevor ich zu irgendeinem anderen Tag weitergehe, zu einer späteren Zeit, nichts mehr zu sagen, bevor ich weiterrücke in der Zeit, Hunderte und sogar Tausende von Tagen überspringend so, wie ich es nicht konnte seinerzeit, sie vielmehr durchmachen mußte, irgendwie, bis ich zu dem Tag kam, zu dem ich jetzt komme, nein, nichts, alles ist dahin, außer Mutter im Fenster, Grimm, Wut und Regen. So weiter zu dem zweiten Tag und ihn hinter mich bringen und aus dem Weg damit, und weiter zum nächsten. Da geschah es, daß ich von einer Marderfamilie oder -horde, ich weiß es nicht, angefallen und verfolgt wurde, etwas höchst Ungewöhnliches, ich glaube, es waren Marder. Tatsächlich, wenn ich so sagen darf, glaube ich, Glück gehabt zu haben, mit dem Leben davongekommen zu sein, seltsame Ausdrucksweise, es klingt irgendwie nicht richtig. Jeder andere wäre gebissen worden und verblutet, vielleicht weißgesaugt worden wie ein Kaninchen, da ist das Wort weiß wieder. Ich konnte zwar nie denken, aber hätte ich es gekonnt, und es damals getan, so hätte ich mich einfach hingelegt und mich vertilgen lassen wie ein Kaninchen. Aber laßt mich wie immer mit dem Morgen beginnen und mit dem Aufbruch. Wenn einem ein Tag aus irgendeinem Grunde wieder einfällt, dann sind auch sein Morgen und sein Abend wieder da, wenngleich an sich nicht bemerkenswert, das Fortgehen und Heimkehren, das ist sehr bemerkenswert, finde ich. Also, auf denn im Morgengrauen, sehr schwach und zerschlagen, nach einer grauenhaften Nacht, keine Ahnung von dem, was vor mir lag, raus und davon. Welche Jahreszeit, ich weiß es wirklich nicht, was tut's. Nicht naß eigentlich, aber es tropfte, alles tropfte, es konnte sich aufhellen, hellte es sich auf, nein, tropf, tropf, den ganzen Tag, keine Sonne, keine Veränderung des Lichts, trüb den ganzen Tag, und still, kein Lüftchen bis zum Abend, dann schwarz und ein wenig Wind, ich sah ein paar Sterne, als ich mich dem Hause näherte. Mein Stock freilich, dank einer gnädigen Vorsehung, ich sage es nicht noch einmal, wenn mein Stock nicht erwähnt wird, habe ich ihn bei mir, während ich einhergehe. Meinen langen Mantel jedoch nicht, nur meinen Rock, ich konnte den langen Mantel nie ertragen, der um meine Beine herumschlotterte, oder vielmehr eines Tages hatte ich plötzlich etwas gegen ihn, eine plötzliche grimmige Abneigung. Oft, wenn ich ausgehfertig dastand, nahm ich ihn heraus und zog ihn an, stand dann mitten im Zimmer, unfähig, mich zu bewegen, bis ich ihn schließlich ausziehen und wieder auf seinen Bügel hängen konnte in den Schrank. Aber kaum war ich die Treppe hinunter und draußen an der Luft, als mir der Stock aus der Hand fiel und ich einfach auf meine Knie auf den Boden sank, und dann vornüber auf mein Gesicht, etwas höchst Ungewöhnliches, und dann nach einem Weilchen auf meinen Rücken, ich konnte nie längere Zeit auf meinem Gesicht liegen, so gern ich es auch mochte, es machte mich krank, und lag da, eine halbe Stunde vielleicht, die Arme an meinen Seiten und die Handflächen auf den Kieseln und meine Augen weit geöffnet, über den Himmel schweifend. Ob dies nun mein erstes Erlebnis dieser Art war, ist die Frage, die sich einem sofort aufdrängt. Stürze habe ich oft erlebt, von denen man sich, wenn kein Glied gebrochen, wieder aufrafft und dann, Gott und Welt verfluchend, weitergeht, ganz andere als diesen. Bei so viel dem Wissen verlorengegangenem Leben, wie soll man da wissen, wann alles begann, alle die Varianten des einzigen, die mit immer schaler werdendem Gift aufeinander folgen, das ganze Leben lang, bis man erliegt. So sind gewissermaßen alte Dinge jedesmal erstmalige Dinge, kein Atemzug gleicht dem anderen, alles eine unendliche Wiederkehr, und alles einmal und nie mehr. Doch laßt mich nun aufstehen und weitergehen und diesen gräßlichen Tag hinter mich bringen, und zum nächsten übergehen. Aber was hat es für einen Sinn, mit alledem weiterzumachen, es gibt keinen. Einen unerinnerlichen Tag nach dem anderen, bis zu meiner Mutter Tod, dann an einem neuen Ort, der bald alt, bis zu meinem eigenen. Und wenn ich zu dieser Nacht hier komme, zwischen den Felsen, mit meinen beiden Büchern und dem hellen Sternenlicht, wird sie an mir vorübergegangen sein und der vorhergehende Tag, meine beiden Bücher, das kleine und das große, alles vorüber und vorbei, oder vielleicht nur noch Momente, hier und da, vielleicht nun dieses kleine Geräusch, das ich nicht verstehe, so daß ich meine Sachen zusammenraffe und in mein Loch zurückkehre, so vorbei, daß man sie erzählen kann. Vorbei, vorbei, ich habe eine Schwäche für alles, was vorbei ist, nein, für das Vorbei-

Sein, ich liebe das Wort, Worte waren meine einzigen Lieben, nicht viele. Oft sagte ich es den ganzen Tag, während ich einherging, und manchmal sagte ich womöglich beivor beivor. Oh, wäre nicht diese gräßliche Unruhe, die ich immer gehabt habe, so hätte ich mein Leben in einem großen, leeren, hallenden Raum mit einer großen alten Standuhr verbracht, nur lauschend und dösend, bei offenem Gehäuse, so daß ich, meine Augen hin- und herbewegend, das Schwingen hätte beobachten können und die tiefer und tiefer sinkenden Bleigewichte, bis ich aus meinem Sessel aufgestanden wäre und sie wieder aufgezogen hätte, einmal in der Woche. Der dritte Tag war der Blick, den mir der Straßenarbeiter zuwarf, plötzlich sehe ich es jetzt vor mir, den zerlumpten alten Grobian, ganz gekrümmt im Graben, gestützt auf seinen Spaten oder was es immer war, und um sich und zu mir hinaufschielend unter dem Rand seines Schlapphuts, den roten Mund, wie ist es möglich, daß ich ihn überhaupt sah, vielmehr so, der Tag, an dem ich den Blick sah, den Balfe mir zuwarf, als Kind erschrak ich immer vor ihm. Nun ist er tot und ich gleiche ihm. Aber laßt uns weiterkommen und jene alten Szenen beiseite lassen und zu diesen übergehen und zu meinem Lohn. Dann wird es nicht so sein wie jetzt, Tag für Tag, raus, weiter, herum, zurück, hinein, wie blätternde Blätter oder die herausgerissen und zusammengeknüllt weggeworfen werden, sondern eine lange, ununterbrochene Zeit, ohne Vorher und Nachher, Hell oder Dunkel, Von oder Nach oder Bei, das alte Halbwissen von Wann und Wo gegangen, und von Was, aber immer noch so etwas wie Dinge, alle auf einmal, alle dahingehend, bis nichts mehr, es gab nie etwas, kann nie etwas geben, Leben und Tod alles nichts, so etwas, nur eine Stimme, die weiterträumt und -dröhnt ringsherum, das ist etwas, die Stimme, die man einst im Munde hatte. Nun, erst einmal auf der Straße und weit weg vom Grundstück, was dann, ich weiß es wirklich nicht, das Nächste, ich war oben im Farnkraut und schlug wild mit meinem Stock um mich, daß die Tropfen zerstoben, und fluchte, schmutzige Ausdrücke, dieselben Worte immer wieder, ich hoffe, daß niemand mich hörte. Sehr schlimmer Hals, das Schlucken war eine Qual, und etwas stimmte nicht mit einem Ohr, ich stocherte immer wieder darin herum, ohne Erleichterung, altes Schmalz vielleicht, das auf das Trommelfell drückte. Ungewöhnliche Stille über dem Lande, und auch in mir alles ganz still, zufälliges Zusammentreffen, warum die Flüche aus mir hervorbrachen, weiß ich nicht, nein, es ist töricht, so was zu sagen, und das Herumschlagen mit dem Stock, was überkam mich Sanften und Schwachen, so was zu tun, während ich mich einherschleppte. Sind es die Marder nun, nein, vorerst sinke ich wieder einfach nieder und verschwinde im Farn, bis zu meiner Hüfte reicht er, als ich einherging. Hart, dieser hohe Farn, wie gestärkt, sehr holzig, schreckliche Stengel, reißen die Haut von den Beinen, durch die Hose hindurch, und dann die Löcher, die sie verbergen, man könnte ein Bein brechen, wenn man nicht aufpaßt, was für ein Wirrwarr, fallen und von der Bildfläche verschwinden, da wochenlang liegen und von keinem gehört werden, ich habe oft daran gedacht, oben in den Bergen, nein, es ist töricht, so was zu sagen, ich ging einfach weiter, und mein Körper tat sein Bestes ohne mich.

Residua

Schluß jetzt

All das Vorhergehende vergessen. Zuviel auf einmal ist zuviel. Das läßt der Feder Zeit zum Notieren. Ich sehe sie nicht, aber ich höre sie da hinter mir. Solche Stille. Wenn die Feder anhält, mache ich weiter. Manchmal sträubt sie sich. Wenn sie sich sträubt, mache ich weiter. Zuviel Stille ist zuviel. Oder es ist meine manchmal zu schwache Stimme. Jene, die aus mir hervordringt. Soviel über die Art und Weise.

Ich tat alles, was er wünschte. Ich wünschte es auch. Für ihn. Jedesmal, wenn er etwas wünschte, wünschte ich es auch. Für ihn. Er brauchte nur zu sagen, was. Wenn er nichts wünschte, wünschte ich auch nichts. So lebte ich nicht ohne Wünsche. Wenn er etwas für mich gewünscht hätte, hätte ich es auch gewünscht. Glück zum Beispiel. Oder Ruhm. Ich hatte nur die Wünsche, die er äußerte. Aber er mußte sie wohl alle äußern. All seine Wünsche und Bedürfnisse. Wenn er schwieg, mußte er wohl so sein wie ich. Wenn er mir sagte, ich solle ihn am Penis lecken, stürzte ich mich darauf. Ich bezog Befriedigung daher. Wir mußten wohl die gleichen Befriedigungen haben. Die gleichen Bedürfnisse und die gleichen Befriedigungen.

Eines Tages sagte er mir, ich solle ihn lassen. Eben dieses Verbum gebrauchte er. Er mußte es wohl nicht mehr lange machen. Ich weiß nicht, ob er damit meinte, ich solle ihn verlassen oder nur einen Moment beiseitegehen. Ich habe mir die Frage nie gestellt. Ich habe mir immer nur seine Fragen gestellt. Wie dem auch sei, ich machte mich davon, ohne mich umzudrehen. Außer Reichweite seiner Stimme war ich außer seinem Leben. Das war es vielleicht, was er wünschte. Es gibt Fragen, die man sieht, ohne sie sich zu stellen. Er mußte es wohl nicht mehr lange machen. Ich hingegen mußte es noch lange machen. Ich gehörte einer ganz anderen Generation an. Es hat nicht lange gedauert.

Nun, da ich in die Nacht dringe, habe ich so etwas wie Lichtschimmer im Schädel. Unfruchtbare Erde, aber nicht ganz. Mit drei oder vier Leben hätte ich es zu etwas bringen können.

Ich mußte etwa sechs Jahre alt gewesen sein, als er mich bei der Hand faßte. Ich war kaum der Kindheit entwachsen. Aber es dauerte nicht lange, bis ich ihr ganz entwuchs. Es war die Linke. Zur Rechten sein war ihm ein Greuel. Wir schritten also Seite an Seite, Hand in Hand voran. Ein Paar Handschuhe genügte uns. Die freien oder äußeren Hände hingen nackt da. Er litt keine fremde Haut an seiner Haut. Die Schleimhäute sind etwas anderes. Es kam nichtsdestoweniger vor, daß er sich den Handschuh auszog. Dann hatte ich das Gleiche zu tun. Wir legten so etwa hundert Meter zurück, verbunden durch unsere nackten Extremitäten. Selten mehr. Das genügte ihm. Wenn man mir die Frage stellte, würde ich sagen, daß ungleiche Hände sich kaum zur Intimität eignen. Meine fand nie ihren Platz in seiner. Manchmal ließen sie einander los. Der Druck wurde schwächer und jede für sich fiel hinab. Oft dauerte es lange Minuten, bevor sie sich wieder erfaßten. Bevor seine meine wieder erfaßte.

Es waren ziemlich enganliegende Baumwollhandschuhe. Anstatt die Formen abzurunden, ließen sie sie schärfer hervortreten, indem sie sie vereinfachten. Meiner war natürlich jahrelang zu schlaff. Aber es dauerte nicht lange, bis ich ihn ganz ausfüllte. Er fand, daß ich Wassermann-Hände hätte. Der Wassermann ist ein Haus des Himmels.

Alles habe ich von ihm. Ich werde es nicht jedesmal bei Erwähnung dieses oder jenes bißchen Wissens wiederholen. Die Kunst zu Kombinieren ist nicht meine Schuld. Es ist ein Fluch des Himmels. Im übrigen würde ich für unschuldig plädieren.

Unsere Begegnung. Obwohl er schon sehr krumm war, machte er auf mich den Eindruck eines Riesen. Sein Rumpf war schließlich waagerecht. Um diese Anomalie auszugleichen, spreizte er die Beine und beugte die Knie. Seine immer platter werdenden Füße drehten sich nach außen. Sein Horizont beschränkte sich auf den Boden, auf den er trat. Ein winziger, sich bewegender Teppich aus Rasen und zertretenen Blumen. Er gab mir die Hand wie ein großer, müder Affe, den Ellbogen so hoch wie möglich hebend. Ich brauchte mich nur aufzurichten, um ihn um dreieinhalb

Kopflängen zu überragen. Eines Tages blieb er stehen und erklärte mir, nach Worten suchend, die Anatomie sei ein Ganzes.

Anfangs sprach er immer im Gehen. Wie mir nun scheint. Dann bald im Gehen, bald stehend. Schließlich nur noch stehend. Außerdem immer leiser. Damit er nicht das Gleiche zweimal hintereinander zu sagen brauchte, mußte ich mich tief vorbeugen. Er blieb stehen und wartete darauf, daß ich meine Haltung einnähme. Sobald er aus dem Augenwinkel meinen Kopf neben seinem erblickte, gab er sein Gemurmel von sich. Neun von zehn Malen betraf es mich nicht. Aber er wollte, daß alles gehört wurde, sogar die Ausrufe und Gebetsbrocken, die er dem blumigen Boden entgegenschleuderte.

Er blieb also stehen und wartete, bis mein Kopf erschien, bevor er mir sagte, ich solle ihn lassen. Ich zog flink meine Hand zurück und machte mich davon, ohne mich umzudrehen. Zwei Schritte, und er verlor mich für immer. Wir hatten uns gespalten, wenn es das war, was er wünschte.

Er redete selten über Geodäsie. Aber wir haben mehrmals das Äquivalent des irdischen Äquators zurücklegen müssen. Im Tempo von durchschnittlich fünf Kilometern pro Tag und Nacht. Wir nahmen unsere Zuflucht zur Arithmetik. Wieviel Kopfrechnungen wir tief gekrümmt Hand in Hand gemacht haben! So erhoben wir ganze ternäre Zahlen zur dritten Potenz. Bisweilen in strömendem Regen. Sich schlecht und recht nach und nach in sein Gedächtnis prägend, häuften die Kubikzahlen sich an. Im Hinblick auf die umgekehrte Operation in einem späteren Stadium. Wenn die Zeit ihr Werk vollbracht hätte.

Wenn man mir in gebührender Form die Frage stellte, würde ich sagen, Ja, in der Tat, das Ende dieses langen Spaziergangs war mein Leben. Sagen wir, die etwa elftausend letzten Kilometer. Von dem Tage an, da er mir gegenüber zum ersten Mal ein Wort über seine Gebrechlichkeit erwähnte, indem er sagte, daß sie seiner Ansicht nach ihren Gipfel erreicht habe. Die Zukunft gab ihm recht. Jedenfalls jene, aus der wir gemeinsam Vergangenheit machen sollten.

Ich sehe die Blumen zu meinen Füßen, und es sind die anderen, die ich sehe. Jene, auf die wir im Gleichschritt traten. Es sind übrigens die gleichen.

Entgegen der Annahme, zu der ich lange geneigt hatte,

war er nicht blind. Nur faul. Eines Tages blieb er stehen und beschrieb mir, nach Worten suchend, seine Sehkraft. Er schloß, indem er sagte, daß sie seiner Ansicht nach nicht noch mehr nachlassen würde. Ich weiß nicht, in welchem Maße er sich Illusionen hingab. Ich habe mir die Frage nie gestellt. Wenn ich mich vorbeugte, um die Mitteilung zu empfangen, sah ich flüchtig, wie er mit rosigblauem, augenscheinlich beeindrucktem Blick nach mir schielte.

Er blieb manchmal stehen, ohne etwas zu sagen. Sei es, weil er schließlich nichts zu sagen hatte, sei es, weil er, obwohl er etwas zu sagen hatte, sich schließlich entschloß, es nicht zu sagen. Ich beugte mich wie gewöhnlich vor, damit er nichts zu wiederholen brauchte, und wir verharrten so. Tief gekrümmt mit einander berührenden Köpfen. Stumm, Hand in Hand. Derweil rings um uns herum immer mehr Minuten vergingen. Früher oder später riß sein Fuß sich von den Blumen los und wir gingen weiter. Um womöglich nach wenigen Schritten wieder stehenzubleiben. Damit er endlich sagte, was er auf dem Herzen hatte, oder sich von neuem entschlösse, es nicht zu sagen.

Andere markante Vorgänge tauchen im Gedächtnis auf. Unverzügliche, ununterbrochene Mitteilung mit unverzüglichem Wiederaufbruch. Das Gleiche mit verzögertem Wiederaufbruch. Verzögerte, ununterbrochene Mitteilung mit unverzüglichem Wiederaufbruch. Das Gleiche mit verzögertem Wiederaufbruch. Unverzügliche, unterbrochene Mitteilung mit unverzüglichem Wiederaufbruch. Das Gleiche mit verzögertem Wiederaufbruch. Unterbrochene, verzögerte Mitteilung mit unverzüglichem Wiederaufbruch. Das Gleiche mit verzögertem Wiederaufbruch.

Damals also werde ich gelebt haben, damals oder nie. Zehn Jahre, gelinde gesagt. Seit dem Tage, da er mit dem Rücken seiner linken Hand lange über sein ruiniertes Kreuz fuhr und seine Prognose verkündete. Bis zum Tage meiner vermutlichen Ungnade. Ich sehe die Stelle wieder, einen Schritt vor dem Gipfel. Zwei Schritte weiter geradeaus, und ich lief schon den anderen Abhang hinab. Zurückblickend hätte ich ihn nicht mehr gesehen.

Er kletterte gern und ich demnach auch. Er verlangte nach den steilsten Hängen. Sein menschlicher Körper zerfiel in zwei gleiche Segmente. Dies dank der Beugung der Knie, die das zweite verkürzte. Bei einer Steigung von fünfzig Prozent streifte sein Kopf den Boden. Ich weiß nicht, welchem Umstand er diese Neigung verdankte. Der Liebe zur Erde und zu den tausend Düften und Farben der Blumen. Oder ganz einfach Imperativen anatomischer Art. Er hat die Frage nie aufgeworfen. Einmal oben angelangt, mußte man leider wieder hinab.

Um sich von Zeit zu Zeit des Himmels erfreuen zu können, bediente er sich eines kleinen, runden Spiegels. Nachdem er ihn behaucht und dann an seiner Wade blankgerieben hatte, suchte er darin die Sternbilder. Ich hab's! rief er, von der Leier oder vom Schwan sprechend. Und oft fügte er hinzu, daß dem Himmel nichts fehle.

Wir waren jedoch nicht im Gebirge. Ich ahnte dann und wann am Horizont ein Meer, dessen Niveau mir höher zu sein schien als unseres. Sollte es der Grund irgendeines weiten, verdunsteten oder nach unten abgeflossenen Sees sein? Ich habe mir die Frage nie gestellt.

All diese Kenntnisse habe ich von ihm. Ich kombiniere sie nur auf meine Weise. Mit vier oder fünf Leben wie jenem hätte ich eine Spur hinterlassen können.

Trotzdem ragten recht häufig solche wohl hundert Meter hohe Kuppen empor. Ich blickte ungern auf und entdeckte die nächste oft am Horizont. Oder statt uns von jener, die wir gerade hinabgestiegen waren, zu entfernen, stiegen wir sie von neuem hinauf.

Ich spreche von unserem letzten Jahrzehnt zwischen den beiden erwähnten Ereignissen. Es überdeckt die vorhergehenden, die ihm haben gleichen müssen wie ein Ei dem anderen. Wenn ich es recht überlege, ist meine Bildung jenen versunkenen Jahren zuzuschreiben. Denn ich erinnere mich nicht, während der Jahre, an die ich mich erinnere, irgend etwas gelernt zu haben. Mit dieser Überlegung beruhige ich mich, wenn all mein Wissen mir die Sprache verschlägt.

Ich habe meine Ungnade ganz nahe bei einem Gipfel situiert. Aber nein, es war in der Ebene, in tiefer Stille. Mich umdrehend, hätte ich ihn an der gleichen Stelle erblickt, wo ich ihn verlassen hatte. Die kleinste Kleinigkeit hätte mich mein Mißverständnis verstehen lassen, wenn es ein Mißverständnis gegeben hätte. In den folgenden Jahren schloß ich die Möglichkeit, ihn wiederzufinden, nicht aus. Eben da, wo ich ihn verlassen hatte, wenn nicht woanders. Oder ihn nach mir rufen zu hören. Wobei ich mir jedoch sagte, daß er es nicht mehr lange machen würde. Aber ich rechnete nicht zu fest damit. Denn ich hob den Blick kaum von den Blumen. Und er hatte keine Stimme mehr. Und als ob das nicht genügte, hörte ich nicht auf, mir immer wieder zu sagen, daß er es nicht mehr lange machen würde. So daß es nicht lange dauerte, bis ich überhaupt nicht mehr damit rechnete.

Ich weiß nicht mehr, wie das Wetter jetzt ist. Aber zeit meines Lebens war es ewig mild. Als sei die Erde im Frühling eingeschlafen. Ich spreche von unserer Hemisphäre. Schwere, lotrechte, kurze Niederschläge trafen uns unversehens. Ohne merkliche Trübung des Himmels. Ich hätte die Stille des Windes nicht bemerkt, wenn er nicht davon gesprochen hätte. Des Windes, der nicht mehr da war. Der Stürme, denen er getrotzt hatte. Freilich gab es da nichts zum Fortwehen. Selbst die Blumen hatten keine Stengel und klebten wie Seerosen am Boden. Keine Rede mehr davon, daß sie im Knopfloch prangten.

Wir zählten die Tage nicht. Wenn ich zehn Jahre zusammenbekomme, dann dank unserem Schrittzähler. Endstrecke geteilt durch durchschnittliche Tagesstrecke. Anzahl der Tage. Teilen. Eine gewisse Zahl am Vorabend des Tages mit seinem Kreuz. Eine gewisse andere am Vorabend meiner Ungnade. Tagesdurchschnitt immer bis auf den laufenden Tag errechnet. Abziehen. Teilen.

Die Nacht. Lang wie der Tag in diesem endlosen Äquinoktium. Sie bricht herein, und wir machen weiter. Wir brechen vor Tagesanbruch wieder auf.

Ruhestellung. Doppelt gekrümmt, ineinander verkeilt. Zweiter Knick an den Knien. Ich an der Innenseite. Wie ein Mann drehten wir uns herum, wenn er den Wunsch äußerte. Ich fühle ihn nachts an mir, in seiner ganzen verdrehten Länge. Es ging nicht so sehr darum zu schlafen als sich auszustrecken. Denn wir gingen in einem Halbschlaf. Mit der oberen Hand hielt er mich und berührte mich, wo er wollte. Bis zu einem gewissen Punkt. Die andere war mit meinem Haar verflochten. Er sprach ganz leise von Dingen, die es für ihn nicht mehr gab und für mich nicht hatte geben können. Vom Wind in den oberirdischen Stengeln. Vom Schatten und Obdach der Wälder.

Er war nicht redselig. Im Durchschnitt hundert Worte auf Tag und Nacht verteilt. Kaum mehr als eine Million insgesamt. Viele Wiederholungen. Ausrufe. Mit denen der Stoff kaum zu streifen war. Was weiß ich vom Schicksal des

Menschen? Ich habe mir die Frage nie gestellt. Ich bin über die Radieschen besser auf dem laufenden. Die hatte er geliebt. Wenn ich eines davon sähe, würde ich ohne Zögern seinen Namen nennen.

Wir lebten von Blumen. Soviel über den Unterhalt. Er blieb stehen und packte, ohne sich bücken zu müssen, eine Handvoll Blütenblätter. Dann ging er kauend weiter. Sie übten im großen und ganzen eine beruhigende Wirkung aus. Wir waren im großen und ganzen ruhig. In zunehmendem Maße. Alles war es. Diese Idee der Ruhe habe ich von ihm. Ohne ihn hätte ich sie nicht gehabt. Ich mache mich nun daran, alles auszuwischen, außer den Blumen. Keine Regengüsse mehr. Keine Kuppen mehr. Nur wir zwei, wie wir uns durch die Blumen schleppen. Schluß jetzt, meine alten Brüste fühlen seine alte Hand.

Ausgeträumt träumen

Nirgends eine Spur von Leben, sagt ihr, hm, daran soll's nicht liegen, noch nicht ausgeträumt, doch, gut, ausgeträumt träumen. Inseln, Wasser, Blau, Grünes, aufpassen, pfft, futsch, eine Ewigkeit, schweigen. Bis auf den Rundbau, ganz weiß im Weißen. Kein Eingang, hinein, messen. Durchmesser 80 Zentimeter, gleicher Abstand vom Boden bis zum Scheitel der Wölbung. Zwei sich rechtwinklig schneidende Durchmesser AB CD teilen den weißen Boden in die Halbkreise ACB BDA. Auf dem Boden liegend zwei weiße Körper, jeder in seinem Halbkreis. Weiß auch die Wölbung und die 40 Zentimeter hohe, runde Wand, auf der sie ruht. Hinaus, ein Rundbau ohne Zierat, ganz weiß im Weißen, wieder hinein, klopfen, massiv überall, es tönt wie Bein in den Träumen tönt. Vom Licht, das alles so weiß macht, keine Quelle zu sehen, alles strahlt in gleichmäßig weißem Glanz, Boden, Wand, Wölbung, Körper, keinerlei Schatten. Große Wärme, Flächen fühlen sich heiß an, ohne glühend zu sein, Körper in Schweiß. Wieder hinaus, zurück, er verschwindet, drüber weg, er verschwindet, ganz weiß im Weißen, hinunter, wieder hinein. Leere, Stille, Wärme, Weiße, warten, das Licht wird schwächer, alles wird zugleich dunkel, Boden, Wand, Wölbung, Körper, etwa 20 Sekunden, alle Graus, das Licht erlischt, alles verschwindet. Gleichzeitig sinkt die Temperatur, um ihr Minimum, beinahe null Grad, in dem Moment zu erreichen, da es schwarz wird, was sonderbar erscheinen mag. Warten, mehr oder weniger lang, Licht und Wärme kommen wieder, Boden, Wand, Wölbung und Körper werden zugleich weiß und warm, etwa 20 Sekunden, alle Graus erreichen ihre Stufe von vorher, von wo das Fallen begonnen hatte. Mehr oder weniger lang, denn, wie die Erfahrung zeigt, können sich zwischen Ende des Fallens und Anfang des Steigens sehr verschiedene Zeiträume einschieben, vom

Bruchteil einer Sekunde bis zu einer Dauer, die zu anderen Zeiten und an anderen Orten wie eine Ewigkeit hätte erscheinen können. Dasselbe gilt für die andere Pause zwischen Ende des Steigens und Anfang des Fallens. Die Beständigkeit der Extreme ist, solange sie währen, vollkommen, was seitens der Temperatur sonderbar erscheinen mag, in den ersten Zeiten. Es kommt, wie die Erfahrung zeigt, auch vor, daß Fallen und Steigen stocken, und zwar auf jedweder Stufe, und eine mehr oder weniger lange Pause machen, bevor sie fortfahren oder sich verwandeln, jenes in ein Steigen und dieses in ein Fallen, wobei sie ihrerseits sei es anlangen oder vorher stocken können, um anschließend fortzufahren oder von neuem umzukehren, am Ende einer mehr oder weniger langen Zeit, und so weiter, bevor sie am einen oder anderen Extrem anlangen. Bei solchen Höhen und Tiefen, Wiederaufstiegen und Rückfällen, die in zahllosen Rhythmen aufeinander folgen, kommt es nicht selten zum Übergang vom Weißen zum Schwarzen und von der Wärme zur Kälte und umgekehrt. Nur die Extreme sind beständig, was die Schwingungen, die sich während der Pausen auf den Zwischenstufen ergeben, noch deutlicher machen, welcher Dauer und Höhe sie auch sein mögen. Dann erschauern Boden, Wand, Wölbung und Körper, grauweiß oder rußschwarz oder zwischen den beiden, je nachdem. Aber es kommt, wie die Erfahrung zeigt, eigentlich selten zu solchem Übergang. Und meist setzt sich, wenn das Licht schwächer zu werden und mit ihm die Wärme abzunehmen beginnt, die Bewegung reibungslos fort bis zum Tiefschwarz und zum Nullpunkt ungefähr, die gleichzeitig nach etwa 20 Sekunden erreicht werden. Das gleiche gilt für die entgegengesetzte Bewegung zur Wärme und zum Weißen. Dann in der Reihenfolge der Häufigkeit das Fallen oder das Steigen mit mehr oder weniger langen Stockungen in den fiebernden Graus, ohne daß in irgendeinem Moment die Bewegung umgekehrt wird. Nichtsdestoweniger ist, wenn das Gleichgewicht, das von oben wie das von unten, einmal gestört ist, der Übergang zum folgenden unendlich wandelbar. Aber welche Zufälle sie auch immer bestimmen mögen, die früher oder später erfolgende Rückkehr zur einstweiligen Ruhe scheint gewiß, momentan, im Schwarzen oder im hohen Weiß, mit entsprechenden Temperaturen, in dieser Welt, die noch gegen die endlosen Kämpfe gefeit ist. Durch ein Wunder nach welcher Abwe-

senheit in vollkommenen Einöden wiedergefunden, ist sie
schon nicht mehr ganz dieselbe, in dieser Hinsicht, aber es
gibt keine andere. Äußerlich bleibt alles unverändert und
das Sichten des kleinen Baus immer noch gleich zufällig, da
sein Weiß in dem es umgebenden aufgeht. Aber hinein,
und jetzt kürzere Ruhepausen und nie zweimal der gleiche
Aufruhr. Licht und Wärme bleiben verbunden, wie von ein
und derselben Quelle gespeist, von der immer noch keiner-
lei Spur. Immer auf dem Boden, zweifach gekrümmt, mit
dem Kopf an der Wand bei B, dem Hintern an der Wand
bei A, den Knien an der Wand zwischen B und C, den Fü-
ßen an der Wand zwischen C und A, das heißt in dem
Halbkreis ACB, in dem weißen Boden aufgehend, wäre
nicht das lange Haar in zweifelhaftem Weiß, ein weißer
Körper einer Frau, wie sich endlich zeigt. Ähnlich in dem
anderen Halbkreis, an der Wand der Kopf bei A, der Hin-
tern bei B, die Knie zwischen A und D, die Füße zwischen
D und B, auch so weiß wie der Boden, der Partner. Auf der
rechten Seite also beide und Kopf an Steiß, Rücken an Rük-
ken. Einen Spiegel an ihre Lippen halten, er beschlägt. Mit
der Linken hält sich jeder das linke Bein ein wenig unterm
Knie, mit der Rechten den linken Arm ein wenig überm
Ellbogen. In diesem aufgeregten Licht, wo die große, weiße
Ruhe so selten und kurz geworden, ist die Inspektion
schwierig. Trotz Schweiß und Spiegel würden sie leicht als
leblos gelten ohne die linken Augen, die in unberechenba-
ren Abständen plötzlich aufgesperrt und weit über Men-
schenmögliches hinaus offengehalten werden. Ihr grelles
Hellblau ist von durchdringender Wirkung, in den ersten
Zeiten. Nie beide Blicke zusammen, nur ein einziges Mal,
etwa zehn Sekunden, als der Anfang des einen auf das
Ende des anderen vorgriff. Die weder fetten noch mageren,
weder großen noch kleinen Körper scheinen heil und in
recht gutem Zustand zu sein, von den dem Blick dargebote-
nen Teilen aus zu urteilen. Auch den Gesichtern scheint,
vorausgesetzt, daß beide Hälften sich gleichen, nichts We-
sentliches zu fehlen. Zwischen ihrer absoluten Regungslo-
sigkeit und dem entfesselten Licht besteht ein auffallender
Gegensatz, in den ersten Zeiten, für einen, der sich noch
erinnert, für das Gegenteil empfindlich gewesen zu sein.
Es ist jedoch klar, aufgrund von tausend kleinen Zeichen,
die zu erträumen zu lange dauern würde, daß sie nicht
schlafen. Nur kaum ah murmeln in dieser Stille, und im sel-

ben Augenblick im Raubauge das gerade wahrnehmbare, sofort unterdrückte Zucken. Sie da lassen, in Schweiß und eiskalt, es gibt anderswo Besseres. Aber nein, das Leben endet, und nein, es gibt anderswo nichts, und keine Rede mehr davon, jenen weißen, im Weißen verlorenen Punkt wiederzufinden, um zu sehen, ob sie ruhig geblieben sind, mitten in diesem Gewitter oder einem schlimmeren, oder in dem für immer tiefen Schwarz, oder dem unwandelbaren hohen Weiß, und wenn nicht, was sie tun.

Bing

Alles gewußt alles weiß nackter weißer Leib ein Meter Beine aneinander wie genäht. Licht Wärme weißer Boden ein Quadratmeter nie gesehn. Weiße Wände ein Meter mal zwei weiße Decke ein Quadratmeter nie gesehn. Nackter weißer Leib starr nur die Augen kaum. Spuren Gewirr hellgrau fast weiß auf weiß. Hände hängend offen Inneres nach vorn weiße Füße Fersen aneinander rechter Winkel. Licht Wärme weiße Flächen gleißend. Nackter weißer Leib starr hop starr woanders. Spuren Gewirr Zeichen ohne Sinn hellgrau fast weiß. Nackter weißer Leib starr unsichtbar weiß auf weiß. Nur die Augen kaum hellblau fast weiß. Kopf Kugel recht hoch Augen hellblau fast weiß starr nach vorn Stille drinnen. Kurze Gemurmel kaum fast nie alles gewußt. Spuren Gewirr Zeichen ohne Sinn hellgrau fast weiß auf weiß. Beine aneinander wie genäht Fersen aneinander rechter Winkel. Spuren allein unfertig schwarz gegeben hellgrau fast weiß auf weiß. Licht Wärme weiße Wände gleißend ein Meter mal zwei. Nackter weißer Leib starr ein Meter hop starr woanders. Spuren Gewirr Zeichen ohne Sinn hellgrau fast weiß. Weiße Füße unsichtbar Fersen aneinander rechter Winkel. Augen allein unfertig blau gegeben hellblau fast weiß. Gemurmel kaum fast nie eine Sekunde vielleicht nicht allein. Kaum rosa gegeben nackter weißer Leib starr ein Meter weiß auf weiß unsichtbar. Licht Wärme kurze Gemurmel kaum fast nie immer die gleichen alle gewußt. Weiße Hände unsichtbar hängend offen Inneres nach vorn. Nackter weißer Leib starr ein Meter hop starr woanders. Nur die Augen kaum hellblau fast weiß starr nach vorn. Gemurmel kaum fast nie eine Sekunde vielleicht ein Ausweg. Kopf Kugel recht hoch Augen hellblau fast weiß bing Gemurmel bing Stille. Augen Löcher hellblau fast weiß Mund weißer Saum wie genäht unsichtbar. Bing vielleicht eine Natur eine Sekunde fast nie soviel

Gedächtnis fast nie. Weiße Wände jede ihre Spur Gewirr Zeichen ohne Sinn hellgrau fast weiß. Licht Wärme alles gewußt alles weiß unsichtbare Flächenwinkel. Bing Gemurmel kaum fast nie eine Sekunde vielleicht ein Sinn soviel Gedächtnis fast nie. Weiße Füße unsichtbar Fersen aneinander rechter Winkel hop woanders ohne Laut. Hände hängend offen Inneres nach vorn Beine aneinander wie genäht. Kopf Kugel recht hoch Augen hellblau fast weiß starr nach vorn Stille drinnen. Hop woanders wo seit jeher wenn nicht gewußt daß nicht. Nur die Augen allein unfertig blau gegeben Löcher hellblau fast weiß einzige Farbe starr nach vorn. Alles gewußt alles weiß weiße Flächen gleißend bing Gemurmel kaum fast nie eine Sekunde Sternzeit soviel Gedächtnis fast nie. Nackter weißer Leib starr ein Meter hop starr woanders weiß auf weiß unsichtbar Herz Atem ohne Laut. Allein die Augen blau gegeben hellblau fast weiß starr nach vorn einzige Farbe allein unfertig. Unsichtbare Flächenwinkel nur eine Fläche gleißend weiß ohne Ende wenn nicht gewußt daß nicht. Nase Ohren weiße Löcher Mund weißer Saum wie genäht unsichtbar. Bing Gemurmel kaum fast nie eine Sekunde immer die gleichen alles gewußt. Kaum rosa gegeben nackter weißer Leib starr unsichtbar alles gewußt draußen drinnen. Bing vielleicht eine Natur eine Sekunde mit Bild gleiche Dauer etwas weniger blau und weiß im Wind. Weiße Decke gleißend ein Quadratmeter nie gesehen bing vielleicht da ein Ausweg eine Sekunde bing Stille. Spuren allein unfertig schwarz gegeben graues Gewirr Zeichen ohne Sinn hellgrau fast weiß immer die gleichen. Bing vielleicht nicht allein eine Sekunde mit Bild immer das gleiche gleiche Dauer etwas weniger soviel Gedächtnis fast nie bing Stille. Kaum rosa herabgefallen weiße Nägel fertig. Lange Haare herabgefallen weiß unsichtbar fertig. Unsichtbare Narben gleiches Weiß wie das Fleisch kaum rosa einst verwundet. Bing Bild kaum fast nie eine Sekunde Sternzeit blau und weiß im Wind. Kopf Kugel recht hoch Nase Ohren weiße Löcher Mund weißer Saum wie genäht unsichtbar fertig. Allein die Augen blau gegeben starr nach vorn hellblau fast weiß einzige Farbe allein unfertig. Licht Wärme weiße Flächen gleißend nur eine gleißend weiß ohne Ende nicht gewußt daß nicht. Eine Natur kaum fast nie eine Sekunde mit Bild gleiche Dauer etwas weniger immer das gleiche blau und weiß im Wind. Spuren Gewirr hellgrau Augen Löcher hellblau fast weiß starr nach vorn bing vielleicht ein Sinn kaum fast nie bing Stille. Nacktes Weiß ein Meter starr hop starr woanders ohne Laut Beine aneinander wie genäht Fersen aneinander rechter Winkel Hände hängend offen Inneres nach vorn. Kopf Kugel recht hoch Augen Löcher hellblau fast weiß starr nach vorn Stille drinnen hop woanders wo seit jeher wenn nicht gewußt daß nicht. Bing vielleicht nicht allein eine Sekunde mit Bild gleiche Dauer etwas weniger Auge schwarz und weiß halb geschlossen lange Wimpern flehend soviel Gedächtnis fast nie. Dereinst Zeitblitz alles weiß fertig alles einst hop Blitz weiße Wände gleißend ohne Spuren Augen letzte Farbe hop weiß fertig. Hop starr letztes Woanders Beine aneinander wie genäht Fersen aneinander rechter Winkel Hände hängend offen Inneres nach vorn Kopf Kugel recht hoch Augen weiß unsichtbar starr nach vorn fertig. Kaum rosa gegeben ein Meter unsichtbar nackt weiß alles gewußt draußen drinnen fertig. Weiße Decke nie gesehn bing einst kaum fast nie eine Sekunde weißer Boden nie gesehn vielleicht da durch. Bing einst kaum vielleicht ein Sinn eine Natur eine Sekunde fast nie blau und weiß im Wind soviel Gedächtnis nie mehr. Weiße Flächen ohne Spuren nur eine gleißend weiß ohne Ende wenn nicht gewußt daß nicht. Licht Wärme alles gewußt alles weiß Herz Atem ohne Laut. Kopf Kugel recht hoch weiße Augen starr nach vorn altes bing letztes Gemurmel vielleicht nicht allein eine Sekunde Auge matt schwarz und weiß halb geschlossen lange Wimpern flehend bing. Stille hop fertig.

Der Verwaiser

Eine Bleibe, wo Körper immerzu suchen, jeder seinen Verwaiser. Groß genug für vergebliche Suche. Eng genug, damit jegliche Flucht vergeblich. Es ist das Innere eines niedrigen Zylinders mit einem Umfang von fünfzig Metern und einer Höhe von sechzehn wegen der Harmonie. Licht. Seine Schwäche. Sein Gelb. Sein Überallsein, als ginge von jedem der rund zwölf Millionen Quadratzentimeter Gesamtfläche ein eigener Schimmer aus. Sein Gekeuche, das hin und wieder stockt wie Atem, der am Ende ist. Alle erstarren dann. Ihr Bleiben geht vielleicht zu Ende. Nach einigen Sekunden geht alles wieder los. Auswirkungen dieses Lichts auf das suchende Auge. Auswirkungen auf das nicht mehr suchende Auge, das zu Boden starrt oder hinaufblickt zur fernen Decke oben, wo niemand sein kann. Temperatur. Ein langsameres Atmen läßt sie schwanken zwischen warm und kalt. Sie geht von einem Extrem zum anderen über, in etwa vier Sekunden. Sie hat ruhige Momente, mehr oder weniger warme oder kalte. Diese fallen zeitlich mit jenen zusammen, in denen das Licht sich beruhigt. Alle erstarren dann. Alles geht vielleicht zu Ende. Nach einigen Sekunden geht alles wieder los. Auswirkungen dieses Klimas auf die Haut. Sie wird pergamenten. Körper streifen einander und rascheln dabei wie trockene Blätter. Selbst die Schleimhäute kriegen es zu spüren. Ein Kuß erzeugt ein unbeschreibliches Geräusch. Diejenigen, die noch darauf aus sind, sich zu paaren, schaffen es nicht. Aber sie wollen nicht aufgeben. Boden und Wand sind aus Hartgummi oder Ähnlichem. Bei heftigen Stößen mit dem Fuß oder der Faust oder dem Kopf schallen sie kaum. Und die Schritte erst, wie leise! Die einzigen nennenswerten Geräusche kommen von der Handhabung der Leitern und vom Aneinanderprallen der Körper oder eines einzelnen mit sich selbst, bei plötzlichem, unbändigem Sich-an-die-

Brust-Schlagen. Demnach gibt es noch Fleisch und Knochen. Leitern. Es sind die einzigen Gegenstände. Sehr verschieden große, doch ausnahmslos einfache. Die kleinsten nicht kürzer als sechs Meter. Mehrere sind ausziehbar. Sie lehnen in wenig harmonischer Weise an der Wand. Oben auf der größten stehend können die Größten die Decke berühren, mit den Fingerspitzen. Ihre Beschaffenheit ist also gleichermaßen bekannt wie die des Bodens und der Wand. Bei heftigen Stößen mit einer Sprosse schallt sie kaum. Diese Leitern sind sehr begehrt. Am Fuße einer jeden, immer oder meist, eine kurze Schlange Wartender. Es bedarf jedoch des Mutes, um sich ihrer zu bedienen. Denn bei allen fehlt die Hälfte der Sprossen, und zwar in wenig harmonischer Weise. Wenn nur jede zweite fehlte, wäre es nicht schlimm. Aber das Fehlen von drei aufeinander folgenden nötigt zu akrobatischen Leistungen. Trotzdem sind diese Leitern sehr begehrt und außer Gefahr, in bloße, nur unten und oben miteinander verbundene Holme verwandelt zu werden. Denn das Bedürfnis zu klettern ist allzu weit verbreitet. Es nicht mehr zu empfinden, ist eine seltene Befreiung. Die fehlenden Sprossen sind in den Händen einer kleinen Zahl Bevorrechtigter. Sie bedienen sich ihrer hauptsächlich zur Aggression und zu ihrer Verteidigung. Die einsamen Versuche, sich damit den Schädel einzuschlagen, führen bestenfalls nur zu kurzen Augenblicken der Bewußtlosigkeit. Es ist der Zweck der Leitern, die Sucher zu den Nischen gelangen zu lassen. Diejenigen, die sich nicht mehr dahinbegeben, bedienen sich ihrer nur, um den Boden zu verlassen. Es ist üblich, nicht zu zweit oder mehreren hinaufzusteigen. Der Flüchtige, der glücklich genug ist, eine freie zu finden, kann da Zuflucht suchen, bis alle Wut sich wieder legt. Nischen oder Waben. Es sind Höhlen in der Wand über einem in halber Höhe herumführenden gedachten Sims. Sie befinden sich also nur an ihrer oberen Hälfte. Mehr oder weniger breite Löcher verschaffen rasch Zugang zu kleinen Gelassen unterschiedlicher Geräumigkeit, die jedoch immer ausreicht, damit der Körper mit Hilfe des normalen Spiels der Gelenke da eindringen und sich dort auch schlecht und recht ausstrecken kann. Sie sind so angeordnet, daß jeweils vier um eine fünfte herum kunstvoll vom Quadrat abweichende Vierecke mit einer durchschnittlichen Seitenlänge von sieben Metern bilden. Eine Harmonie, die nur der zu genießen vermag, der aufgrund häufiger Besuche die Gesamtheit der Nischen so gut kennt, daß er ein vollkommenes Bild davon im Kopf hat. Es ist jedoch fraglich, ob es so jemanden gibt. Denn jeder Kletterer hat seine Lieblingsnischen und vermeidet nach Möglichkeit, in die anderen hinaufzusteigen. Einige Nischen sind durch Tunnel miteinander verbunden, die in die Wanddicke hineingetrieben wurden und bis zu fünfzig Meter Länge erreichen können. Aber die meisten haben keinen anderen Ausgang als den Eingang. Als ob sich in einem bestimmten Augenblick die Entmutigung ausgewirkt hätte. Zur Stützung dieser bloßen Annahme ist ein langer als Sackstrecke dort aufgegebener Tunnel anzuführen. Wehe dem Körper, der sich leichtsinnigerweise dort hineinwagt und nach langer Anstrengung genötigt ist, die Strecke so gut er kann in umgekehrter Richtung rückwärts kriechend zurückzulegen. Dieses Drama ist eigentlich nicht nur dem unvollendeten Tunnel vorbehalten. Man braucht nur in Betracht zu ziehen, was unausbleiblich geschehen wird, wenn sich in einem normalen Tunnel an entgegengesetzten Enden zwei Körper gleichzeitig auf den Weg machen. Nischen und Tunnel sind der gleichen Beleuchtung und dem gleichen Klima ausgesetzt wie die ganze Bleibe. Das wäre ein erster Blick in die Bleibe.

Ein Körper pro Quadratmeter, also insgesamt rund zweihundert. Als nahe und ferne Verwandte oder Freunde oder Bekannte kennen sich eigentlich viele. Das Wiedererkennen wird erschwert durch das Gedränge und die Dunkelheit. In gewisser Hinsicht sind es vielerlei Körper. Erstens diejenigen, die ohne anzuhalten herumgehen. Zweitens diejenigen, die manchmal anhalten. Drittens diejenigen, die, wenn sie nicht von ihrem Platz verjagt werden, nie den von ihnen eroberten verlassen, und die als Verjagte sich auf den ersten freien stürzen, um sich dort von neuem nicht mehr zu rühren. Das stimmt nicht ganz. Denn wenn bei diesen letzteren oder Seßhaften das Bedürfnis zu klettern erstorben ist, so unterliegt es darum nicht weniger sonderbaren Wiederauferstehungen. Der Betroffene verläßt dann seine Stelle und macht sich auf die Suche nach einer freien Leiter oder schließt sich der kürzesten oder nächsten Schlange Wartender an. Der Sucher kann nämlich schwerlich auf die Leiter verzichten. Es sind paradoxerweise die Seßhaften, die durch ihr Ungestüm die Ruhe des Zylinders am meisten stören. Viertens diejenigen, die nicht suchen oder Nichtsucher, die größtenteils an der Wand in der Haltung sitzen, die Dante ein seltenes mattes Lächeln entriß. Unter Nichtsuchern kann man trotz des Abgrunds, in den so was führt, schließlich nichts anderes verstehen als Exsucher. Um dieser Vorstellung einen Teil ihrer Heftigkeit zu nehmen, genügt es, das Bedürfnis zu suchen für nicht weniger wiedererweckbar zu halten als das nach der Leiter, und, bei den allem Anschein nach für immer niedergeschlagenen oder geschlossenen Augen, die sonderbare Fähigkeit, vor der Begegnung mit Gesichtern und Körpern plötzlich wieder zu erglühen. Aber es wird von dieser Vorstellung immer noch genug übrigbleiben, damit bei dieser kleinen Schar in einer mehr oder weniger langen Frist sogar der letzte Rest ihrer Spannkraft beseitigt wird. Eine Erschlaffung, die zum Glück unmerklich ist, wegen der Langsamkeit und der jähen Erweckungen, die sie zum Teil aufwiegen, und der Unaufmerksamkeit der Betroffenen in ihrer Betäubung, entweder der Leidenschaft wegen, die ihnen noch innewohnt, oder wegen ihres entkräfteten Zustands, dem sie unmerklich anheimgefallen sind. Und weit davon entfernt, sich ihren Endzustand vorstellen zu können, in dem jeder Körper starr sein wird und jedes Auge leer, werden sie dahin geraten, ohne daß es ihnen bewußt wird, und so sein, ohne es zu wissen. Dann werden Licht und Klima sich in einer Weise ändern, die unmöglich vorherzusehen ist. Aber es ist damit zu rechnen, daß das erste mangels Daseinsberechtigung erloschen ist und das zweite in der Nähe von Null ruht. In kalter Finsternis regungsloses Fleisch. Das wäre das Wichtigste über diese unter einem ersten Gesichtswinkel gesehenen Körper und über diese Vorstellung und deren Folgen, falls sie beibehalten wird.

Das Innere eines Zylinders mit einem Umfang von fünfzig Metern und einer Höhe von sechzehn wegen der Harmonie, also ungefähr zwölfhundert Quadratmeter Gesamtfläche, davon achthundert Wand. Ohne die Nischen und Tunnel mitzurechnen. Überallsein einer schwachen, gelben Helle, durchschüttelt von einem schwindelerregenden Hin und Her zwischen einander berührenden Extremen. Die Temperatur wechselt in ähnlichen, jedoch dreißig- bis vierzigmal langsameren Schwingungen, die sie rasch von einem

Maximum von etwa fünfundzwanzig Grad auf ein Minimum von etwa fünf Grad sinken lassen, was regelmäßige Schwankungen von fünf Grad pro Sekunde ergibt. Das stimmt nicht ganz. Denn es ist klar, daß sich an den Extremen des Auf und Ab der Abstand bis auf nur ein Grad verringern kann. Aber dieses Nachlassen dauert nie länger als eine knappe Sekunde. Dann und wann nach langer und sehr langer Zeit wieder eine Unterbrechung beider Schwingungen, die wahrscheinlich von derselben Kraft getrieben werden, und gleichzeitiger Wiederbeginn nach einer Beruhigung, deren wechselnde Dauer etwa zehn Sekunden erreichen kann. Entsprechendes Anhalten jeder Bewegung bei den sich bewegenden Körpern und gesteigerte Starrheit der Regungslosen. Einzige Gegenstände etwa fünfzehn einfache Leitern, von denen mehrere ausziehbare in unregelmäßigen Abständen an der Wand aufgestellt sind. An der oberen Hälfte der Wand ringsherum etwa zwanzig wegen der Harmonie so angeordnete Nischen, daß jeweils vier um eine fünfte ein Viereck bilden, und von denen mehrere durch Tunnel miteinander verbunden sind.

Seit jeher geht das Gerücht, oder noch besser, gilt der Gedanke, daß es einen Ausweg gibt. Diejenigen, die nicht mehr daran glauben, sind nicht dagegen gefeit, von neuem daran zu glauben, übereinstimmend mit der Vorstellung, die, solange sie Bestand hat, besagt, daß hier alles den Tod erleidet, aber einen so abgestuften, ja sogar derart wankenden Tod, daß er selbst einem Besucher nicht auffallen würde. Über die Art des Auswegs und über seinen Ort gibt es zwei Hauptmeinungen, die alle diejenigen veruneinigen, ohne sie jedoch in einen Gegensatz zueinander zu bringen, die diesem alten Glauben treu geblieben sind. Für die einen kann es sich nur um einen Geheimgang handeln, der in einem der Tunnel beginnt und hinausführt zu den, wie der Dichter sagt, Zufluchtstätten der Natur. Die anderen träumen von einer oben in der Mitte der Decke versteckten Klapptür, die Zugang zu einem Kamin gewährt, an dessen Ende angeblich immer noch die Sonne und die anderen Sterne glänzten. Die Umschwünge in beide Richtungen kommen häufig vor, so daß jemand, der in einem bestimmten Augenblick nur auf den Tunnel schwor, durchaus im nächsten Augenblick nur auf die Klapptür schwören und einen Augenblick später sich wieder eines anderen belehren kann. Bei alledem steht jedenfalls fest, daß sich von den beiden Lagern das erste zugunsten des zweiten lichtet. Aber so langsam und so unstetig und freilich mit so geringer Rückwirkung auf das Verhalten der einen und der anderen, daß man, um es wahrzunehmen, in das Geheimnis der Götter eingeweiht sein muß. Diese Verschiebung liegt in der Logik der Dinge. Denn diejenigen, die an einen Ausweg glauben, einen zugänglichen, wie er es von einem Tunnel aus wäre, und dabei nicht einmal an seine Benutzung denken, können versucht sein, nach ihm zu forschen. Wohingegen dieser böse Geist den Anhängern der Klapptür deshalb erspart bleibt, weil die Mitte der Decke außer Reichweite ist. So verschiebt sich der Ausweg unmerklich vom Tunnel zur Decke, bevor es ihn je gegeben hat. Das wäre ein erster Blick auf diesen Glauben, der auch ohne die Treue, die er so vielen besessenen Herzen einflößt, an sich schon so seltsam ist. Sein kleines, unnützes Licht wird sie wohl als letztes verlassen, vorausgesetzt, daß die Finsternis ihrer harrt.

Hoch oben auf der großen am weitesten ausgezogenen und an die Wand gestellten Leiter können die größten Kletterer mit den Fingerspitzen den Rand der Decke berühren. Denselben Körpern würde dieselbe senkrecht in der Mitte des Bodens aufgestellte Leiter, da sie sie einen halben Meter gewinnen ließe, die beliebige Erkundung des sagenhaften Bereichs gestatten, der unzugänglich genannt wird und es demnach eigentlich gar nicht ist. Denn ein solcher Griff zur Leiter ist denkbar. Es bedürfte nur etwa zwanzig entschlossener Freiwilliger, die mit vereinten Kräften die Leiter im Gleichgewicht zu halten hätten, notfalls mittels anderer Leitern, die als Streben dienen würden. Ein Augenblick der Brüderlichkeit. Aber diese ist ihnen außer bei Gewaltsamkeitsausbrüchen ebenso fremd wie den Schmetterlingen. Und zwar nicht so sehr mangels Mut oder Einsicht als wegen des Ideals, das einen jeden verzehrt. Soviel über jenen unantastbaren Zenit, wo sich in den Augen der Mythenfreunde ein Ausweg zu Erde und Himmel verbirgt.

Der Gebrauch der Leitern wird durch Abmachungen unbekannten Ursprungs geregelt, die in ihrer Bestimmtheit und hinsichtlich des Gehorsams, den sie von den Kletterern verlangen, Gesetzen gleichen. Es gibt Verstöße, die gegen den Schuldigen eine kollektive Wut entfesseln, welche überrascht bei Wesen, die im großen und ganzen so friedfertig sind und außerhalb des großen Unternehmens so wenig aufeinander achten. Andere hingegen stören kaum die allgemeine Gleichgültigkeit. Das ist auf den ersten Blick sehr merkwürdig. Alles beruht auf dem Verbot, zu mehreren dieselbe Leiter hinaufzusteigen. Solange der Kletterer, der sie gerade benützt, nicht wieder den Boden erreicht hat, ist sie für den folgenden verboten. Es erübrigt sich, sich das Durcheinander vorstellen zu wollen, das sich aus dem Fehlen einer solchen Regel oder aus deren Nichtbefolgung ergeben würde. Aber wenn sie auch zur Annehmlichkeit aller gedacht ist, kann doch weder die Rede davon sein, daß sie unbeschränkt anwendbar wäre, noch davon, daß sie dem rücksichtslosen Kletterer erlaubte, seine Leiter unvernünftig lange stillzustellen. Denn ohne irgendein Hemmnis würde derjenige, dem es einfiele, es sich auf die Dauer in einer Nische oder in einem Tunnel bequem zu machen, eine für immer unbenützbare Leiter hinter sich lassen. Und wenn andere seinem Beispiel folgten, was unausbleiblich wäre, so würde die Folge das Schauspiel von hundertfünfundachtzig Kletterkörpern abzüglich der Besiegten sein, die für immer dem Boden geweiht sind. Ganz zu schweigen von der Unausstehlichkeit, daß da Geräte wären, die zu nichts nützen. Es gilt also als abgemacht, daß nach einer gewissen Frist, die zwar schwer zu schätzen, aber von jedem bis auf die Sekunde genau zu ermessen ist, die Leiter wieder frei, das heißt unter den gleichen Bedingungen für denjenigen verfügbar wird, der an der Reihe ist hinaufzusteigen und der durch seinen Platz an der Spitze der Schlange leicht erkennbar ist, so schlimm dies auch für den Mißbraucher sein mag. Dieser letztere, dem die Leiter abhanden gekommen ist, befindet sich tatsächlich in einer heiklen Situation, und es scheint von vornherein ausgeschlossen zu sein, daß er jemals wieder auf den Boden zurückkehren kann. Er erreicht diesen glücklicherweise früher oder später dank einer anderen Vorkehrung, nach der unter allen Umständen der Abstieg Vorrang vor dem Aufstieg hat. Er braucht also nur am Loch seiner Nische zu lugen, bis eine Leiter sich einfindet, um sie dann in aller Ruhe und mit der Zuversicht zu benützen, daß derjenige, der unten im Begriff, ja sogar drauf und dran ist, hinaufzusteigen, ihm den Vorrang läßt. Das Schlimmste, was ihm passieren könnte, wäre, daß er lange warten müßte wegen des Umlaufs der Leitern. Es kommt nämlich selten vor, daß ein Kletterer, der an der Reihe ist, in dieselbe Nische hinaufsteigen möchte wie sein Vorgänger, und dies aus offensichtlichen Gründen, die sich zu gegebener Zeit zeigen werden. Er geht also gefolgt von seiner Schlange mit der Leiter los und richtet sie unter irgendeiner der fünf Nischen auf, die sich ihm aufgrund des Unterschieds zwischen ihrer Anzahl und der Anzahl der Leitern bieten. Um wieder auf den Unglücklichen zurückzukommen, der die Frist überschritten hat, so ist klar, daß seine Aussichten auf einen schnellen Wiederabstieg vermehrt, wenn auch längst nicht verdoppelt werden, falls er dank einem Tunnel über zwei Nischen zum Lugen verfügt. Wenn er es auch in solchem Falle meistens und immer, wenn der Tunnel lang ist, vorzieht, auf eine der beiden Nischen allein zu setzen, aus Furcht, daß sich da, während er von der einen zur anderen hindurchkriecht, eine Leiter einfindet. Aber die Leitern dienen nicht nur dazu, die Nischen und Tunnel zu erreichen, und diejenigen, die das, sei es auch nur zeitweilig, nicht mehr interessiert, benutzen sie nur, um den Boden zu verlassen. Sie steigen hinauf und machen in der von ihnen gewünschten Höhe halt, um dort meist aufrecht zu verweilen, mit dem Gesicht zur Wand. Auch bei dieser Klettererfamilie kommt es vor, daß die vorgeschriebenen Fristen überschritten werden. Es ist in solchem Falle vorgesehen, daß derjenige, dem die Leiter zusteht, bis zu dem Schuldigen hinaufsteigt und ihn mit einem oder mehreren Schlägen auf den Rücken zur Wirklichkeit zurückruft. Das genügt, damit dieser schleunigst hinter seinem Nachfolger hinabsteigt, der dann nur noch unter den gewohnten Bedingungen von der Leiter Besitz zu ergreifen braucht. Diese Fügsamkeit des Mißbrauchers zeigt deutlich, daß der Vorstoß keine Absicht ist, sondern auf einer zeitweiligen Störung seiner inneren Sanduhr beruht, die leicht verständlich und mithin verzeihlich ist. Das ist der Grund dafür, daß dieses übrigens seltene Verschulden, sei es von denjenigen, die zu den Nischen und Tunneln hinaufsteigen, oder von denjenigen, die auf der Leiter haltmachen, nie jene Wut ausbrechen läßt, welche die Unglücklichen trifft, die sich unterstehen, ihrerseits vor Ablauf der Frist hinaufzusteigen, und deren Übereilung immerhin ebenso erklärbar und also mit gleichem Recht verzeihbar erscheinen könnte wie die entgegengesetzte Übertretung. Das ist in der Tat merkwürdig. Aber hier geht es um das Grundprinzip, das verbietet, zu mehreren hinaufzusteigen, und dessen wiederholte Verletzung den Zylinder schnell in ein Pandämonium verwandeln würde. Wohingegen die verspätete Rückkehr auf den Boden letztlich nur dem Saumseligen schadet. Das wäre ein erster Einblick in das Reglement der Kletterer.

Das Weitertragen der Leitern vollzieht sich auch nicht nach Belieben, sondern immer längs der Wand im Sinne des Wirbels. Das ist eine ebenso strenge Regel wie das Verbot, zu mehreren hinaufzusteigen, und die zu übertreten untunlich ist. Nichts ist natürlicher. Denn wenn es erlaubt wäre, um der Abkürzung willen die Leiter mitten durch das Gewühl zu tragen oder an der Wand entlang in eine beliebige der beiden Richtungen, so wäre das Leben im Zylinder bald unmöglich. Darum wurde für die Träger an der ganzen Wand entlang ein ungefähr ein Meter breiter Pfad reserviert. Da halten sich auch diejenigen auf, die warten, bis die Reihe, hinaufzusteigen, an ihnen ist, und die, um das Betreten der eigentlichen Arena zu vermeiden, eng beieinander mit dem Rücken an der Wand lehnen und sich so dünn wie möglich machen.

Merkwürdig ist auf dem Pfad die Anwesenheit einer gewissen Anzahl von Seßhaften. Sie sitzen oder stehen an der Wand. Obwohl sie gleichgültig gegenüber den Leitern sind und sowohl bei den Kletterern als auch bei den Trägern Anstoß erregen, werden sie immerhin geduldet. Tatsache ist, daß diese wohl nur halben Weisen, bei denen übrigens alle Altersklassen vom Greis bis zum Kleinkind vertreten sind, denjenigen, die sich weiterhin rastlos regen, wenn nicht Ehrfurcht, so doch zumindest Achtung einflößen. Sie gieren danach wie nach einer ihnen gebührenden Huldigung, und sie reagieren krankhaft empfindlich auf den geringsten Mangel an Respekt. Ein seßhafter Sucher, auf den man tritt, statt über ihn hinwegzusteigen, kann dermaßen in Wut ausbrechen, daß der ganze Zylinder in Aufruhr gerät. Ebenfalls an die Wand geschmiegt finden sich, sowohl sitzend als auch stehend, vier von fünf der Besiegten. Auf sie kann man treten, ohne daß sie sich rühren.

Bemerkenswert ist schließlich die Sorge, mit der die Sucher der Arena sich darum bemühen, nicht das Gebiet der Kletterer zu betreten. Wenn sie, des vergeblichen Suchens im Gewühl müde, sich dem Pfad zuwenden, dann tun sie es, um gemessenen Schritts der gedachten Umrandung zu folgen und dabei alle, die sich dort befinden, mit den Augen zu verschlingen. Ihr langsames Kreisen gegen den Strom der Träger läßt einen zweiten, noch schmaleren Pfad entstehen, der seinerseits von der Masse der Sucher gemieden wird. Was bei entsprechender Beleuchtung von oben gesehen bisweilen den Eindruck von zwei schmalen Ringen erwecken würde, die sich in entgegengesetzten Richtungen um das Gedränge in der Mitte drehen.

Ein Körper pro Quadratmeter der Nutzfläche, demnach rund zweihundert. Körper beider Geschlechter und jeden Alters vom Greis bis zum Kleinkind. Säuglinge, die, da sie nichts mehr zu saugen haben, mit suchenden Augen auf dem Schoß kauern oder sich in frühreifen Posen auf dem Boden räkeln. Andere, etwas weiter entwickelte kriechen auf allen vieren und suchen zwischen den Beinen herum. Hübsche Einzelheit: eine Frau mit weißem Haar, noch jung nach ihren Schenkeln zu urteilen, lehnt an der Wand, die Augen in Aufgegebenheit geschlossen, preßt unwillkürlich ein Knäblein an ihre Brust, das sich abstemmt, um den Kopf drehen und sich umsehen zu können. Aber solche Ganz-Kleinen gibt es gar nicht viele. Keiner schaut in sich, wo niemand sein kann. Niedergeschlagene oder geschlossene Augen bedeuten Aufgegebenheit und finden sich nur bei den Besiegten. Diese an den Fingern einer Hand abzählbaren sind nicht notgedrungen regungslos. Sie können in der Menge umherirren, ohne etwas zu sehen. Für das fleischliche Auge unterscheidet sie nichts von den Körpern, die sich eifrig bemühen. Diese erkennen sie und lassen sie durch. Sie können am Fuß der Leitern warten und, wenn sie an der Reihe sind, in die Nischen hinaufsteigen oder nur den Boden verlassen. Sie können blindlings durch die Tunnel kriechen, auf der Suche nach nichts. Aber gewöhnlich läßt die Aufgegebenheit sie im Raum verharren und in der Haltung erstarren. Eben diese, ob stehend oder sitzend, ist meist tief gebeugt und erlaubt es, die Besiegten von den seßhaften Suchern zu unterscheiden, die jeden vorübergehenden Körper mit den Augen verschlingen, ohne dabei den Kopf zu bewegen. Stehend oder sitzend schmiegen sie sich an die Wand bis auf einen, der, in der

Arena überwältigt, inmitten der Bewegten wie angewurzelt steht. Diese erkennen ihn an und wahren Abstand. Sie unterliegen immer wieder jähen Rückfällen ins Fieber des Sehens ebenso wie diejenigen, die nach ihrem Verzicht auf die Leitern plötzlich wieder danach greifen. So wahr ist es, daß im Zylinder das wenige Mögliche, wo es nicht ist, bloß nicht mehr ist, und im geringsten Weniger das ganze Nichts, falls diese Vorstellung beibehalten wird. Und die Augen machen sich plötzlich wieder ans Suchen, ebenso hungrig wie am undenkbaren ersten Tag, bis sie ohne offenbaren Grund sich plötzlich wieder schließen oder der Kopf hinabsinkt. Es ist wie bei einem großen windgeschützten Haufen Sand, der jedes zweite Jahr um drei Körnchen vermindert und im jeweils folgenden um zwei vermehrt würde, falls diese Vorstellung beibehalten wird. Wenn die Besiegten noch eine Strecke vor sich haben, was ist dann von den anderen zu sagen und welch besseren Namen könnte man ihnen geben als den schönen Namen Sucher. Die einen, weitaus am zahlreichsten, machen nie halt, außer um auf eine Leiter zu warten oder um von einer Nische aus zu lugen. Andere bleiben von Zeit zu Zeit kurz stehen, ohne die Suche mit den Augen aufzugeben. Für die seßhaften Sucher gilt, falls sie sich nicht mehr vom eroberten Platz rühren, daß sie sich für dort die besten Aussichten ausgerechnet haben, und, falls sie fast nie mehr zu den Nischen und Tunneln hinaufsteigen, daß sie allzu oft vergeblich da hinaufgestiegen sind oder dort allzu üble Erfahrungen gemacht haben. Ein vernunftbegabtes Wesen wäre versucht, in diesen letzteren die nächsten Besiegten zu sehen, und, einmal in Schwung, von denjenigen, die weiterhin rastlos umhergehen, zu erwarten, daß alle früher oder später nacheinander enden wie diejenigen, die manchmal anhalten, und desgleichen von diesen, daß sie als Seßhafte enden, und von den Seßhaften, daß sie als Besiegte enden, und von den somit zweihundert Besiegten, daß alle früher oder später enden, jeder wenn er dran ist, alle als ganz und gar Besiegte, die endgültig erstarrt sind, jeder an seinem Platz und jeder in seiner Haltung. Aber wenn man diesen Familien je nach Reifegrad laufende Nummern gibt, so lehrt die Erfahrung, daß es möglich ist, den zweiten überspringend, vom ersten zum dritten zu gelangen, und, den zweiten oder dritten oder beide überspringend, vom ersten zum vierten, und, den dritten überspringend, vom zweiten zum vierten. In der entgegengesetzten Richtung fallen die schlecht Besiegten nach langen Zwischenzeiten immer kurzfristiger in den Zustand der Seßhaften zurück, zu welch letzteren einige chronisch Unstete zählen, die dazu neigen, der Leiter wieder zu erliegen, während sie gegenüber der Arena gleichgültig bleiben. Aber nie mehr werden jene unaufhörlich kommen und gehen, die jetzt, nach langen Zwischenzeiten, haltmachen, ohne darum aufzuhören, mit den Augen zu suchen. Zur Zeit des wie das Ende undenkbaren Anfangs irrten also alle ohne Rast noch Ruhe herum, einschließlich der Säuglinge, insoweit diese sich tragen ließen, außer denjenigen freilich, die schon am Fuße der Leitern warteten oder in den Tunneln verharrten, um besser zu lauschen, oder lugend in den Nischen hockten, und streiften so alle herum, eine sehr lange Zeit, unmöglich zu schätzen, ehe der erste stehenblieb, gefolgt von einem zweiten und so weiter. Aber was jetzt zur Stunde, der einzigen, die es geben wird, das Schätzen der Zahl jener Treugebliebenen betrifft, die unermüdlich kommen und gehen, ohne sich je die geringste Ruhe zu gönnen, und derjenigen, die dann und wann haltmachen, und der Seßhaften und der sogenannten Besiegten, so möge die Behauptung genügen, daß jetzt zur Stunde, trotz des Gedränges und der Dunkelheit, bis auf einen Körper richtig geschätzt, die ersten zweimal soviele sind wie die zweiten, die dreimal soviele sind wie die dritten, die viermal soviele sind wie die vierten, macht insgesamt fünf Besiegte. Verwandte und Freunde sind zahlreich vertreten, ohne von bloßen Bekannten zu reden. Gedränge und Dunkelheit erschweren das Erkennen. Bei zwei Schritt Abstand sind Mann und Frau, um nur von der allerinnigsten Bindung zu sprechen, einander fremd. Angenommen, sie nähern sich einander noch ein wenig, bis sie sich berühren können, und wechseln ohne stehenzubleiben einen Blick. Falls sie sich dabei wiedererkennen, zeigt es sich nicht. Was sie auch suchen mögen, das nicht.

Was zuerst auffällt in diesem Halbdunkel, ist der Eindruck von Gelb, um der Assoziationen wegen nicht Schwefel zu sagen. Dann die Tatsache, daß es regelmäßig und unaufhörlich schwingt in einer Geschwindigkeit, die zwar groß ist, aber nie jene übersteigt, die das Pulsieren unmerklich machen würde. Und schließlich, sehr viel später, daß dieses sich dann und wann für sehr kurze Zeit beruhigt. Diese seltenen, kurzen Ruhepausen haben, gelinde gesagt, eine unbeschreiblich dramatische Wirkung. Die Bewegten verharren dadurch wie angewurzelt auf der Stelle, oft in überspannten Haltungen, und die zehnfach verstärkte Regungslosigkeit der Besiegten und Seßhaften läßt die gewöhnlich zur Schau gestellte lächerlich erscheinen. Die infolge von Wut oder Entmutigung schlagbereit schwingenden Fäuste erstarren an irgendeinem Punkt des Bogens und vollenden den Schlag oder den Hagel von Schlägen erst, wenn die Aufregung vorbei ist. Das Gleiche gilt für diejenigen, die beim Klettern oder Tragen der Leiter oder vergeblichem Liebesmühen oder Hocken in den Nischen oder Kriechen in den Tunneln, je nachdem, überrascht wurden, ohne daß es sich lohnte, auf Einzelheiten einzugehen. Aber nach höchstens zehn Sekunden geht das Wabern wieder los, und im selben Augenblick ist alles wieder wie zuvor. Diejenigen, die kamen und gingen, kommen und gehen nun wieder, und die Regungslosen entspannen sich. Die Sich-Paarenden stürzen sich wieder ins Joch und die Fäuste schwingen wieder weiter. Das Geräusch, das wie abgeschaltet verstummt war, erfüllt von neuem den Zylinder. Unter allen Komponenten, deren Summe es ist, erkennt das Ohr schließlich ein leises Insektengezirp, das vom Licht selber herrührt und das einzig gleichbleibende ist. Zwischen den Extremen, welche die Schwingung begrenzen, ist der Unterschied kaum größer als zwei oder drei Lumen. Was bewirkt, daß zum Eindruck von Gelb der schwächere von Rot kommt. Kurzum: eine Beleuchtung, die nicht nur verdunkelt, sondern obendrein noch verwirrt. Nichts hinderte daran zu behaupten, daß das Auge sich schließlich an diese Bedingungen gewöhnt und sich ihnen anpaßt, wenn nicht genau das Gegenteil zu beobachten wäre, nämlich ein langsames Erschlaffen der Sehkraft, die auf die Dauer durch dieses feurig flackernde Dunkel verdorben wird und durch die unablässige, immer wieder vergebliche Anstrengung und die damit zusammenhängende, auf das Organ zurückwirkende seelische Not. Und wenn es möglich wäre, zwei vorzugsweise blaue, da verderblichere Augen recht lange Zeit genau zu beobachten, so sähe man, wie sie sich mehr und mehr mit Blut füllen und immer weiter aufgerissen werden und ihre Pupillen sich allmählich weiten, bis die Hornhaut ganz und gar verzehrt ist. Das alles selbstverständlich auf eine so langsame und so wenig sinnfällige Weise, daß die am stärksten Betroffenen selber es nicht merken, falls diese Vorstellung beibehalten wird. Und für das denkende Wesen, das sich kalt über all diese Gegebenheiten und Offensichtlichkeiten beugt, wäre es wahrscheinlich schwierig, am Ende seiner Untersuchung nicht zu Unrecht anzunehmen, daß, statt den Ausdruck Besiegte zu gebrauchen, der tatsächlich einen leisen, pathetischen Beiklang hat, man besser ganz einfach von Blinden sprechen würde. Sind diese ersten Überraschungen endlich vorbei, so erweist sich, daß diese Beleuchtung noch insofern ungewöhnlich ist, als sie statt eine oder mehrere sichtbare oder verborgene Quellen erkennen zu lassen, scheinbar von allen Seiten kommt und überall gleichzeitig ist, als ob der ganze Ort einschließlich der sich in der Luft herumbewegenden Partikeln leuchtete. Derart, daß sogar die Leitern eher Licht zu spenden als welches zu bekommen scheinen, wobei Licht natürlich nicht das richtige Wort ist. Die einzigen Schatten sind folglich diejenigen, die sich die Körper verschaffen, indem sie sich absichtlich oder notgedrungen aneinanderdrängen, wie wenn sich zum Beispiel auf eine Brust, damit sie nicht mehr beleuchtet sei, oder auf irgendein Geschlechtsteil die Hand legt, deren Innenfläche somit verschwindet. Wohingegen nur beim Kletterer auf seiner Leiter oder im tiefsten Innern eines Tunnels die ganze Haut in gleicher Weise gelbrot gleißt, sogar einige ihrer Falten und Winkel, soweit die Luft dort hineindringt. Was die Temperatur betrifft, so schwankt sie zwischen viel weiter auseinanderliegenden Extremen und mit einer viel geringeren Geschwindigkeit, da sie nicht weniger als vier Sekunden braucht, um von ihrem Minimum von fünf Grad zu ihrem Maximum von fünfundzwanzig Grad überzugehen und umgekehrt, was einem Durchschnitt von nur fünf Grad pro Sekunde entspricht. Soll das heißen, daß es in jeder Sekunde, die vergeht, zu einem Steigen oder Sinken von nicht mehr und nicht weniger als fünf Grad kommt? Eigentlich nicht. Denn es ist offensichtlich, daß in zwei bestimmten Perioden am oberen und unteren Ende der Skala, nämlich von einundzwanzig Grad an aufwärts und von neun abwärts, diese Spanne nicht erreicht wird. Also unterliegen die Körper während kaum sechseinhalb von den acht Sekunden, die das Auf und Ab dauert, einem Höchstmaß an Erwärmung und Abkühlung, was mittels einer Addition oder besser noch einer Division immerhin eine Summe von zwanzig Jahren partieller Schonung pro Jahrhundert in diesem Bereich ergibt. Es liegt zunächst etwas Störendes in der relativen Langsamkeit dieses Hin und Her, verglichen mit dem des Lichts. Aber das ist eine Störung, die schnell untersucht und behoben werden kann. Denn, wenn man es sich recht überlegt, besteht der Unterschied nicht zwischen den Geschwindigkeiten, sondern zwischen den zurückgelegten Strecken. Und wenn die von der Temperatur verlangte auf den Wert von ein paar Lumen verringert würde, wären die beiden Wirkungen mutatis mutandis nicht auseinanderzuhalten. Aber das würde nicht den Bedürfnissen des Zylinders entsprechen. Alles ist also aufs beste bestellt. Zumal, da die beiden Gewitter miteinander gemein haben, daß, wenn das eine wie durch Zauberei abgeschaltet wird, auch das andere ebenso schlagartig aufhört, als wären sie irgendwo mit ein und demselben Schalter verbunden. Denn nur im Zylinder gibt es Gewißheit, und draußen nichts als Rätsel. Die Körper erfahren also dann und wann höchstens zehn Sekunden anhaltender Wärme oder Kühle oder etwas dazwischen, ohne daß dies als Schonung zählen kann, da dann die andere Spannung so groß ist.

Der Boden des Zylinders besteht aus drei verschiedenen Zonen, getrennt durch geistige oder gedachte, für das fleischliche Auge unsichtbare scharfe Grenzen. Zunächst ein ungefähr ein Meter breiter äußerer Streifen, der den Kletterern vorbehalten ist, und wo sich sonderbarerweise auch die meisten Seßhaften und Besiegten am liebsten aufhalten. Dann ein etwas schmalerer innerer Streifen, wo im Gänsemarsch langsam diejenigen einherziehen, die, des Suchens in der Mitte müde, sich dem Rand zuwenden. Schließlich die eigentliche Arena, die eine Fläche von rund hundertfünfzig Quadratmetern bildet und das bevorzugte Jagdgebiet der Mehrzahl ist. Wenn man diesen drei Zonen laufende Nummern gibt, erweist sich deutlich, daß der Sucher beliebig von der dritten zur zweiten und umgekehrt übergeht, wohingegen er, um in die erste hinein- oder aus ihr hinauszugelangen, eine gewisse Disziplin halten muß. Eins unter tausend Beispielen für die Harmonie, die im Zylinder zwischen Ordnung und Lässigkeit herrscht. Der Zugang zum Bereich der Kletterer ist also nur gestattet, wenn einer von ihnen ihn verläßt, um sich den Suchern in der

Arena anzuschließen oder ausnahmsweise denen der Zwischenzone. Wenn auch selten gegen diese Regel verstoßen wird, so kommt es doch vor, daß ein besonders nervöser Sucher der Verlockung der Nischen und Tunnel nicht mehr widerstehen kann und versucht, sich unter die Kletterer zu schmuggeln, ohne durch einen Weggang dazu berechtigt zu sein. Er wird dann unausbleiblich durch die der Übertretungsstelle am nächsten befindliche Schlange zurückgedrängt, und dabei bleibt es. Der Sucher der Arena, der sich zu den Kletterern begeben möchte, ist somit genötigt, bis sich eine Gelegenheit dazu bietet, bei den Suchern der Zwischenzone oder Sucher-Lugern oder ganz einfach Lugern zu lugen. Soviel über den Zugang zu den Leitern. In der entgegengesetzten Richtung ist der Übergang auch nicht beliebig, und wenn der Luger einmal bei den Kletterern ist, bleibt er eine Weile da, und zwar während der höchst unterschiedlichen Zeit, die jeder braucht, um vom Ende bis an die Spitze seiner Wartereihe zu gelangen. Denn so frei es jedem Körper steht, zu klettern oder nicht zu klettern, so bindend ist auch die Verpflichtung, die frei gewählte Schlange bis zum Ende durchzustehen. Jeder Versuch, sie vorzeitig zu verlassen, wird von denjenigen, die darin stehen, streng geahndet, und der Schuldige wieder an seinen Platz in der Reihe verwiesen. Aber sobald ein Wartender am Fuße der Leiter angekommen ist und, um sich ihrer zu bemächtigen, nur noch eine einzige Rückkehr auf den Boden abzuwarten braucht, darf er weggehen, um sich den Suchern der Arena anzuschließen oder ausnahmsweise den Lugern der zweiten Zone, ohne dabei auf Widerspruch zu stoßen. Folglich werden die Reihenersten, da sie am ehesten den so heiß ersehnten Platz zu schaffen verheißen, von denjenigen in der zweiten Zone überwacht, die vom Drang, in die erste zu gelangen, gequält werden. Die Opfer dieser Überwachung bleiben ihr bis zu dem Moment ausgesetzt, da sie ihr Recht auf die Leiter geltend machen, indem sie diese übernehmen. Denn der Kletterer kann an der Spitze der Schlange mit der festen Absicht ankommen, hinaufzusteigen und erleben, wie diese allmählich durch das Bedürfnis verdrängt wird, wegzugehen, wozu er sich jedoch bis zum allerletzten Moment, in dem sein Vorgänger schon hinabsteigt und die Leiter ihm endlich virtuell gehört, nicht entschließen kann. Bemerkenswert ist auch die für den Kletterer bestehende Möglichkeit, die Schlange, sobald er ihre Spitze erreicht, zu verlassen, ohne die Zone verlassen zu müssen. Dazu braucht er sich nur irgendeiner anderen der ihm zur Verfügung stehenden vierzehn Schlangen anzuschließen oder aber sich wieder ans Ende seiner eigenen zu stellen. Aber es ist eine Seltenheit, daß ein Körper seine Schlange verläßt, und dann, nachdem er sie verlassen hatte, nicht auch die Zone verläßt. Er ist also, wenn er erst mal bei den Kletterern ist, genötigt, da mindestens für die Zeit des Vorrückens vom letzten auf den ersten Platz in der gewählten Schlange zu bleiben. Diese Zeit ist je nach der Länge der Schlange oder der mehr oder weniger langen Inanspruchnahme der Leiter unterschiedlich lang. Gewisse Benutzer beanspruchen sie bis zum letzten Moment. Anderen genügt die Hälfte oder irgendein anderer Bruchteil dieser Zeit. Die kurze Schlange ist somit nicht notwendigerweise die schnellste, und einer, der als Zehnter zu warten begonnen hat, kann als Erster vor einem anderen ankommen, der als Fünfter begann, vorausgesetzt natürlich, daß sie gleichzeitig begannen. Unter diesen Bedingungen ist es nicht verwunderlich, daß die Wahl der Schlange durch Überlegungen bestimmt wird, die nichts oder nur wenig mit ihrer Länge zu tun haben. Nicht daß alle oder auch nur die meisten sich eine auswählten. Es besteht eher die Neigung, sich von Anfang an der Schlange anzuschließen, die der Eintrittsstelle am nächsten ist, unter der Bedingung jedoch, daß dies nicht eine Fortbewegung gegen den Strom erfordert. Für denjenigen, der auf diese Zone zugeht, befindet sich die nächste Schlange zur Rechten, und wenn er kein Gefallen an ihr findet, kann er nur dadurch, daß er nach rechts geht, eine finden, die ihm besser gefällt. Einige würden so Tausende von Graden weitergehen, bevor sie wartend stehenblieben, gäbe es für sie nicht das Verbot, mehr als eine Runde zu machen. Jeder Versuch, dagegen zu verstoßen, wird von der Schlange, die der Überrundungsstelle am nächsten ist, geahndet, und der Schuldige wird gezwungen, sich ihr anzuschließen, da er auch nicht das Recht hat, umzukehren. Daß eine ganze Runde erlaubt ist, spricht in beredter Weise für die Duldsamkeit, welche die Disziplin im Zylinder mildert. Aber, sei es eine frei gewählte Schlange oder die erste beste, sie muß immer bis ans Ende durchgestanden werden, bevor man von den Kletterern weg kann. Erste Möglichkeit zum Weggehen also irgendwann zwischen Ankunft an der Spitze der

Schlange und Rückkehr des Vorgängers auf den Boden. Es ist in diesem Zusammenhang nur noch zu erläutern, wie ein Körper, nachdem er die Schlange hinter sich gebracht und die erste Möglichkeit des Weggehens versäumt und sein Recht auf die Leiter geltend gemacht hat, wieder auf den Boden zurückkehrt. In eben diesem Moment steht es ihm wieder frei, ohne weiteres wegzugehen, obgleich ihn nichts dazu nötigt, und er braucht, um bei den Kletterern bleiben zu können, nur da, wo er gerade Schlange gestanden hat, unter den gleichen Bedingungen noch einmal Schlange zu stehen, mit der erneuerten Möglichkeit, bei Erreichen des ersten Platzes wegzugehen. Und wenn er aus dem einen oder anderen Grunde die Schlange und die Leiter wechseln möchte, so darf er, um seine Wahl zu treffen, eine ganze Runde machen, mit dem gleichen Recht wie beim ersten Mal und unter den gleichen Bedingungen, außer daß es ihm, da er schon einmal eine Schlange bis ans Ende durchgestanden hat, in jedem Augenblick dieses neuen Umlaufs freisteht, die Zone zu verlassen. Und unendlich so weiter. So daß für diejenigen, die schon bei den Kletterern sind, theoretisch die Möglichkeit besteht, niemals da wegzugehen, und für diejenigen, die noch nicht da sind, niemals dort anzukommen. Da es keinerlei Regel zur Vereitelung einer solchen Ungerechtigkeit gibt, ist klar, daß sie sich nicht zu verewigen droht. In der Tat nicht, denn die Leidenschaft zu suchen ist so groß, daß keine Stelle undurchsucht bleiben darf. Was nicht verhindert, daß einem Luger, der auf einen Weggang lauert, das Warten endlos lang vorkommen kann. Mitunter, wenn er es nicht mehr aushalten kann und durch lange Abwesenheit gekräftigt ist, verzichtet er auf die Leiter und kehrt wieder in die Arena zurück, um weiterzusuchen. Das wären in groben Zügen die Hauptabteilungen des Bodens und die Rechte und Pflichten der Körper bei ihrem Übergang von der einen zur anderen. Alles ist nicht gesagt worden und wird nie gesagt werden. Welchem Prioritätsprinzip gehorchen wohl die Luger, von denen stets zahlreiche den ersten Weggang von den Kletterern ausnutzen möchten, und deren Reihenfolge bei der Ankunft an Ort und Stelle weder durch die bei ihnen nicht zustandezubringende Schlange noch anders festzustellen ist? Muß man nicht eine Überfüllung der Zwischenzone befürchten, und welche Auswirkungen hätte das auf die Gesamtheit der Körper und besonders auf die derart von den Leitern Getrennten in der Arena? Wird der Zylinder nicht über kurz oder lang der Unordnung geweiht und der Wut und Gewalttätigkeit überantwortet? Auf diese und auf noch manche anderen Fragen gibt es klare Antworten, die leicht zu geben sind, wenn man es nur wagt. Über die Seßhaften ist nichts Besonderes mehr zu sagen, da lediglich die Leitern sie ihrer Unbeweglichkeit entwöhnen können. Die Besiegten sind hiervon selbstverständlich in keiner Weise betroffen.

Die Wirkung dieses Klimas auf die Seele ist nicht zu unterschätzen. Aber diese leidet darunter sicherlich weniger als die Haut, deren sämtliche Abwehrsysteme vom Schweißausbruch bis zur Gänsehaut in jedem Moment strapaziert werden. Sie hört trotzdem nicht auf, sich zu wehren, zwar schlecht, aber recht verglichen mit dem Auge, das beim besten Willen schwerlich am Ende seiner Anstrengungen nicht der völligen Blindheit zu überlassen ist. Denn da es selber auf seine Art Haut ist, ungeachtet seiner Flüssigkeiten und Lider, hat es mehr als einen Widersacher. Dieses Austrocknen der Hülle raubt der Nacktheit einen guten Teil ihres Reizes, wenn sich Rosa in Grau verwandelt, und das natürliche, saftvolle Gleiten von Fleisch an Fleisch in ein Brennesselrascheln. Selbst die Schleimhäute werden in Mitleidenschaft gezogen, was nicht schlimm wäre, wenn sich daraus nicht eine Behinderung beim Lieben ergäbe. Aber selbst in dieser Hinsicht ist der Schaden nicht groß, so selten kommt es im Zylinder zur Erektion. Trotzdem gibt es sie, gefolgt von einem mehr oder weniger glücklichen Eindringen in den nächsten Tubus. Es kommt sogar vor, daß Gatten sich kraft des Wahrscheinlichkeitsgesetzes auf diese Weise wieder vereinigen, ohne sich dessen bewußt zu werden. Merkwürdig ist dann das Gerangel, das sich schmerzhaft und hoffnungslos weit über das hinaus fortsetzt, was die geschicktesten Liebespaare im Zimmer zustande bringen. Weil eben Mann und Frau genau wissen, wie selten die Gelegenheit ist und wie wenig wahrscheinlich ihre Wiederkehr. Aber auch da kommt es zur Unterbrechung und Todesstarre in Haltungen, die zuweilen ans Obszöne grenzen, wenn das Doppelbeben aufhört und so lange wie diese Krise währt. Noch viel merkwürdiger sind dann, wenn sie nicht so schlecht zu sehen wären, all die spähenden Augen, die plötzlich erstarren und sich auf die Leere richten oder auf etwas seit jeher Gehaßtes, wie etwa andere Augen, und wie sie dann ineinandertauchen, in Blicke, die einander ausweichen möchten. Zwischen diesen Stockungen unregelmäßige Pausen, die so lange währen, daß für Gedächtnislose wie sie eine jede die erste ist. Daher jedesmal die gleiche lebhafte Reaktion wie bei einem Weltenende und das gleich kurze Erstaunen, wenn das Doppelgewitter wieder beginnt und sie sich wieder auf die Suche begeben, nicht erleichtert und nicht einmal enttäuscht.

Vom Boden aus gesehen weist die Wand in ihrem ganzen Rund und in ihrer ganzen Höhe eine ununterbrochene Fläche auf. Und doch ist ihre obere Hälfte voller Nischen. Dieses Paradox erklärt sich aus dem Überallsein der schwachen Beleuchtung, welche die Hohlräume wegleuchtet. Daß jemand von unten mit den Augen eine Nische sucht, hat es noch nie gegeben. Es kommt selten vor, daß die Augen hinaufblicken. Wenn sie es tun, dann zur Decke. Boden und Wand sind frei von jedem Merkmal, das als Richtpunkt dienen könnte. Die Füße der stets an den gleichen Stellen aufgestellten Leitern hinterlassen keine Spuren. Die Stöße mit dem Kopf und der Faust gegen die Wand auch nicht. Selbst wenn es Merkmale gäbe, würde die Beleuchtung verhindern, daß man sie sähe. Der Kletterer, der seine Leiter wegträgt, um sie an einer anderen Stelle aufzustellen, tut es meist nach Gefühl. Es kommt selten vor, daß er sich um mehr als ein paar Zentimeter verschätzt, und wegen der Anordnung der Nischen beträgt die äußerste Abweichung höchstens einen Meter. Von seiner Leidenschaft getrieben ist er derart beweglich, daß selbst dieser Abstand ihn nicht hindert, in die nächstgelegene Nische, wenn nicht gar in die seiner Wahl zu gelangen, noch von ihr aus, wenn auch mit größerer Mühe, die Leiter für den Abstieg wieder zu erreichen. Bei alledem gibt es ein Norden in Gestalt eines Besiegten oder besser einer Besiegten oder noch besser der Besiegten. Sie hockt an der Wand, den Kopf zwischen den Knien und die Arme um die Beine. Die linke Hand hält das rechte Schienbein und die rechte den linken Unterarm. Das durch die Beleuchtung glanzlose rote Haar hängt bis auf den Boden. Es verdeckt ihr Gesicht und die ganze Vorderseite des Körpers bis zum Schoß hinunter. Der linke Fuß ruht auf dem rechten. Sie ist Norden. Sie eher als irgendein anderer Besiegter, wegen ihrer größeren Unbeweglichkeit.

Dem, der sich ausnahmsweise orientieren möchte, kann sie dienen. Für den Kletterer, der vermeidbaren akrobatischen Leistungen abhold ist, kann sich eine bestimmte Nische soundsoviele Schritte oder Meter östlich oder westlich von der Besiegten befinden, freilich ohne daß er diese so oder anders nennt, nicht einmal in Gedanken. Es versteht sich von selbst, daß nur die Besiegten ihr Gesicht verbergen. Allerdings nicht alle ohne Ausnahme. Mit erhobenem Kopf stehend oder sitzend begnügen sich einige damit, die Augen nicht mehr zu öffnen. Es ist offensichtlich verboten, das Gesicht oder irgendeinen anderen Körperteil dem Sucher zu verweigern, der danach verlangt und der, ohne Widerstand befürchten zu müssen, die Hände von den Weichteilen, die sie verbergen, wegziehen und das Lid anheben darf, um das Auge zu beschauen. Es gibt Sucher, die sich zu den Kletterern begeben, ohne klettern zu wollen, sondern nur mit der Absicht, diesen oder jenen Besiegten oder Seßhaften von nahem zu besichtigen. Auf diese Weise ist das Haar der Besiegten mehr als einmal angehoben und auseinandergeschoben und der Kopf aufgerichtet und das Gesicht und die ganze Vorderseite des Körpers bis zum Schoß hinunter entblößt worden. Nach der Besichtigung pflegt man alles sorgfältig wieder an Ort und Stelle zu rükken, soweit sich das machen läßt. Eine gewisse Moral verpflichtet dazu, einem anderen nichts anzutun, was, von seiner Seite kommend, wehtun würde. Dieses Gebot wird im Zylinder ziemlich befolgt, soweit darunter nicht die Suche leidet, die geradezu lächerlich wäre ohne die Möglichkeit, im Zweifelsfall gewisse Einzelheiten zu überprüfen. Der unmittelbare Zugriff, um sie bloßzulegen, erfolgt also fast nur bei den Besiegten und Seßhaften. Mit dem Gesicht oder Rücken zur Wand sind diese nämlich normalerweise nur von einer Seite zu sehen, so daß sie womöglich umgedreht werden müssen. Aber da, wo es Bewegung gibt, wie in der Arena oder bei den Lugern, und die Möglichkeit, den Gegenstand zu umkreisen, bedarf es kaum solcher Handgriffe. Es kommt freilich vor, daß ein Körper genötigt ist, einen anderen stillhalten zu lassen und ihn in einer bestimmten Weise zurechtzurücken, um ein besonderes Gebiet von nahem zu beschauen oder, zum Beispiel, eine Narbe zu suchen oder ein Muttermal. Erwähnenswert ist schließlich noch die Unantastbarkeit derjenigen, die wegen der Leiter Schlange stehen. Durch den Platzmangel genötigt, sich während langer Zeitabschnitte aneinanderzupressen, bieten sie dem Blick nur Teile verschränkter Glieder. Wehe dem dreisten Sucher, der es sich in der Hitze der Leidenschaft leistet, auf den geringsten unter ihnen auch nur einen Finger zu legen. Sofort fällt die Schlange über ihn her, als ob sie ein einziger Körper wäre. Die Gewaltsamkeit dieser Szene übertrifft alles, was der Zylinder an derartigem zu bieten vermag.

Und so unendlich weiter, bis, kurz vor dem undenkbaren Ende, falls diese Vorstellung beibehalten wird, ein Allerletzter noch schwächlich zuckend sucht. Nichts unterscheidet ihn auf den ersten Blick von den anderen Körpern, die, wo sie gerade stehen oder sitzen, in rückwegloser Aufgegebenheit erstarrt sind. Hinlegen kennt man im Zylinder nicht, und diese Lage, die Wonne der Besiegten, ist ihnen hier für immer versagt. Eine Entbehrung, die sich zum Teil durch die knappe Bodenfläche erklärt, nämlich kaum ein Quadratmeter pro Körper, und die sich um den Raum der Nischen und Tunnel, die der Jagd vorbehalten sind, nicht erweitern läßt. Folglich kommt das Hinlegen dieser Ausgetrockneten, die genötigt sind, sich unablässig aneinander zu reiben, obwohl sie einen tiefen Abscheu vor der Berührung haben, nie bis zu seinem natürlichen Abschluß. Aber das Fortdauern der Doppelschwingungen legt den Gedanken nahe, daß in dieser alten Bleibe noch nicht alles aufs beste bestellt ist. Und tatsächlich, da rührt er sich, dieser Letzte, wenn es ein Mann ist, und richtet sich langsam auf und öffnet nach einer Weile die ausgebrannten Augen. Am Fuße der in wenig harmonischer Weise an die Wand gestellten Leitern wartet kein einziger Kletterer mehr. Im trüben Leuchten der Decke hütet der Zenit weiterhin seine Legende. Der alte Besiegte der dritten Zone hat um sich herum nur noch andere, die, nach seinem Ebenbild, erstarrt und gekrümmt sind. Das Knäblein, das die junge Schlohweiße immer noch an sich drückt, ist nur noch ein Schemen in ihrem Schoß. Von vorn gesehen entblößt der rothaarige Kopf, der die äußerste Grenze der Beugung erreicht hat, einen Teil seines Nackens. Da öffnet er also die Augen, dieser Letzte, wenn es ein Mann ist, und bahnt sich nach einer Weile einen Weg bis zu jener ersten Besiegten, die so oft als Richtpunkt gewählt wurde. Kniend schiebt er das schwere Haar auseinander und richtet den Kopf auf, der sich nicht wehrt. Im so entblößten, von seinen Blicken verschlungenen Gesicht öffnen sich auf den Druck der Daumen ohne weiteres endlich die Augen. In diesen ruhigen Einöden läßt er seine eigenen schweifen, bis diese letzteren sich als erste schließen und der losgelassene Kopf an seinen alten Platz zurückfällt. Er selbst findet seinerseits nach einer nicht zu schätzenden Zeit seinen Platz und seine Haltung, worauf es im selben Moment finster wird, da die Temperatur in der Nähe von Null zur Ruhe kommt. Gleichzeitig verstummt das obenerwähnte Insektengezirp, so daß die Stille schlagartig stärker ist als das leise Atmen aller zusammen. Das wäre das Wichtigste über den letzten Zustand des Zylinders und über diese kleine Schar von Suchern, von denen ein erster, wenn es ein Mann war, in einer undenkbaren Vergangenheit endlich zum ersten Mal den Kopf senkte, falls diese Vorstellung beibehalten wird.

Losigkeit

Trümmer wahre Zuflucht endlich zu der seit jeher durch soviel falsche. Weiten endlos Erde Himmel ineinander alles lautlos regungslos. Graues Gesicht zwei blaßblau kleiner Körper Herz schlägt einsam aufrecht. Erloschen aufgesprungen vier Wände auseinander wahre Zuflucht ausweglos.

Verstreute Trümmer und Sand durcheinander aschgrau wahre Zuflucht hohler Kubus lauter Licht schiere Weiße Flächen spurlos alles entfallen. Seit jeher nur graue Luft zeitlos Schimäre das schwindende Licht. Aschgrauer Himmel Abglanz der Erde Abglanz des Himmels. Seit jeher nur dies Beständige Traum die schwindende Stunde.

Er wird Gott wieder schmähen wie in der gesegneten Zeit gegenüber dem offenen Himmel dem schwindenden Schauer. Kleiner Körper graues Gesicht Züge Ritze und kleine Löcher zwei blaßblau. Flächen spurlos schiere Weiße Auge endlich ruhig alles entfallen.

Schimäre Licht seit jeher nur graue Luft zeitlos lautlos. Flächen spurlos greifnah schiere Weiße alles entfallen. Kleiner Körper aschgrau stocksteif Herz schlägt gegenüber den Weiten. Regnen wird wieder auf ihn wie in der gesegneten Zeit des Blau die schwindende Wolke. Hohler Kubus wahre Zuflucht endlich vier Wände lautlos auseinander.

Himmel grau wolkenlos alles lautlos regungslos Erde Sand aschgrau. Kleiner Körper gleiches Grau wie die Erde der Himmel die Trümmer einsam aufrecht. Aschgrau ringsumher Erde Himmel ineinander Weiten endlos.

Er wird sich regen im Sandmeer er wird sich regen am Himmel in der Luft im Sandmeer. Seit jeher nur im Traum der süße Traum es nur einmal machen zu müssen. Kleiner Körper kleiner Block Herz schlägt aschgrau einsam aufrecht. Erde Himmel ineinander Ebene endlos kleiner Körper einsam aufrecht. Im Treibsand noch einen Schritt zu den Weiten er wird ihn gehen. Alles still kein Hauch gleiches Grau überall Erde Himmel Körper Trümmer.

Langsam dunkel und Zerfall wahre Zuflucht vier Wände lautlos auseinander. Beine nur ein Block Arme fest an den Seiten kleiner Körper gegenüber den Weiten. Seit jeher nur im verschwundenen Traum schwand die Stunde die lange die kurze. Einsam aufrecht kleiner Körper grau glatt nichts Erhabenes ein paar Löcher. Einen Schritt in den Trümmern im Sandmeer auf dem Rücken zu den Weiten er wird ihn gehen. Seit jeher nur Traum die Tage und Nächte aus Träumen anderer Nächte besserer Tage. Er wird wieder leben einen Schritt lang es wird wieder Tag und Nacht werden über ihm den Weiten.

In vier Stücke auseinander wahre Zuflucht ausweglos verstreute Trümmer. Kleiner Körper kleiner Block Genitalien befallen Arsch nur ein Block Ritze grau befallen. Wahre Zuflucht endlich ausweglos verstreut vier Wände lautlos auseinander. Weiten endlos Erde Himmel ineinander alles regungslos kein Hauch. Flächen weiß spurlos ruhiges Auge Kopf bei Sinnen alles entfallen. Verstreute Trümmer aschgrau ringsherum wahre Zuflucht endlich ausweglos.

Aschgrau kleiner Körper einsam aufrecht Herz schlägt gegenüber den Weiten. Bildschön brandneu wie in der gesegneten Zeit wird das Unheil wieder herrschen. Erde Sand gleiches Grau wie die Luft der Himmel der Körper die Trümmer feiner Sand aschgrau. Licht Zuflucht schiere Weiße Flächen spurlos alles entfallen. Ebene endlos kleiner Körper einsam aufrecht gleiches Grau überall Erde Himmel Körper Trümmer. Gegenüber der weißen Ruhe greifnah das Auge endlich ruhig alles entfallen. Noch einen Schritt einen nur ganz allein im Treibsand er wird ihn gehen.

Erloschen aufgesprungen wahre Zuflucht ausweglos zu der seit jeher durch soviel falsche. Seit jeher alles still derart daß erträumt dies ungestüme Gelächter dies Geschrei. Kopf durch ruhiges Auge lauter Weiße lauter Ruhe lauter Licht alles entfallen. Schimäre die Dämmerung die Schimären vertreibt und die andere Schummer genannte.

Er wird auf seinem Rücken gehen gegenüber dem Himmel der wieder offen über ihm den Trümmern dem Sandmeer den Weiten. Graue Luft zeitlos Erde Himmel ineinander gleiches Grau die Trümmer Weiten endlos. Es wird wieder Tag und Nacht werden über ihm den Weiten das Luftherz wird wieder schlagen. Wahre Zuflucht endlich verstreute Trümmer gleiches Grau wie das Sandmeer.

Gegenüber dem ruhigen Auge greifnah lauter Ruhe lauter Weiße alles entfallen. Seit jeher nur erträumt das Blau in ungestümen Träumen das himmlische Blau der Poesei. Kleine Leere starkes Licht hohler Kubus lauter Weiße Flächen spurlos alles entfallen. Seit jeher nur graue Luft zeitlos alles regungslos kein Hauch. Herz schlägt einsam aufrecht kleine Körper graues Gesicht Züge befallen zwei blaßblau. Licht Weiße greifnah Kopf durch ruhiges Auge ganz bei Sinnen alles entfallen.

Kleiner Körper gleiches Grau wie die Erde der Himmel die Trümmer einsam aufrecht. Alles still kein Hauch gleiches Grau überall Erde Himmel Körper Trümmer. Erloschen aufgesprungen vier Wände auseinander wahre Zuflucht ausweglos.

Aschgrauer Himmel Abglanz der Erde Abglanz des Himmels. Graue Luft zeitlos Erde Himmel ineinander gleiches Grau wie die Trümmer Weiten endlos. Im Treibsand noch einen Schritt zu den Weiten er wird ihn gehen. Es wird wieder Tag und Nacht werden über ihm den Weiten das Luftherz wird wieder schlagen.

Schimäre Licht seit jeher nur graue Luft zeitlos lautlos. Weiten endlos Erde Himmel ineinander alles regungslos kein Hauch. Regnen wird wieder auf ihn wie in der gesegneten Zeit des Blau die schwindende Wolke. Himmel grau wolkenlos alles lautlos regungslos Erde Sand aschgrau.

Kleine Leere starkes Licht hohler Kubus lauter Weiße Flächen spurlos alles entfallen. Ebene endlos kleiner Körper einsam aufrecht gleiches Grau überall Erde Himmel Körper Trümmer. Verstreute Trümmer und Sand durcheinander aschgrau wahre Zuflucht. Hohler Kubus wahre Zuflucht endlich vier Wände lautlos auseinander. Seit jeher nur dies Beständige Traum die schwindende Stunde. Seit jeher nur graue Luft zeitlos Schimäre das schwindende Licht.

In vier Stücke auseinander wahre Zuflucht ausweglos verstreute Trümmer. Er wird wieder leben einen Schritt lang es wird wieder Tag und Nacht werden über ihm den Weiten. Gegenüber der weißen Ruhe greifnah das Auge endlich ruhig alles entfallen. Graues Gesicht zwei blaßblau kleiner Körper Herz schlägt einsam aufrecht. Er wird auf seinem Rücken gehen gegenüber dem Himmel der wieder offen über ihm den Trümmern dem Sandmeer den Weiten. Erde Sand gleiches Grau wie die Luft der Himmel der Körper die Trümmer feiner Sand aschgrau. Flächen spurlos greifnah schiere Weiße alles entfallen.

Herz schlägt einsam aufrecht kleiner Körper graues Gesicht Züge befallen zwei blaßblau. Einsam aufrecht kleiner Körper grau glatt nichts Erhabenes ein paar Löcher. Seit jeher nur Traum die Tage und Nächte aus Träumen anderer Nächte besserer Tage. Er wird sich regen im Sandmeer es wird sich regen am Himmel in der Luft im Sandmeer. Einen Schritt in den Trümmern dem Sandmeer auf dem Rücken zu den Weiten er wird ihn gehen. Seit jeher alles still derart daß erträumt dies ungestüme Gelächter dies Geschrei.

Wahre Zuflucht endlich verstreute Trümmer gleiches Grau wie das Sandmeer. Seit jeher nur graue Luft zeitlos alles regungslos kein Hauch. Flächen weiß spurlos ruhiges Auge Kopf bei Sinnen alles entfallen. Seit jeher nur im verschwundenen Traum schwand die Stunde die lange die kurze. Hohler Kubus lauter Licht schiere Weiße Flächen spurlos alles entfallen.

Erloschen aufgesprungen wahre Zuflucht ausweglos zu der seit jeher durch soviel falsche. Kopf durch ruhiges Auge lauter Weiße lauter Ruhe lauter Licht alles entfallen. Bildschön brandneu wie in der gesegneten Zeit wird das Unheil wieder herrschen. Aschgrau ringsumher Erde Himmel ineinander Weiten endlos. Verstreute Trümmer aschgrau ringsumher wahre Zuflucht endlich ausweglos. Seit jeher nur im Traum der süße Traum es nur einmal machen zu müssen. Kleiner Körper graues Gesicht Züge Ritze und kleine Löcher zwei blaßblau.

Trümmer wahre Zuflucht endlich zu der seit jeher durch soviel falsche. Seit jeher nur erträumt das Blau in ungestümem Träumen das himmlische Blau der Poesei. Licht Weiße greifnah Kopf durch ruhiges Auge ganz bei Sinnen alles entfallen.

Langsam dunkel und Zerfall wahre Zuflucht vier Wände lautlos auseinander. Erde Himmel ineinander Ebene endlos kleiner Körper einsam aufrecht. Noch einen Schritt einen nur ganz allein im Treibsand er wird ihn gehen. Aschgrau kleiner Körper einsam aufrecht Herz schlägt gegenüber den Weiten. Licht Zuflucht schiere Weiße Flächen spurlos alles entfallen. Weiten endlos Erde Himmel ineinander alles lautlos regungslos.

Beine nur ein Block Arme fest an den Seiten kleiner Körper gegenüber den Weiten. Wahre Zuflucht endlich ausweglos verstreut vier Wände lautlos auseinander. Flächen spurlos schiere Weiße Auge endlich ruhig alles entfallen. Er wird Gott wieder schmähen wie in der gesegneten Zeit gegenüber dem offenen Himmel dem schwindenden Schauer. Gegenüber dem ruhigen Auge greifnah lauter Ruhe lauter Weiße alles entfallen.

Kleiner Körper kleiner Block Herz schlägt aschgrau einsam aufrecht. Kleiner Körper aschgrau stocksteif Herz schlägt gegenüber den Weiten. Kleiner Körper kleiner Block Genitalien befallen Arsch nur ein Block Ritze grau befallen. Schimäre die Dämmerung die Schimären vertreibt und die andere Schummer genannte.

Gesellschaft – Eine Fabel

Eine Stimme kommt zu einem im Dunkeln. Erträumen.

Zu einem auf dem Rücken im Dunkeln. Das kann er sagen wegen des Drucks gegen den Rücken und der Veränderung des Dunkels, wenn er die Augen schließt, und auch, wenn er sie wieder öffnet. Nur ein geringer Teil des Gesagten kann überprüft werden. Wie, zum Beispiel, wenn er hört, Du liegst auf dem Rücken im Dunkeln. Dann kann er das Gesagte nur als wahr anerkennen. Aber der bei weitem größere Teil des Gesagten kann nicht überprüft werden. Wie, zum Beispiel, wenn er hört, Du sahst zum ersten Mal das Licht der Welt an dem und dem Tag. Manchmal verbindet sich eins mit dem anderen wie, zum Beispiel, Du sahst zum ersten Mal das Licht der Welt an dem und dem Tag, und nun liegst du auf dem Rücken im Dunkeln. Eine List vielleicht, um durch die Unanfechtbarkeit des einen das andere glaubwürdig erscheinen zu lassen. Darum handelt es sich also. Eine Stimme erzählt einem auf dem Rücken im Dunkeln aus einer Vergangenheit. Mit gelegentlichen Anspielungen auf eine Gegenwart und selteneren auf eine Zukunft, wie, zum Beispiel, Du wirst so enden, wie du jetzt bist. Und in einem anderen Dunkel oder im selben, ein anderer, all das erträumend, um sich Gesellschaft zu leisten. Schnell weg!

Der Gebrauch der zweiten Person kennzeichnet die Stimme. Der Gebrauch der dritten die des wuchernden anderen. Könnte er zu dem und über den sprechen, über den die Stimme spricht, so gäbe es eine erste. Er kann es jedoch nicht. Er wird es nicht. Du kannst es nicht. Du wirst es nicht.

Außer der Stimme und dem leisen Geräusch seines Atems kein Geräusch. Jedenfalls keines, was er hören könnte. Das kann er sagen wegen des leisen Geräuschs seines Atems.

Wenn auch nun weniger denn je auf Fragen erpicht, kann er manchmal nicht umhin, sich zu fragen, ob die Stimme wirklich zu ihm und über ihn spricht. Könnte da nicht ein anderer bei ihm im Dunkeln sein, zu dem und über den die Stimme spricht? Ist er nicht vielleicht der Mithörer von etwas, das für einen anderen bestimmt ist? Wenn er allein auf dem Rücken im Dunkeln liegt, warum sagt die Stimme es dann nicht? Warum sagt sie, zum Beispiel, nie, Du sahst das Licht der Welt an dem und dem Tag, und nun liegst du allein auf dem Rücken im Dunkeln? Warum? Vielleicht nur, um in seinem Geist diese vage Ungewißheit und Verlegenheit zu wecken.

Dein seit jeher wenig reger Geist ist es nun noch weniger denn je. Diese Art Behauptung ficht er nicht an. Du sahst das Licht der Welt an dem und dem Tag, und dein seit jeher wenig reger Geist ist es nun noch weniger denn je. Es bedarf jedoch, als Beitrag zur Gesellschaft, einer gewissen, wenn auch geringen Regsamkeit des Geistes. Darum sagt die Stimme nicht, Du liegst auf dem Rücken im Dunkeln und bist keineswegs geistig rege. Die Stimme allein leistet Gesellschaft, aber nicht genug. Ihre Wirkung auf den Hörer ist eine notwendige Ergänzung. Sei es auch nur, um in seinem Geist diese vage Ungewißheit und Verlegenheit zu wecken. Aber selbst wenn man von der Gesellschaft absieht, ist es klar, daß eine solche Wirkung unerläßlich ist. Denn wenn er lediglich die Stimme hörte und sie keine größere Wirkung auf ihn hätte als eine Rede auf Bantu oder Ersisch, würde sie dann nicht ebensogut daran tun, ganz zu schweigen? Es sei denn, sie trachtet danach, als bloßes Geräusch jemand zu quälen, den es nach Stille dürstet. Oder, freilich, sie ist, wie weiter oben schon vermutet, für einen anderen bestimmt.

Als kleiner Junge kommst du aus der Fleischerei Connolly, an der Hand deiner Mutter. Ihr macht euch nach rechts auf den Weg und geht schweigend an der Chaussee entlang nach Süden. Nach etwa hundert Schritten geht ihr landeinwärts, und es beginnt die lange Strecke, die bis zu Hause ansteigt. Ihr geht eine ganze Weile schweigend in der lauen, stillen Sommerluft. Es ist spät am Nachmittag, und nach etwa hundert Schritten erscheint über der Höhe der Steigung die Sonne. Indem du zum blauen Himmel aufblickst und dann zum Gesicht deiner Mutter, unterbrichst du das Schweigen mit der Frage, ob er nicht in Wirklichkeit viel weiter weg sei, als es den Anschein hat. Der Himmel, natürlich. Der blaue Himmel. Da du keine Antwort bekommst, formulierst du deine Frage im Kopf um, und etwa hundert Schritte weiter blickst du wieder auf zu ihrem Gesicht und fragst sie, ob es nicht den Anschein habe, daß er viel weniger weit weg sei, als er es in Wirklichkeit ist. Aus irgendeinem Grunde, den du nie herausfinden konntest, mußte diese Frage sie zutiefst irritiert haben. Denn sie stieß deine kleine Hand von sich und gab dir eine Antwort, die dich so verletzte, daß du es nie vergessen hast.

Wenn die Stimme nicht zu ihm spricht, muß sie zu einem anderen sprechen. So urteilt er mit dem Rest seines Urteilsvermögens. Einem anderen gegenüber über diesen anderen. Oder über ihn. Oder über noch einen anderen. Einem anderen gegenüber über diesen anderen oder über ihn oder über noch einen anderen. Zu einem auf dem Rücken im Dunkeln jedenfalls. Über einen auf dem Rücken im Dunkeln, sei es nun derselbe oder ein anderer. So urteilt er mit dem Rest seines Urteilsvermögens und urteilt falsch. Denn wenn die Stimme nicht zu ihm spricht, sondern zu einem anderen, so muß sie über diesen anderen sprechen und nicht über ihn oder über noch einen anderen. Da sie in der zweiten Person spricht. Spräche sie nicht über den, zu dem sie spricht, so würde sie nicht in der zweiten Person sprechen, sondern in der dritten. Zum Beispiel, Er sah das Licht der Welt an dem und dem Tag, und nun liegt er auf dem Rücken im Dunkeln. Es ist also klar, daß, wenn die Stimme nicht zu ihm spricht, sondern zu einem anderen, sie auch nicht über ihn spricht, sondern über diesen anderen und über keinen anderen sonst. So urteilt er mit dem Rest seines Urteilsvermögens, und zwar falsch. Um Gesellschaft zu leisten, muß er eine gewisse geistige Regsamkeit entfalten. Aber er braucht nicht zu glänzen. Man könnte sogar meinen, je weniger er glänzt, um so besser. Bis zu einem gewissen Grad. Je weniger er glänzt, um so besser leistet er Gesellschaft. Bis zu einem gewissen Grad.

Du sahst das Licht der Welt in dem Zimmer, in dem du vermutlich gezeugt wurdest. Das große Erkerfenster ging nach Westen und zum Gebirge. Vor allem nach Westen. Denn als Erkerfenster ging es auch ein wenig nach Norden und nach Süden. Es konnte nicht anders. Ein wenig nach Süden, zum Gebirge, und ein wenig nach Norden, zum Vorgebirge und zur Ebene. Als Hebamme betätigte sich niemand anderes als ein Landarzt namens Hadden oder Haddon. Mit zerzaustem, grauem Schnurrbart und abgehetzter Miene. Da gesetzlicher Feiertag war, verschwand dein Vater gleich nach dem Frühstück mit einem Flachmann voll Whiskey und einem Paket seiner Lieblingsbrötchen mit Eigelb drauf zu einem Streifzug durchs Gebirge. Es war nichts Ungewöhnliches daran. Aber an jenem Morgen war seine Liebe zum Wandern in wildromantischer Natur nicht sein einziger Beweggrund. Denn auch die Abneigung gegen die Schmerzen und andere, wenig erquickliche Aspekte der Wehen und des Gebärens veranlaßten ihn, sich davonzumachen. Deshalb die belegten Brötchen, die er gegen Mittag, als er den ersten Gipfel erreicht hatte, im Windschatten eines Megalithen angesichts des Meeres mit Appetit verzehrte. Du kannst dir seine Gedanken vorher und nachher vorstellen, während er durch das Heidekraut und den Ginster streifte. Als er in der Abenddämmerung heimkam und es vorzog, durch die Hintertür ins Haus zu gehen, erfuhr er zu seiner Bestürzung aus dem Munde des Dienstmädchens, daß die Wehen noch in vollem Gange seien. Obgleich sie schon eingesetzt hatten, ehe er vor zehn Stunden aus dem Haus gegangen war. Schleunigst lief er zum Schuppen hinten im Garten, wo sein De Dion Bouton stand. Er machte das Tor hinter sich zu und kletterte auf den Chauffeurssitz. Du kannst dir seine Gedanken vorstellen, während er da am Steuer im Dunkeln wartete und nicht wußte, was er denken sollte. Trotz Fußschmerzen und Müdigkeit war er drauf und dran, im jungen Mondlicht wieder querfeldein zu wandern, als das Dienstmädchen angerannt kam, um ihm zu sagen, es sei endlich vorbei. Vorbei!

Als Greis stapfst du mit kurzen, schwerfälligen Schritten einen schmalen Landweg entlang. Seit dem Morgengrauen bist du draußen, und nun ist es Abend. Einziges Geräusch in der Stille, deine Schritte. Vielmehr einzige Geräusche, denn sie variieren von einem zum anderen. Du vernimmst einen jeden und fügst ihn in deinem Kopf zu der immer größer werdenden Summe der vorhergehenden. Du bleibst mit gesenktem Kopf am Rande des Grabens stehen und rechnest alles um in Meter. Nun auf der Basis von zwei Schritten pro Meter. Soundso viel sind seit Tagesanbruch denjenigen des Vortages hinzuzufügen. Des Vorjahres. Der Vorjahre. Zeiten, die ganz anders waren als jetzt und doch so ähnlich. Die ungeheure Gesamtsumme in Kilometern. In Meilen. Wie oft schon rund um die Erde? Ebenfalls regungslos neben dir während dieser Berechnungen deines Vaters Schatten. In seinen alten Wanderklamotten. Schließlich weiter, Seite an Seite, von neuem ab Null.

Die Stimme kommt bald aus dieser, bald aus jener Richtung zu ihm. Bald leise, von weitem, bald ins Ohr geflüstert. Während ein und desselben Satzes kann sie Ausgangspunkt und Lautstärke wechseln. Wie, zum Beispiel, deutlich von oberhalb des hintenübergeneigten Gesichts, Du sahst das Licht der Welt zu Ostern, und nun. Dann, ins Ohr geflüstert, Du liegst auf dem Rücken im Dunkeln. Oder aber umgekehrt. Ein anderes Kennzeichen ist ihr immer wieder langes Schweigen, währenddessen er fast zu hoffen wagt, sie habe ihr letztes Wort gesagt. So, um beim ersten Beispiel zu bleiben, deutlich von oberhalb des hintenübergeneigten Gesichts, Du sahst das Licht der Welt an dem Tag, an dem Christus starb, und nun. Dann, lange danach, in seine erwachende Hoffnung hinein, das Flüstern, Du liegst auf dem Rücken im Dunkeln. Oder aber umgekehrt.

Anderes Kennzeichen, ihre Wiederholwut. Immer wieder, kaum variiert, das gleiche Einst. Als wollte sie ihn gewaltsam dazu bringen, es zu seinem eigenen zu machen. Zu gestehen, Ja, ich erinnere mich. Vielleicht sogar dazu, eine Stimme zu haben. Zu flüstern, Ja, ich erinnere mich. Was für ein Beitrag zur Geselligkeit das wäre! Eine Stimme in der ersten Person des Singulars, dann und wann flüsternd, Ja, ich erinnere mich.

Eine alte, fast blinde Bettlerin tastet an einem hohen Gartentor herum. Du kennst die Stelle genau. Die stocktaube, im Kopf nicht mehr ganz klare Frau des Hauses steht sich sehr gut mit deiner Mutter. Sie war sicher, wenn sie erstmal in den Lüften sei, auch fliegen zu können. So schwang sie sich eines Tages aus einem Fenster der ersten Etage hinaus. Auf deinem Rädchen vom Kindergarten nach Hause fahrend, siehst du, daß die arme, alte Bettlerin versucht, das Tor zu öffnen. Du steigst ab und machst es auf. Sie segnet dich. Wie waren noch ihre Worte? Gott vergelt's, junger Herr. Oder dergleichen. Gott beschütz dich, junger Herr.

Leise Stimme, selbst bei ihrer maximalen Lautstärke. Sie verebbt langsam, bis sie kaum noch zu hören ist. Dann schwillt sie langsam wieder an bis zu der geringen maximalen Lautstärke. Bei jedem langsamen Verebben erwacht langsam die Hoffnung, daß sie stirbt. Er weiß vermutlich, daß sie wieder anschwellen wird. Und dennoch erwacht bei jedem langsamen Verebben langsam die Hoffnung, daß sie stirbt.

Nach und nach tauchte er in das Dunkel und die Stille, und er lag so lange darin, daß er mit dem Rest seiner Urteilskraft urteilte, sie seien endgültig. Bis eines Tages die Stimme. Eines Tages! Bis schließlich die Stimme, Du liegst auf dem Rücken im Dunkeln. So lauten ihre ersten Worte. Lange Pause, damit er seinen Ohren traut, und dann, aus einer anderen Richtung, die gleichen. Alsdann das Gelöbnis, erst aufzuhören, wenn das Hörvermögen aufhört. Du liegst auf dem Rücken im Dunkeln, und diese Stimme wird erst aufhören, wenn das Hörvermögen aufhört. Oder anders. Wie einst, als er, im Halbdunkel liegend, nur dann und wann ein seltsames Geräusch hörte und es allmählich ganz still und dunkel wurde. Das wäre vielleicht eine bessere Gesellschaft. Denn welches seltsame Geräusch, dann und wann? Woher das Dämmerlicht?

Du stehst am Ende eines hohen Sprungbretts. Hoch über dem Meer. Darin das hintenübergeneigte Gesicht deines Vaters. Hintenübergeneigt zu dir. Du blickst hinab in das liebe, vertraute Gesicht. Er ruft, Spring doch! Er ruft, Nur Mut! Das rote, runde Gesicht. Der dichte Schnurrbart. Das leicht ergraute Haar. Die Dünung überschwemmt es und spült es wieder hoch. Wieder der ferne Ruf, Nur Mut! Alle schauen zu dir hinauf. Sowohl vom Wasser als auch vom Land.

Das seltsame Geräusch. Welch ein Segen, sich dem zuwenden zu können. Dann und wann. Im Dunklen und in der Stille wie vor allzuviel Licht die Augen schließen und ein Geräusch hören. Irgend etwas, das sich von seinem Platz fortbewegt zu seinem letzten Platz. Irgend etwas Weiches, das sich weich bewegt, um sich bald nicht mehr bewegen zu müssen. Vor dem sichtbaren Dunkel die Augen schließen und hören, sei es nur dies. Irgend etwas Weiches, das sich weich bewegt, um sich bald nicht mehr bewegen zu müssen.

Die Stimme erzeugt einen Schimmer. Das Dunkel lichtet sich, wenn sie spricht. Verdichtet sich, wenn sie verebbt. Lichtet sich, wenn sie wieder bis zu ihrer geringen maximalen Lautstärke anschwillt. Verfinstert sich vollends, wenn sie verstummt. Du liegst auf dem Rücken im Dunkeln. Wären deine Augen gerade offen gewesen, so hätten sie eine Veränderung wahrgenommen.

Woher das Dämmerlicht? Was für eine Gesellschaft im Dunkeln! Die Augen zu schließen und zu versuchen, das zu erträumen. Woher einst das Dämmerlicht? Keine erkennbare Quelle. Kaum daß sie blaß erglimmt, seine ganze kleine Leere. Was hat er denn über seinem hintenübergeneigten Gesicht sehen können? Die Augen im Dunkeln zu schließen und zu versuchen, das zu erträumen.

Anderes Kennzeichen, der matte Ton. Ohne Leben. Der gleiche matte Ton, immer wieder. Für ihre Behauptungen. Für ihre Verneinungen. Für ihre Fragen. Für ihre Ausrufe. Für ihre Aufforderungen. Der gleiche matte Ton! Du warst einst. Du warst nie. Warst du je? Oh, nie gewesen zu sein! Sei wieder. Der gleiche matte Ton.

Kann er sich bewegen? Bewegt er sich? Soll er sich bewegen? Was für eine Hilfe das wäre! Wenn die Stimme versiegt. Irgendeine Bewegung, so gering sie auch sei. Wäre es nur eine Hand, die sich schließt. Oder sich öffnet, wenn sie anfänglich geschlossen war. Was für eine Hilfe das wäre im Dunkeln! Die Augen zu schließen und diese Hand zu sehen. Die Handfläche, die das ganze Blickfeld ausfüllt. Die Linien. Die Finger, die sich langsam krümmen. Oder sich strecken, wenn sie zuvor gekrümmt waren. Die Linien dieser alten Handfläche.

Da ist freilich das Auge. Füllt das ganze Blickfeld aus. Das Lid, das sich langsam senkt. Oder sich hebt, wenn es zuvor gesenkt war. Der Augapfel. Nichts als Pupille. Hinaufstarrend. Verhüllt, Entblößt. Wieder verhüllt. Wieder entblößt.

Und wenn er schließlich doch spräche. So leise auch immer. Was für ein Beitrag zur Geselligkeit das wäre! Du liegst auf dem Rücken im Dunkeln und eines Tages wirst du wieder sprechen. Eines Tages! Am Ende. Am Ende wirst du wieder sprechen. Ja, ich erinnere mich. Das war ich. Das war ich damals.

Du bist allein im Garten. Deine Mutter trifft in der Küche Vorbereitungen für den Tee mit Mrs. Coote. Sie streicht Butter auf hauchdünne Brotschnitten. Hinter einem Strauch versteckt, siehst du Frau Coote kommen. Eine kleine, magere, griesgrämige Person. Deine Mutter antwortet ihr, Er spielt im Garten. Du kletterst bis in den Wipfel einer hohen Föhre. Du bleibst ein Weilchen da oben und lauschst allen Geräuschen. Dann springst du hinunter. Die großen Äste bremsen den Sturz. Die Nadeln. Du bleibst ein Weilchen mit dem Gesicht am Boden liegen. Dann kletterst du wieder auf den Baum. Deine Mutter antwortet wieder Frau Coote, Er war unausstehlich.

Wie empfindet er mit dem Rest seines Empfindungsvermögens das Jetzt im Vergleich mit dem Einst? Als er mit dem Rest seiner Urteilskraft urteilte, sein Zustand sei endgültig. Man könnte ebensogut fragen, wie er einst im Vergleich mit dem Vorher dieses Einst empfand. Als er sich noch in den Resten des Lichts bewegte oder aufhielt. So wie es einst kein Vorher gab, gibt es auch jetzt keins.

In einem anderen Dunkel oder im selben, ein anderer alles erträumend, um sich Gesellschaft zu leisten. Auf den ersten Blick scheint dieser Satz klar zu sein. Aber wenn das Auge dabei verweilt, wird er immer unklarer. Ja, je länger das Auge dabei verweilt, um so unklarer wird er. Bis das Auge sich schließt und der vom Hinstarren befreite Kopf sich fragen kann, Was soll das bedeuten? Was soll das, was auf den ersten Blick klar zu sein schien, eigentlich bedeuten? Bis der Kopf sich sozusagen ebenfalls schließt. Wie sich das Fenster eines dunklen, leeren Raumes schließt.

Das einzige Fenster zum dunklen Draußen. Dann nichts mehr. Nein. Leider nicht. Immer noch Lichtschimmerblitze und Zuckungen. Unformulierbares Umhertasten des Verstandes. Unstillbares.

An keiner besonderen Stelle auf dem Weg von A nach Z. Oder, der größeren Wahrscheinlichkeit wegen, auf dem Ballyogan-Weg. Dem vertrauten, alten Landweg. Irgendwo auf dem Ballyogan-Weg, anstatt an einer besonderen Stelle. Wo du nichts mehr zu besorgen hast. Irgendwo zwischen A und Z auf dem Ballyogan-Weg. Mit gesenktem Kopf beim Summieren am Rande des Grabens. Links die ersten Hänge. Vor dir das Weideland. Rechts von dir, und ein wenig im Hintergrund, deines Vaters Schatten. Soundso oft schon rund um die Erde. Der einst grüne Mantel nun vom Kinn bis zum Rist steif vom Alter und starr vor Schmutz. Verbeulte, einst gelbe Melone und immer noch darauf abgestimmte Schnürstiefel. Andere Kleidungsstücke, wenn überhaupt, sind nicht zu sehen. Unterwegs seit Tagesanbruch, und schon Abend. Nach Abschluß der Rechnung zusammen weiter, von neuem ab Null. Wie geradenwegs nach Stepaside. Plötzlich aber schneidet ihr den Weg ab und verschwindet durch die Hecke, querfeldein nach Osten humpelnd.

Warum eigentlich oder? Warum in einem anderen Dunkel oder im selben? Und wessen Stimme fragt das? Wer fragt, Wessen Stimme fragt das? Und antwortet, Die Stimme dessen, der, wer auch immer, alles erträumt. Im selben Dunkel wie seine Kreatur oder in einem anderen. Um sich Gesellschaft zu leisten. Wer fragt letztlich, Wer fragt? Und antwortet letztlich wie oben? Und fügt lange danach hinzu, Es sei denn, es ist noch ein anderer. Nirgends zu finden. Nirgends zu suchen. Der letzte. Undenkbare. Namenlose. Die allerletzte Person. Ich. Schnell weg!

Das Licht damals. Auf deinem Rücken im Dunkeln, das Licht damals. Sonnenlose, wolkenlose Helle. Du machst dich bei Tagesanbruch davon und kletterst hinauf zu deinem Versteck am Berghang. Ein Nest im Ginster. Im Osten, jenseits des Meeres, kaum erkennbare Konturen eines hohen Gebirges. Siebzig Meilen entfernt, laut deinem Erdkundebuch. Zum dritten oder vierten Mal in deinem

Leben. Beim ersten Mal erzähltest du es ihnen und wurdest ausgelacht. Du hättest nur Wolken gesehen. So daß du es seitdem in deinem Herzen hegst mit dem Rest. Bei Einbruch der Nacht nach Haus und ohne Essen zu Bett. Du liegst im Dunkeln, wieder in jenem Licht. Von deinem Nest im Ginster aus starrst du über das Meer hinaus, bis die Augen schmerzen. Du schließt sie, während du bis hundert zählst. Dann öffnest du sie und starrst wieder. Wieder und wieder. Bis es endlich da ist. Ganz blaßblau vor blassem Himmel. Du liegst im Dunkeln, wieder in jenem Licht. Schläfst ein in jenem sonnenlosen, wolkenlosen Licht. Schläfst bis zum Morgenlicht.

Erfinder der Stimme und des Hörens und seiner selbst. Erfinder seiner selbst, um sich Gesellschaft zu leisten. Es dabei bewenden lassen. Er spricht über sich wie über einen anderen. Er sagt, über sich selbst sprechend, Er spricht über sich selbst wie über einen anderen. Sich selbst erfindet er ebenfalls, um sich Gesellschaft zu leisten. Es dabei bewenden lassen. Auch die Verwirrung leistet Gesellschaft, bis zu einem gewissen Grad. Besser vergebliche Hoffnung als gar keine. Bis zu einem gewissen Grad. Bis das Herz zu siechen beginnt. Auch Gesellschaft, bis zu einem gewissen Grad. Besser ein sieches Herz als gar keins. Bis es zu brechen beginnt. So über sich selbst sprechend, beschließt er vorerst, Es vorerst dabei bewenden lassen.

Im selben Dunkel wie seine Kreatur oder in einem anderen, noch nicht erträumten. Ebensowenig wie seine Positur. Ob stehend oder sitzend oder liegend oder in einer anderen Positur im Dunkeln. Dies sind ein paar Themen unter anderen, die noch zu erträumen. Ein paar von den noch unerahnten. Entscheidend ist dabei der Grad an Gesellschaft. Welche von beiden Dunkelheiten ist besser geeignet, Gesellschaft zu leisten? Welche von allen erträumbaren Posituren hat in puncto Gesellschaft am meisten zu bieten? Und desgleichen bei den anderen Fragen, die noch zu erträumen. Wie diejenige, ob solche Entscheidungen unwiderruflich. Er mag, zum Beispiel, nach reiflichem Erträumen eine Entscheidung zugunsten der Rücken- oder Bauchlage treffen und diese sich auf die Dauer in puncto Gesellschaft als enttäuschend erweisen. Wäre es in solchem Falle möglich, sie durch etwas anderes zu ersetzen? Wie, zum Beispiel, durch das Zusammenkauern, wobei die angezogenen Beine vom Halbkreis der Arme umschlungen werden und der Kopf auf den Knien ruht. Oder durch die Fortbewegung. Kriechend auf allen vieren. Ein anderer im selben Dunkel oder in einem anderen, auf allen vieren kriechend und dabei alles erträumend, um sich Gesellschaft zu leisten. Oder durch irgendeine andere Art der Fortbewegung. Die möglichen Begegnungen. Eine tote Ratte. Was für ein Beitrag zur Gesellschaft das wäre! Eine seit langem tote Ratte.

Wäre es nicht möglich, den Hörer zu verbessern? Ihn geselliger, wenn nicht gar menschlicher zu machen. Hinsichtlich des Geistes ist da vielleicht Raum für eine gewisse Belebung. Für einen Versuch nachzudenken, zumindest. Sich zu erinnern. Ja, sogar zu sprechen. Irgendeine, wenn auch noch so geringe Willigkeit. Spuren von Gemütsbewegung. Anzeichen von Trübsal. Eine Ahnung vom Scheitern. Ohne Persönlichkeitsverlust. Heikles Unterfangen. Hinsichtlich des Körpers aber? Muß er regungslos daliegen, bis zum Ende? Und nur die Lider bewegen sich hin und wieder, weil das eigentlich unerläßlich ist. Um das Dunkel hereinzulassen oder es auszuschließen. Könnte er nicht die Beine übereinanderschlagen? Dann und wann. Bald das linke über das rechte und bald, wenn es an der Zeit ist, umgekehrt. Nein. Unmöglich! Er sollte mit übereinandergeschlagenen Beinen daliegen? Es bloß zu sehen! Nein! Irgendeine Bewegung der Hände? Einer Hand. Ein Verkrampfen. Ein Entspannen. Nur schwer zu rechtfertigen. Oder mit erhobener, um eine Fliege zu verjagen. Aber da gibt es keine Fliegen. Warum sollte es da eigentlich keine Fliegen geben? Die Versuchung ist groß. Es gebe da eine Fliege! Damit er sie verjage. Eine lebendige Fliege, die ihn irrtümlich für tot hält. Die ihren Irrtum gewahr wird und ihn sofort wieder begeht. Was für ein Beitrag zur Geselligkeit das wäre! Eine lebendige Fliege, die ihn irrtümlich für tot hält. Aber nein. Er würde keine Fliege verjagen.

Du hast Mitleid mit einem Igel draußen in der Kälte und legst ihn mit ein paar Würmern in eine alte Hutschachtel. Dann stellst du die Schachtel mit dem Igel in einen leerstehenden Kaninchenstall und verkeilst die aufgesperrte Tür, damit das arme Tier nach Belieben kommen und gehen, sein Futter suchen und nach dem Fressen wieder in die Wärme und Geborgenheit seiner Schachtel im Stall zurückkehren kann. Da steckt er also, der Igel, in seiner Schachtel, mit genug Würmern, um über die Runden zu kommen. Ein letzter Blick, um dich zu vergewissern, daß alles in Ordnung ist, bevor du weggehst, auf die Suche nach etwas anderem, um dir die Zeit zu vertreiben, die in diesem zarten Alter schon todlangweilig war. Die Glut, die durch diese gute Tat in dir entstanden ist, glüht länger als sonst, ehe sie abkühlt und verblaßt. Du erglühtest gern in jener Zeit, aber selten für lange. Kaum war die Glut durch irgendeine gute Tat deinerseits oder durch einen kleinen Triumph über deine Rivalen oder durch ein Lobeswort aus dem Munde deiner Eltern oder Lehrer angefacht worden, als sie auch schon abzukühlen und zu verblassen begann, um dich nach ganz kurzer Zeit so fröstelnd und düster wie zuvor wieder allein zu lassen. Sogar in jenen Tagen. Aber nicht an diesem Tage. An einem Herbstnachmittag warst du dem Igel begegnet und hattest das erwähnte Mitleid mit ihm gehabt, und die Wonne erfüllte dich noch, als du zu Bett mußtest. Auf dem Bettvorleger kniend hast du in dein Gebet um Gottes Segen für all deine Lieben auch den Igel eingeschlossen. Und als du dich in Erwartung des Schlafs in deiner Bettkuhle herumwarfst, wurde es dir noch warm ums Herz beim Gedanken an das Glück, das dieser Igel gehabt hatte, deinen Weg so zu kreuzen. Einen schmalen Lehmpfad, gesäumt von verdorrten Buchsbaumrabatten. Während du da standest und dich fragtest, wie du bis zum Zubettgehen wohl am besten die Zeit totschlagen könntest, brach er aus der einen Hecke hervor und lief schnurstracks auf die andere zu, als du plötzlich in sein Leben tratst. Am nächsten Morgen aber war die Glut nicht nur erloschen, es war sogar ein großer Unmut an ihrer Stelle. Die dunkle Ahnung, daß vielleicht doch nicht alles so war, wie es hätte sein sollen. Daß du, anstatt deiner guten Tat, vielleicht besser daran getan hättest, nichts zu tun und den Igel seines Weges ziehen zu lassen. Ganze Tage, wenn nicht sogar Wochen vergingen, ehe du es über dich brachtest, wieder zu dem Stall zu gehen. Du hast nie vergessen, was du dort vorfandest. Du liegst auf dem Rücken im Dunkeln und hast nie vergessen, was du da vorfandest. Den Brei. Den Gestank.

Seit einer Weile droht folgendes. Das nur zeitweilige Bedürfnis nach Gesellschaft. Nach Momenten, in denen seine eigene ungemilderte eine Milderung. Die Stimme dann, wie aufdringlich. Ebenso wie das Bild des Hörers. Ebenso wie sein eigenes. Promptes Bedauern, sie heraufbeschworen zu haben, und das Problem, sie zum Verschwinden zu bringen. Was bedeutet eigentlich seine eigene ungemilderte? Was für eine mögliche Milderung? Es dabei bewenden lassen, vorerst.

Der Hörer heiße H. Gehaucht. Ha. Du, Ha, liegst auf dem Rücken im Dunkeln. Und er wisse, wie er heißt. Keine Rede mehr von ihm als einem Mithörer. Als einem nicht Gemeinten. Obgleich offenbar logischerweise überhaupt keine ist. Sich zu fragen, ob ein Geflüster in seiner Ohrmuschel für ihn bestimmt sei! So ist er. Dieses vage Unbehagen ist also dahin. Diese vage Hoffnung. Für einen, der so wenig Gelegenheit hat zu fühlen. Der so unfähig ist zu fühlen. Der, insofern er überhaupt zu verlangen vermag, nichts sehnlicher verlangt, als nichts zu fühlen. Ist dies wünschenswert? Nein. Würde er dabei an Geselligkeit gewinnen? Nein. Also heiße er nicht mehr H. Er sei wieder, wie er immer war. Der Hörer. Namenlos. Du.

Den Ort, wo er liegt, deutlicher erträumen. Ohne die geringste Übertreibung. Form und Ausdehnung des Ortes werden durch die ferne Stimme angedeutet. Die nach langsamem Verebben aus der Ferne zu ihm kommt oder plötzlich erschallt, oder nach langer Stille in der Ferne wieder anschwillt. Und zwar sowohl von oben als auch von allen Seiten und aus allen Ebenen im gleichen Grade maximaler Abschwächung infolge maximaler Entfernung. Nie von unten. Bislang. Was nahelegt, daß einer mit dem Kopf in der Mitte einer geräumigen Rotunde auf dem Rücken liegt. Wie geräumig? Bei der Schwäche der Stimme in ihrer maximalen Abschwächung dürften etwa zwanzig Meter hinreichen, somit rund zehn vom Ohr bis zu jedwedem Punkt der umgebenden Fläche. Soviel zu Form und Ausdehnung. Und das Material? Was gibt wo Aufschluß darüber, wenn überhaupt irgend etwas irgendwo? Es vorerst dahingestellt sein lassen. Verlockend wäre Basalt. Schwarzer Basalt. Aber, es vorerst dahingestellt sein lassen. Der Stimme und ihres Hörers überdrüssig, erträumt er so hinfort für sich selbst. Aber bei weiterem Erträumen erweist sich, daß er falsch erträumt hat. Denn mit welchem Recht kann von einem schwachen Laut behauptet werden, es handele sich um einen weniger schwachen, der durch die Entfernung schwächer gemacht worden sei, und nicht um einen echten schwächeren aus nächster Nähe? Oder von einem schwachen Schwächerwerdenden, daß er sich entfernt, anstatt auf der Stelle abzunehmen? Falls mit keinem, so ist von der Stimme keinerlei Klarheit über den Ort zu erwarten, an dem unser alter Hörer liegt. In unermeßlichem Dunkel. Grenzenlosem. Es dabei bewenden lassen, vorerst. Wobei nur noch zu fragen wäre, was das für eine Einbildungskraft sein mag, die derart vernunftwütig ist. Eine eigenartige.

Ein anderer, alles erträumend, um sich Gesellschaft zu leisten. Im selben Dunkel wie seine Kreatur oder in einem anderen. Schnell erträumen. Im selben.

Wäre es nicht möglich, die Stimme zu verbessern? Sie geselliger zu machen. Angenommen, sie sei seit einiger Zeit im Begriff, sich zu verändern, wenngleich es keinerlei Zeitformen gibt in diesem dunklen Geist. Alles auf einmal vorbei und im Gang und endlos. Angenommen aber, sie sei für den anderen seit einiger Zeit im Begriff, sich ein wenig zu verbessern. Der gleiche matte Ton wie anfangs erträumt und die gleiche Wiederholwut. Also alles beim alten. Allerdings weniger Beweglichkeit. Weniger Variationen der Schwäche. Wie auf der Suche nach der besten Stelle. Von wo aus sie sich optimal aussprechen könnte. Mit idealer Schwingungsweite für mühelose Hörbarkeit. Ohne dem Ohr durch Lautheit zu schmerzen oder es gar durch Übertreibung des Gegenteils zum Horchen zu nötigen. Um wieviel besser ein solches Organ Gesellschaft leisten könnte als das anfangs übereilt erträumte. Um wieviel leichter es seinen Zweck erfüllen könnte, dem Hörer eine Vergangenheit zu verschaffen und ihn sie anerkennen zu lassen. Du wurdest an einem Karfreitag nach langen Wehen geboren. Ja, ich erinnere mich. Die Sonne war gerade hinter den Lärchen untergegangen. Ja, ich erinnere mich. Ganz so wie der Tropfen, um besser zu höhlen, unentwegt fallen muß. Auf das Darunterliegende.

Als du zuletzt ausgingst, war der Boden verschneit. Nun, auf dem Rücken im Dunkeln, stehst du an jenem Morgen auf der Schwelle der leise hinter dir geschlossenen Tür. Mit gesenktem Kopf an die Tür gelehnt, schickst du dich an loszugehen. Als du die Augen wieder öffnest, sind deine Füße verschwunden, und deine Mantelschöße ruhen auf dem Schnee. Die dunkle Szene scheint von unten beleuchtet zu sein. Du siehst dich selbst bei diesem letzten Aufbruch mit geschlossenen Augen an der Tür lehnend darauf warten, daß du dich gehen läßt. Weg von dort. Dann die schneebeleuchtete Szene. Du liegst mit geschlossenen Augen im Dunkeln und siehst dich selbst dort, wie gerade beschrieben, dich anschickend, durch diese Lichtschicht hindurchzuschreiten. Du hörst wieder das Klicken der sich leise schließenden Tür und die Stille, ehe der erste Schritt getan werden kann. Dann bist du wieder auf deinem Weg durch die weißen Weiden, die von Lämmern im Frühling belebt werden und mit roten Mutterkuchen übersät sind. Du richtest deine Schritte wie immer schnurstracks auf die Lücke oder undichte Stelle der Weißdornhecke, der Begrenzung nach Westen. Bis dahin brauchst du, vom Betreten der Weiden ab gerechnet, normalerweise achtzehnhundert bis zweitausend Schritte, je nach deiner Stimmung und dem Zustand des Geländes. Aber an jenem letzten Morgen wirst du viel mehr brauchen. Viel, viel mehr Schritte. Die gerade Strecke ist deinen Füßen so vertraut, daß sie sich notfalls bei geschlossenen Augen daran halten können, ohne mehr als ein paar Schritte nördlich oder südlich vom Ziel abzuweichen. Das ist es übrigens auch, was sie ohne die geringste Notwendigkeit, außer einer inneren, normalerweise tun, und zwar nicht nur hier. Denn du läufst, wenn auch nicht mit geschlossenen Augen, obgleich dies recht oft geschieht, so doch mit dem Blick auf dem flüchtigen Boden vor deinen Füßen. Das ist alles, was du von der Natur gesehen hast. Seit dem Tage, an dem du den Kopf ein für allemal senktest. Den fliehenden Boden vor deinen Füßen. Von Zeit zu Zeit. Du zählst deine Schritte nicht mehr. Aus dem einfachen Grund, weil sie jeden Tag die gleiche Zahl ergeben. Durchschnittlich Tag für Tag die gleiche. Da der Weg immer der gleiche ist. Du rechnest mit den Tagen und brauchst an jedem zehnten Tag nur zu multiplizieren. Und zu addieren. Deines Vaters Schatten ist nicht mehr bei dir. Er hat es seit langem aufgegeben. Du hörst deine Schritte nicht mehr. Ohne zu hören und zu sehen, gehst du deinen Weg. Tag für Tag. Den gleichen Weg. Als gebe es keinen anderen mehr. Für dich gibt es keinen anderen mehr. Früher bliebst du nur stehen, um deine Berechnung anzustellen. Um wieder losgehen zu können, von neuem ab Null. Da dieses Bedürfnis entfällt, gibt es theoretisch auch keins mehr, stehenzubleiben. Außer vielleicht einen Moment am äußersten Punkt. Um dich anzuschicken, zurückzukehren. Und doch tust du es. Wie nie zuvor. Nicht aus Müdigkeit. Du bist nun nicht müder, als du es seit jeher warst. Nicht aus Altersgründen. Du bist nun nicht älter, als du es seit jeher warst. Und doch bleibst du stehen, wie nie zuvor. So daß du für die gleichen hundert Meter, die du früher in drei bis vier Minuten schafftest, nun zwischen fünfzehn und zwanzig brauchst. Der Fuß fällt von selbst mitten im Schritt oder er bleibt, wenn er sich heben soll, am Boden kleben und bringt den Körper zum Stehen. Alsdann die unaussprechliche Angst, deren Wesentliches, Werden sie weitergehen können? Oder besser, Werden sie weitergehen? Nur das Wesentliche der Frage! Die beschwichtigt wird, wenn sie schließlich tun, was sie bislang stets getan haben. Du liegst im Dunkeln mit geschlossenen Augen und siehst die Szene. Wie du es damals nicht konntest. Die dunkle Himmelskuppel. Die blendende Erde. Du in der Mitte stillstehend. Die Schnürstiefel, bis zu den Rändern eingesunken. Die Mantelschöße, ruhend auf dem Schnee. In der alten Melone, der gesenkte alte Kopf, sprachlos vor Angst. Inmitten der Weiden auf der Hälfte deiner Strecke zur Heckenlücke. Regungslos die unbeirrten Füße. Du blickst zurück, wie du es einst nicht konntest, und siehst deine Spuren. Eine große, parabolische Abweichung. In einer dem Uhrzeigersinne entgegengesetzten Richtung. Wie im Inferno. Als ob auf einmal das Herz zu schwer. Schließlich zu schwer.

Blütezeit des Lebens. Einen Anhauch davon erträumen. Auf dem Rücken im Dunkeln erinnerst du dich. Ah du, du erinnerst dich. Wolkenloser Maientag. Sie kommt zu dir in das Sommerhäuschen. Ein ländliches Hexaeder. Ganz aus Lärchen- und Föhrenstämmen. Durchmesser zwei Meter. Höhe drei. Bodenfläche an die drei Quadratmeter. Zwei bunte Fensterchen vis-à-vis. Kleine, farbige Glasrauten. Unter jedem ein Sims. Hierhin pflegte dein Vater sich an

Sommersonntagen nach dem Mittagsmahl mit einem Kissen und einem Punch zurückzuziehen. Mit aufgeknöpftem Hosenbund saß er auf einem der Simse und blätterte im Punch herum. Du gegenüber, auf dem anderen, mit baumelnden Beinen. Jedesmal, wenn er gluckste, versuchtest auch du zu glucksen. Wenn sein Glucksen aufhörte, hörte deins ebenfalls auf. Daß du sein Glucksen nachzumachen versuchtest, fand er sehr lustig, und manchmal gluckste er nur so vor sich hin, um zu hören, wie auch du zu glucksen versuchtest. Hin und wieder drehst du den Kopf herum und schaust durch eine rosa Scheibe. Du drückst deine kleine Nase an das Glas, und draußen sieht alles rosig aus. Die Jahre sind vergangen, und du sitzt wieder am selben Platz wie einst in der Blütezeit des Lebens und starrst, in irisierendes Licht getaucht, ins Leere. Sie läßt auf sich warten. Du schließt die Augen und versuchst, den Rauminhalt zu errechnen. Einfache Rechenaufgaben sind dir eine Hilfe in schweren Stunden. Eine Zuflucht. Du kommst schließlich auf etwa sieben Kubikmeter. Auch nun in der zeitlosen Dunkelheit sind die Zahlen dir ein Trost. Du setzt einen gewissen Rhythmus des Herzens voraus und errechnest, wie oft es schlägt pro Tag. Pro Woche. Pro Monat. Pro Jahr. Und, eine gewisse Lebenszeit voraussetzend, pro Leben. Bis zum letzten Schlag. Aber im Moment sitzt du, mit etwa siebenhundert Millionen hinter dir, wieder in dem Sommerhäuschen und berechnest seinen Rauminhalt. Etwa sieben Kubikmeter. Das kommt dir aus irgendeinem Grunde unwahrscheinlich vor, und du beginnst deine Berechnung von neuem. Aber diese ist noch nicht weit gediehen, als ihre leichten Schritte zu hören sind. Ihre bei ihrer Körperfülle leichten Schritte. Klopfenden Herzens öffnest du wieder die Augen, und nach einem endlosen Moment erscheint ihr Gesicht am Fenster. Fast ganz blau ist, von dir aus gesehen, ihre natürliche Blässe, die du so bewundertest, so blau wie vermutlich, von ihr aus gesehen, die deine. Denn die natürliche Blässe habt ihr miteinander gemein. Die violetten Lippen erwidern nicht dein Lächeln. Und da das Fenster sich, von deinem Sitz aus gesehen, in einer Höhe mit deinen Augen befindet und außerdem der Fußboden beinahe ebenerdig ist, kannst du nicht umhin, dich zu fragen, ob sie nicht auf die Knie gesunken ist. Da du aus Erfahrung weißt, daß die Größe oder Länge, die ihr miteinander gemein habt, die Summe gleichlanger Segmente ist.

Denn wenn ihr, aufrecht stehend oder ausgestreckt daliegend, euch, Auge in Auge, aneinanderschmiegt, berühren sich eure Knie und eure Pubes und verwirren sich die Haare eurer Köpfe miteinander. Ist daraus zu folgern, daß der Höhenverlust des sitzenden Körpers der gleiche ist wie der des knienden? In der Annahme, die Sitzhöhe sei verstellbar wie bei gewissen Pianostühlen, schließt du hier die Augen, um im Geiste besser die ersten und zweiten Segmente, von der Fußsohle bis zur Kniescheibe und von dort bis zum Beckengürtel, zu messen und sie miteinander zu vergleichen. Wie du dich hellwach, in Bewegung oder in Ruhe, den geschlossenen Augen hingabst! Bei Tag und bei Nacht. Diesem vollkommenen Dunkel. Diesem schattenlosen Licht. Nur um nicht da zu sein. Oder um etwas wie nun zu tun. Ein einziges Bein erscheint. Von oben gesehen. Du trennst die Segmente und legst sie nebeneinander. Es ist so, wie du es beinahe vermutetest. Das obere ist länger, und somit büßt der Sitzende mehr ein, wenn die Sitzfläche in Kniehöhe ist. Du läßt die Teile liegen, und beim Öffnen deiner Augen siehst du sie vor dir sitzen. Totenstille. Ihre rubinroten Lippen erwidern nicht dein Lächeln. Dein Blick gleitet hinab zu ihren Brüsten. Du erinnerst dich nicht, diese je so prall gesehen zu haben. Zu ihrem Bauch. Der gleiche Eindruck. Ihr Bauch geht auf in deines Vaters Bauch, der sich hervorwölbt überm aufgeknöpften Hosenbund. Sollte sie schwanger sein, ohne daß du überhaupt um ihre Hand angehalten hast? Du gehst wieder in dich. Auch sie hat, ohne dein Wissen, die Augen geschlossen. So sitzt ihr einander gegenüber in Sommerhäuschen. Mit geschlossenen Augen und den Händen auf euren Pubes. In dem irisierenden Licht. Der Totenstille.

Erschöpft durch ein so anstrengendes Erträumen, hört er auf und hört alles auf. Bis er, das Bedürfnis nach Gesellschaft wieder spürend, sich entschließt, den Hörer zumindest M zu nennen. Um das Erkennen zu erleichtern. Und für sich selbst einen anderen Buchstaben zu wählen. W. Dies alles, sich selber inbegriffen, erträumend, um sich Gesellschaft zu leisten. Im selben Dunkel wie M, laut letzten Berichten. In welcher Positur und ob regungslos oder beweglich, bleibt dahingestellt. Er sagt auch, über sich selbst sprechend, Das letzte Mal, als er über sich selbst sprach, sprach er, um zu sagen, er sei im selben Dunkel wie seine

Kreatur. Nicht in einem anderen, wie es mal für möglich gehalten wurde. Im selben. Als dem geeigneteren, Gesellschaft zu leisten. Und daß seine Positur darin noch zu erträumen. Und zu entscheiden, ob diese regungslos oder beweglich. Welche von allen erträumbaren Posituren böte wohl das geringste Risiko des Überdrusses, auf die Dauer? Welche, in Bewegung oder in Ruhe, würde sich als die unterhaltsamste erweisen, auf lange Sicht? Und im gleichen Atemzug, zu früh, um es zu sagen, und warum eigentlich nicht ohne weiteres sagen, was später widerrufen werden kann, und was, wenn dies zufällig nicht möglich wäre? Was dann? Könnte er nun, wenn es ihm lieber wäre, sich dem Dunkel entziehen, dem, laut letzten Berichten, seine Vorliebe galt, und in ein ganz anderes hinüberwechseln, fern von seiner Kreatur? Wenn er sich nun für das Liegen entschlösse und dies später bedauern sollte, könnte er dann, zum Beispiel, aufstehen und sich an eine Wand lehnen oder hin- und hergehen? Ließe M sich in einem Schaukelstuhl wiedererträumen? Mit Händen, denen es freistünde, ihm zu helfen? Dort, im selben Dunkel wie seine Kreatur, läßt er sich selbst im Stich wegen dieser Verlegenheiten, wobei er sich im tiefsten Innern seines Geistes fragt, wie er es manchmal zu tun pflegt, ob all das Weh der Welt noch immer so ist, wie es war. Zu seiner Zeit.

M bislang wie folgt. Auf dem Rücken an einem dunklen Ort, dessen Form und Ausdehnung noch zu erträumen. Dann und wann eine Stimme hörend, von der ungewiß, ob sie sich an ihn richtet oder an einen anderen in der gleichen Lage. Da es, wenn sie seine eigene Lage treffend beschreibt, keinerlei Beweis dafür gibt, daß die Beschreibung nicht einem anderen in der gleichen Lage gilt. Vage Sorge beim vagen Gedanken, vielleicht etwas Vertrauliches zu überhören, wenn er, zum Beispiel, hört, Du liegst auf dem Rücken im Dunkeln. Nach und nach in dem Maße zerschlagene Zweifel, in dem die Stimme, anstatt sich in alle Winde zu zerstreuen, auf ihn einredet. Wenn sie aufhört, einziges Geräusch, sein eigener Atem. Wenn sie lange aufhört, vage Hoffnung, sie habe nichts mehr zu sagen. Geistige Tätigkeit, niedrigen Niveaus. Seltene Schlußfolgerungsschimmer, die unergiebig sind. Hoffnung, Verzweiflung und dergleichen, kaum empfunden. Wie die jetzige Lage entstanden, völlig unklar. Kein Dort mit Hier zu vergleichen und kein

Einst mit Jetzt. Nur die Lider bewegen sich. Wenn sie zur Erholung von dem Dunkel des Draußen und dem des Drinnen sich jeweils schließen und öffnen. Immer noch Hoffnung auf kleine, örtlich begrenzte Bewegungen. Aber keinerlei Verbesserung ist dadurch zu verzeichnen, bislang. Oder, auf einer höheren Ebene, durch solche, Geselligkeit fördernde Möglichkeiten wie, zum Beispiel, eine Regung dauernder Trauer oder Sehnsucht oder Reue oder Wut und so weiter. Oder durch irgendeinen Denkvorgang, der schlüssig genug wäre, damit er sich, beispielsweise, über sich selbst sprechend, sagen könnte, Da er nicht denken kann, soll er den Versuch aufgeben. Ist dieser Skizze noch irgend etwas hinzuzufügen? Seine Namenlosigkeit. Sogar M muß weg. Also erinnert W sich wieder an seine Kreatur, dergestalt, wie sie kreiert wurde, bis jetzt. W? Aber auch W ist eine Kreatur. Ein Trugbild. Also noch ein anderer. Über den nichts. Trugbilder erfindend, um seine Nichtigkeit zu lindern. Schnell weg! Pause, und abermals erschrocken zu sich selber, Schnell, schnell weg!

Erträumter Erträumer, das alles erträumend, um sich Gesellschaft zu leisten. Im selben trügerischen Dunkel wie seine anderen Trugbilder. In welcher Positur, und ob ja oder nein, wie der Hörer in seiner, ein für allemal oder nicht, noch nicht festgelegt. Genügt nicht ein einziger Unbeweglicher? Warum diesen sonderbaren Trostspender verdoppeln? Er bewege sich also! Ohne zu übertreiben. Auf allen vieren. Ein maßvolles Kriechen bei vom Boden abgehobenem Oberkörper und geradeaus spähendem Blick. Falls dies nicht besser als nichts, es dann rückgängig machen. Wenn möglich. Und in der wiedergewonnenen Leere eine andere Bewegung. Oder keinerlei. Bleibt nur noch, die günstigste Positur zu erträumen. Aber vorläufig krieche er. Krieche und falle er. Krieche er wieder und falle er wieder. Im selben trügerischen Dunkel wie seine anderen Trugbilder. Nach langem, gleichsam irrendem Umherschweifen kommt die Stimme zur Ruhe und zu gleichbleibender Schwäche. Zur Ruhe, wo? Umsichtig erträumen!

Über dem hintenübergeneigten Gesicht. Senkrecht zum Hinterhauptsbein. So daß er bei dem schwachen Licht, das sie verbreitet, wenn es einen Mund gäbe, diesen nicht sähe.

So sehr er seine Augen auch rollen würde. Höhe über dem Boden?

Eine Armlänge. Lautstärke? Gering. Wie von einer Mutter, die sich von hinten über eine Wiege beugt. Sie tritt zur Seite, damit der Vater schauen kann. Er seinerseits flüstert dem Neugeborenen zu. Matter Ton unverändert. Keinerlei Spur von Liebe.

Du liegst auf dem Rücken am Fuße einer Espe. In ihrem zitternden Schatten. Mit dem Kopf in ihren Händen, auf die Ellbogen gestützt, liegt sie rechtwinklig zu dir. Deine offenen und wieder geschlossenen Augen haben in die ihren geblickt, die in die deinen blickten. In deinem Dunkel tauchst du wieder in ihre Augen. Immer noch. Auf dem Gesicht spürst du, wie die Franse ihres langen, schwarzen Haars in der regungslosen Luft schwankt. Unterm Haarvorhang verborgen eure Gesichter. Sie flüstert, Hör die Blätter! Mit ineinandergetauchten Blicken hört ihr die Blätter. In deren zitterndem Schatten.

Kriechend also und fallend. Kriechend wieder und wieder fallend. Wenn das schließlich zu nichts führte, kann er immer noch ein für allemal fallen. Oder nie auf die Knie gekommen sein. Erträumen, inwiefern ein solches Kriechen im Vergleich mit der Stimme besser dazu dienen könnte, einen Ortsplan zu erstellen. Wenn auch noch so ungenau. Welches ist eigentlich das Kriechmaß? Entsprechend dem Schritt beim aufrechten Gang. Sich auf allen vieren erhebend, schickt er sich an loszukriechen. Hände und Knie an den Eckpunkten eines Rechtecks von zwei Fuß Länge und belangloser Breite. Schließlich bewegt sich, beispielsweise, das linke Knie um sechs Zoll voran und verringert so um eine halbe Hälfte den Abstand von der entsprechenden Hand. Die sich dann ihrerseits, zu ihrer Zeit, ebensoweit voranbewegt. Das Rechteck ist jetzt eine Raute. Aber nur solange bis, rechter Hand, Knie und Hand dem Beispiel folgen. Wodurch das Rechteck wieder zustande kommt. Und so weiter, bis er fällt. Von allen Kriecharten ist dieser kriechende Paßgang vermutlich die am wenigsten gängige. Und somit vermutlich die lustigste von allen.

Beim Kriechen das Kopfrechnen. Körnchen für Körnchen im Kopf. Eins zwei drei vier eins. Knie Hand Knie Hand zwei. Ein Fuß. Bis er nach, angenommen, fünf Fuß fällt. Dann, früher oder später, weiter, von neuem ab Null. Eins zwei drei vier eins. Knie Hand Knie Hand zwei. Sechs. Und so weiter. Geradenwegs, wenn eben möglich. Bis er, entmutigt, weil er auf kein Hindernis stieß, den Weg, den er gekommen, wieder zurückkriecht. Von neuem ab Null. Oder eine ganz andere Richtung einschlägt. Schnurstracks, so hofft er. Bis er, mangels einer Sackgasse für seine Mühen, schließlich abermals einen anderen Kurs wählt. Von neuem ab Null. Wohl wissend oder kaum verkennend, wie irreführend die Finsternis sein kann. Linksherum, des Herzens wegen. Wie im Inferno. Oder, umgekehrt, den wohlerwogenen Bogen in eine gerade Strecke verwandelnd. Wie dem auch sei und so wacker er auch noch und noch weiterkriechen mag, keinerlei Grenze, bis jetzt. Keinerlei erträumbare Grenze, bis jetzt. Knie Hand Knie Hand, noch und noch. Grenzenloses Dunkel.

Wäre es vernünftig, sich den Hörer als geistig ganz untätig vorzustellen? Außer, wenn er hört. Das heißt, wenn die Stimme ertönt. Denn was gibt es außer ihr und seinem eigenen Atmen für ihn zu hören? Aha! Das Kriechen. Hört er das Kriechen? Das Fallen? Was für ein Beitrag zur Geselligkeit es wäre, wenn er das Kriechen hören könnte! Das Fallen. Das Wieder-auf-alle-viere-Kommen. Das wiederbegonnene Kriechen. Sich dabei fragend, was denn solche Geräusche bloß bedeuten sollen. Aufzusparen für einen langweiligeren Moment. Und was außer dem Schall vermöchte es noch, seinen Geist zu bewegen? Die Sicht? Die Versuchung ist groß, steif und fest zu behaupten, es gebe nichts zu sehen. Aber zu spät, einstweilen. Denn er sieht eine Veränderung des Dunkels, wenn er die Augen wieder öffnet oder sie wieder schließt. Und er sieht ja eigentlich das schwache Licht, das die erträumte Stimme verbreitet, wie erträumt. Übereilt erträumt. Ein Licht, das unendlich schwach ist, gewiß, da nun kaum noch ein Geflüster. Hier plötzlich gesehen, wie seine Augen sich schließen, sobald die Stimme ertönt. Falls sie gerade offen sind. So daß dieses Licht, wie es schließlich kaum noch da ist, kaum zwischen den sich schließenden Lidern gesehen wird. Der Geschmack? Der Geschmack in seinem Mund? Längst daran gewöhnt. Das Tastvermögen? Der Druck des Bodens gegen seine Knochen? Auf ganzer Länge, vom Calcaneum bis zur Protuberantia occipitalis externa. Könnte nicht ein Drang, sich zu bewegen, seine Apathie auflockern? Sich auf die Seite zu wälzen. Oder auf den Bauch. Zur Abwechslung. Dies minimale Bedürfnis sei ihm vergönnt. Ebenso wie das Glück, zu wissen, daß die Zeit vorbei, in der es ihm freistand, sich vergeblich zu krümmen und zu winden. Der Geruch? Sein eigener? Längst daran gewöhnt. Und ein Wehr gegen andere, gegebenenfalls. Wie, zum Beispiel, gegen den einst von einer seit langem toten Ratte verbreiteten. Oder von irgendeinem anderen Aas. Noch zu erträumen. Es sei denn, der Kriechende riecht. Aha! Der kriechende Kreator. Wäre es vernünftig, zu erträumen, daß der Kreator beim Kriechen riecht? Noch übler als seine Kreatur. Dann und wann diesen der Verwunderung so abholden Geist dazu bringend, daß ihn etwas wundert. Daß ihn wundert, was denn solch sonderbaren Geruch bloß verursachen mag. Woher denn bloß all der ekelerregende Gestank. Wieviel geselliger könnte sein Kreator sein, wenn er doch röche. Wenn er doch seinen Kreator riechen könnte. Irgendein sechster Sinn? Eine unerklärliche Ahnung drohenden Unheils? Ja oder nein. Nein. Reine Vernunft? Diesseits der Erfahrung. Gott ist Liebe. Ja oder nein? Nein.

Kann der kriechende Kreator, in dem gleichen, kreierten Dunkel kriechend wie seine Kreatur, kreativ sein, während er kriecht? Eine der Fragen, die er sich selbst stellte, wenn er zwischen zwei Kriechpartien daniederlag. Und wenn die einleuchtende Antwort leicht zu finden war, so galt dies nicht für die hilfreichste. Und es bedurfte vieler Kriechpartien und ebenso vieler Prostrationen, ehe er sich schließlich eine Vorstellung davon machen konnte. Wobei er gleichzeitig, ohne Überzeugung, vor sich hin, im gleichen Atemzug wie sonst hinzufügte, daß keine seiner Antworten unanfechtbar sei. Komme, was da wolle, die Antwort, die er schließlich zu geben wagte, war nein, er könne es nicht. Das Kriechen im Dunkeln auf die oben erträumte Weise war eine allzu ernste und anstrengende Sache, um noch irgendeine andere Tätigkeit, sei es auch nur die Heraufbeschwörung von irgend etwas aus dem Nichts, zu erlauben. Denn er hatte nicht nur, wie vielleicht allzu übereilt erträumt, auf diese Weise voranzukommen, sondern obendrein auch so schnurgerade wie möglich. Und außerdem unterwegs, halben Fuß zu halbem Fuß fügend, zu zählen und die sich laufend verändernde Summe der schon errechneten in seinem Gedächtnis einzuprägen. Und schließlich Augen und Ohren höchst aufmerksam zu erhalten für jedweden noch so geringen Hinweis auf die Natur des Ortes, an den sein Erträumen ihn vielleicht leichtfertig verschlagen hatte. Während er also im gleichen Atemzug eine so vernunftwütige Phantasie beklagte und dabei sagte, wie widerrufbar seine Gedankenflüge seien, konnte er schließlich nur antworten, nein, er könne es nicht. Er könne eigentlich nicht kreativ sein, während er in dem gleichen, kreierten Dunkel wie seine Kreatur krieche.

Ein Strand. Abend. Das Licht stirbt dahin. Bald dahin, wird es nicht mehr sterben. Nein. Nichts dergleichen dann wie kein Licht. Es starb dahin bis zur Morgendämmerung und starb nie. Du stehst mit dem Rücken zum Meer. Kein Geräusch außer der Brandung. Immer schwächer, während es allmählich verebbt. Bis es allmählich wieder heranflutet. Du stützt dich auf einen langen Stock. Deine Hände ruhen auf dem Knauf, und auf ihnen dein Kopf. Wenn deine Augen sich gerade öffneten, sähen sie zuerst, weit unten in den letzten Strahlen, die Schöße deines Mantels und im Sand den Rand der Schäfte deiner eingesunkenen Schnürstiefel. Dann, und zwar allein, bis er verschwindet, den Schatten des Stocks auf dem Sand. Bis er aus deiner Sicht verschwindet. Mondlose, sternlose Nacht. Wenn deine Augen sich gerade öffneten, würde das Dunkel heller.

Kriecht und fällt. Liegt mit geschlossenen Augen im Dunkeln und verschnauft vom Kriechen. Erholt sich. Körperlich, und von der Enttäuschung, abermals für nichts gekrochen zu sein. Wobei er sich vielleicht sagt, Warum eigentlich kriechen? Warum nicht einfach mit geschlossenen Augen im Dunkeln liegen und aufgeben? Alles aufgeben. Mit allem fertig sein. Mit der vergeblichen Kriecherei und den trostlosen Trugbildern. Aber wenn er schon mal den Mut verliert, dann selten für lange. Denn wenn er so daliegt, wird nach und nach wieder das Verlangen nach Gesellschaft wach. In der er seiner eigenen entkommen könnte. Das Bedürfnis, diese Stimme wieder zu hören.

Selbst wenn sie nur wieder sagte, Du liegst auf dem Rücken im Dunkeln. Oder aber nur, Du sahst das Licht der Welt und schriest am Abend des Tages, an dem Christus in der Dunkelheit um die neunte Stunde schrie und starb. Das Bedürfnis, bei geschlossenen Augen, um besser zu hören, den verbreiteten Schimmer zu sehen. Oder, durch Hinzufügung von irgend etwas Menschlichem, den Hörer zu verbessern. Wie, zum Beispiel, eines Juckens außerhalb der Reichweite seiner Hand, oder, noch besser, in Reichweite seiner regungslosen Hand. Eines unkratzbaren Juckens. Was für ein Beitrag zur Geselligkeit das wäre! Oder, zu guter Letzt, sich selbst zu fragen, was er genau meint, wenn er ungenau von sich selbst sagt, daß er liege. Mit anderen Worten, welche von all den zahllosen Arten zu liegen erweist sich auf die Dauer als die allerangenehmste? Ob er nach dem oben genau beschriebenen Kriechen normalerweise auf sein Gesicht fällt. Bei dem Grad seiner Ermüdung und Entmutigung in solchem Moment dürfte es ihm tatsächlich schwerfallen, anders zu verfahren. Aber wenn er einmal gefallen ist und auf dem Gesicht liegt, hindert ihn nichts, sich auf die eine oder andere seiner beiden Seiten zu wälzen oder auf seinen einzigen Rücken und so liegenzubleiben, falls irgendeine dieser drei Lagen sich als geselliger erweisen sollte als irgendeine der drei anderen. Die Rückenlage ist, so verlockend sie auch sein mag, schließlich zu verwerfen, da der Hörer sie schon darbietet. Was die Seitenlagen betrifft, so genügt ein Blick, um beide zu verschmähen. Bleibt folglich nur die Prostration. Aber wie? Welche Bauchlage? Welche Lage der Beine? Der Arme? Des Kopfes? Bäuchlings im Dunkeln liegend, bemüht er sich zu sehen, wie er am besten bäuchlings liegen kann. Wie am geselligsten.

Den Hörer genauer wahrnehmen! Welche von allen Rükkenlagen ist auf die Dauer am wenigsten ermüdend? Nachdem er, bäuchlings liegend, mit geschlossenen Augen lange ins Dunkel gestarrt hat, beginnt er schließlich, dunkel zu ahnen. Aber erstmal, nackt oder bedeckt? Sei es auch nur mit einem Laken. Nackt. Gespenstisch im Schimmer der Stimme dies beinbleiche Fleisch als Gesellschaft. Kopf hauptsächlich auf dem obenerwähnten okzipitalen Höcker ruhend. Beine stramm aneinander. Füße rechtwinklig gespreizt. Hände in unsichtbaren Handschellen über den Pubes gekreuzt. Andere Einzelheiten je nach Dringlichkeit. Ihn so lassen, einstweilen.

Ganz benommen von den Nöten deiner Gattung, hebst du dennoch den Kopf von den Händen und öffnest wieder die Augen. Du machst, ohne dich von deinem Platz zu rühren, das Licht über dir an. Deine Augen erblicken, mitten im Lichtschein, die Uhr. Aber anstatt die Nachtzeit abzulesen, folgen sie dem Kreisen des Sekundenzeigers, der seinem Schatten bald vorausgeht und bald folgt. Stunden später kommt es dir vor wie folgt. Bei 60 Sekunden und bei 30 Sekunden verschwindet der Schatten unter dem Zeiger. Von 60 bis 30 geht der Schatten dem Zeiger mit einem Vorsprung voraus, der vom Nullpunkt bei 60 zu seinem Maximum bei 15 zunimmt, und von da aus abnimmt bis zum neuen Nullpunkt bei 30. Von 30 bis 60 folgt der Schatten dem Zeiger mit einem Abstand, der vom Nullpunkt bei 30 zunimmt bis zu seinem Maximum bei 45, und von da aus abnimmt bis zum neuen Nullpunkt bei 60. Läßt man nun das Licht schräg auf das Zifferblatt fallen, indem man das eine oder das andere nach der einen oder anderen Seite bewegt, so verschwindet der Schatten unter dem Zeiger an zwei ganz anderen Stellen wie, zum Beispiel, bei 50 und 20. Und zwar an irgendwelchen zwei, je nach dem Grad der Schräge ganz anderen Stellen. Aber wie hoch oder niedrig der Schrägegrad auch sein mag und wie weit die neuen, schattenlosen Stellen auch von den ursprünglichen bei 60 und 30 entfernt sein mögen, es bleibt zwischen beiden stets ein Abstand von 30 Sekunden. Der Schatten taucht von unter dem Zeiger irgendeiner Stelle seiner Runde auf, um ihm 30 Sekunden lang zu folgen oder voranzugehen. Dann verschwindet er während eines unberechenbaren Sekundenbruchteils, ehe er von neuem auftaucht, um ihm wieder 30 Sekunden lang voranzugehen oder zu folgen. Und immer so weiter. Das ist anscheinend die einzige Konstante. Denn der Abstand zwischen Zeiger und Schatten ändert sich ebenfalls je nach dem Schrägegrad. Aber wie groß oder klein dieser Abstand auch sein mag, er nimmt beständig zu und ab von nichts bis zu einem Maximum 15 Sekunden später und wieder bis nichts wieder 15 Sekunden später, je nachdem. Und immer so weiter. Dies wäre allem Anschein nach die zweite Konstante. Viel mehr noch hätte beobachtet werden können hinsichtlich dieses Sekundenzeigers und seines Schattens in ihrem endlos erscheinenden, parallelen Kreisen rund um das Zifferblatt, und man hätte womöglich noch andere Variablen und Konstanten ans Licht bringen und eventuelle Fehler in dem, wie es einem bis dahin erschienen war, verbessern können. Aber unfähig weiterzumachen, läßt du den Kopf wieder dahin fallen, wo er war, und kehrst mit geschlossenen Augen wieder zurück zu den Nöten deiner Gattung. Die Morgendämmerung überrascht dich immer noch in dieser Positur. Durch das Ostfenster bescheint dich die niedrige Sonne, die Schatten auf den Boden wirft, deinen, den der immer noch über dir brennenden Lampe sowie die von anderen Dingen.

Was für Gesichte des Lichts im Dunkeln! Wer ruft dies? Wer fragt, wer ruft, Was für Gesichte des Lichts und Schattens im schattenlosen Dunkel! Abermals ein anderer? Alles erträumend, um sich Gesellschaft zu leisten. Was für ein zusätzlicher Beitrag zur Geselligkeit das wäre! Abermals ein anderer, alles erträumend, um sich Gesellschaft zu leisten. Schnell, schnell weg!

Um damit unbedingt zu enden, bliebst du, als du nicht mehr hinauskonntest, zusammengekauert im Dunkeln. Nachdem du in deinem Leben etwa fünfundsiebzigtausend Meilen oder ungefähr dreimal das Erdenrund zurückgelegt hattest. Ohne je den Umkreis einer einzigen um dein Heim zu überschreiten. Dein Heim! So wartete, daß er geläutert werde, der alte Lautenspieler, der Dante einst ein erstes Viertel-Lächeln abgewann und nun vielleicht endlich mit irgendeiner Schar Glückseliger Loblieder singt. Dem hier jedenfalls Ade. Der Ort ist fensterlos. Wenn du zuweilen, um Flüssigkeit abzusondern, dein Auge wieder öffnest, lichtet sich das Dunkel. Du, der du also nun auf dem Rükken im Dunkeln liegst, verharrtest einst zusammengekauert darin, da dein Körper dir zu verstehen gegeben hatte, er könne nicht mehr hinaus. Nicht mehr hinaus, um über die Mäander der schmalen, sich schlängelnden Landwege und die dazwischenliegenden, bald von Schafherden belebten, bald verlassenen Weiden zu gehen. Viele lange Jahre mit dem Schatten deines Vaters in seinen alten Wanderklamotten neben dir, und viele lange Jahre allein. Deine Schritte Schritt um Schritt der immer größer werdenden Summe der schon zurückgelegten hinzufügend. Dann und wann mit gesenktem Kopf stehenbleibend, um das letzte Endergebnis festzustellen. Dann weiter, von neuem ab Null. So zusammengekauert beginnst du zu erträumen, du seist nicht allein, wohlwissend, daß nichts geschehen ist, dies zu ermöglichen. Das Verfahren geht, in seine Sinnlosigkeit sozusagen eingetaucht, nichtsdestoweniger weiter. Du sagst dir nicht leise, Wort für Wort, Ich weiß, daß dies zum Scheitern verurteilt ist, und doch bleibe ich dabei. Nein. Denn die erste Person des Singulars und folglich erst recht die des Plurals gehörten nie zu deinem Vokabular. Wortlos betrachtest du jedoch dich selbst wie einen von der, beispielsweise, Hodgkinschen Krankheit befallenen oder aber, wenn es beliebt, unter der Pottschen leidenden Unbekannten, der beim Beten überrascht wird. Von Zeit zu Zeit pflegst du dich unerwartet anmutig hinzulegen. Gemeinsam rühren sich dann die verschiedenen Glieder. Die Arme lassen die Knie los. Der Kopf richtet sich auf. Die Beine strecken sich aus. Der Rumpf kippt rückwärts. Zusammen mit zahllosen anderen setzen sie ihre jeweiligen Wege fort, bis sie nicht mehr können, und zusammen kommen sie zur Ruhe. Auf dem Rücken liegend nimmst du deine Fabel an der Stelle wieder auf, wo das Hinlegen sie unterbrochen hat. Und bleibst dabei, bis die umgekehrte Bewegung sie von neuem unterbricht. So im Dunkeln, bald zusammengekauert, bald auf dem Rücken, mühst du dich vergeblich. Und wenn der Wechsel von der früheren zur späteren Positur mit der Zeit lieber und eifriger erfolgt, so gilt für den von der späteren zur früheren das Gegenteil. Bis aus der gelegentlichen Erholung, welche die Rückenlage war, eine Gewohnheit und schließlich die Regel wird. Du nun auf dem Rücken im Dunkeln wirst dich nicht mehr auf den Steiß setzen, um deine Arme um die Beine zu schlingen und deinen Kopf zu senken, bis er sich nicht mehr tiefer senken läßt. Sondern mit für immer nach hinten geneigtem Gesicht mühst du dich hinfort vergeblich um deine Fabel. Bis du schließlich hörst, wie die Wörter zu Ende gehen. Mit jedem leeren Wort näher auf das letzte zu. Und mit ihnen die Fabel. Die Fabel von einem anderen mit dir im Dunkeln. Die Fabel von einem, der von einem anderen mit dir im Dunkeln fabuliert. Und wieviel besser am Ende verlorene Müh' und Schweigen. Und du wie eh und je.

Allein.

*Anmerkungen**

DANTE UND DER HUMMER

Entstanden 1932.

Beckett reichte diese Geschichte 1932 zu einem Kurzgeschichten-Wettbewerb der Zeitschrift *This Quarter* ein; die Geschichte bekam zwar keinen Preis, wurde aber im Dezember 1932 in dieser Zeitschrift veröffentlicht und dann, von Beckett gründlich überarbeitet, im Jahre 1934 als erste Kurzgeschichte der Sammlung *More Pricks than Kicks* wieder abgedruckt (Neuauflage bei Calder and Boyars, London 1970).

Belacqua, der Held der Geschichte, weist auf Dantes *Göttliche Komödie* zurück, wo ein Lautenmacher dieses Namens am Fuß des Läuterungsberges geduldig auf den Einlaß ins Fegefeuer wartet (Purgatorium, IV, 98-135); dieser Belacqua soll, als Dante ihm noch zu Lebzeiten seine zufriedene Trägheit vorwarf, mit einem Aristoteles-Zitat geantwortet haben: „sedendo et quiescendo anima efficitur prudens" (sitzend und ruhend wird die Seele weise).

Und mit diesem Seelenfrieden, den er erstrebt, hängt unmittelbar seine charakteristische Körperhaltung zusammen: er hockt mit angezogenen Knien an einer geschützten Stelle (bei Dante unter einem Felsen) und hat die Arme um die Beine geschlungen und den Kopf zwischen den Knien verborgen.

In *Dante und der Hummer* nimmt Belacqua diese embryonale Hockstellung zwar nicht ein, aber in späteren Beckett-Werken kommt sie immer wieder vor – mal mit, mal ohne ausdrücklichen Hinweis auf Belacqua (oder auf seinen ungeduldigeren Purgatoriums-Genossen Sordello).

* Für die Erfordernisse dieser Ausgabe leicht gekürzt

Erzählungen

Entstanden im Winter 1946 – vor *Mercier und Camier* und vor der Romantrilogie *Molloy, Malone stirbt* und *Der Namenlose.*

Die Zusammenfassung dieser vier Prosawerke unter dem Haupttitel *Erzählungen* stammt von Samuel Beckett; er schlug auch vor, die erst 1970 zur Veröffentlichung freigegebene Erzählung *Erste Liebe* an den Anfang der Gruppe zu stellen und die schon länger bekannte Ordnung der drei anderen Erzählungen unangetastet zu lassen.

Erste Liebe

Entstanden im Oktober/November 1946; veröffentlicht 1970.

Gleich zu Anfang wird ein Motiv eingeführt, das alle vier Erzählungen unverkennbar miteinander verbindet: der Tod des Vaters und die liebevollen Erinnerungen des Erzählers an ihn. In diesem Zusammenhang tauchen sofort noch zwei weitere Motive auf, die diese Erzählung mit anderen Werken Becketts verknüpfen:

Zum einen der merkwürdige Hunger nach Bananen und das Klagen des Erzählers über die eigene Verstopftheit – dies genau plagt später auch den alten Krapp in dem Theaterstück *Das letzte Band.*

Und zum anderen die „Bildungs-Erinnerungen" des Erzählers – hier zunächst an den Ohlsdorfer Friedhof und Hagenbecks Grab, dann an den deutschen Philosophen Karl Leonhard Reinhold und schließlich an Racine, Baudelaire und Dante, und zwar nicht ohne den ironischen Zusatz, „ich bedaure, ich war belesen".

Genau wie in der Erzählung *Der Ausgestoßene* wird der Erzähler, nach dem Tode seines Vaters, recht unsanft aus dem elterlichen Haus hinausgeworfen.

Und genau wie in der Erzählung *Das Ende* sucht er Zuflucht in einem verlassenen Kuhstall. Aber während er hier, in dem früheren Werk, den Namen seiner Lulu in einen Kuhfladen ritzt, findet er (oder ist es doch ein anderer?) in der Erzählung *Das Ende* ohne jegliches Erstaunen oder gar Wiedererkennen einen Kuhfladen, in den jemand ein Herz mit einem Pfeil gezeichnet hat.

Andererseits jedoch macht er genausoviel Aufhebens um „seinen Hut" wie in der Erzählung *Der Ausgestoßene;* und er regt sich über die vielen Möbel, die ihn in seinem Zimmer stören, ebenso auf wie später Molloy.

Der Ausgestossene

Entstanden Anfang Oktober 1946; eine Frühfassung dieser Erzählung erschien im Januar 1947, die endgültige Fassung 1955.

Einige der verbindenden Motive zwischen dieser und den anderen Erzählungen wurden bereits anläßlich der Erzählung *Erste Liebe* nachgewiesen.

Die eigentümliche Gehweise des Erzählers, nämlich breitbeinig und so, als ob seine Kniegelenke sich nicht beugen ließen, gab es bereits im *Watt,* und im *Molloy* spielt sie dann eine entscheidende Rolle: Molloy und Moran können ihre Knie nicht beugen, weil sie steif sind.

In dieser Erzählung findet sich außerdem noch ein Hinweis auf den Roman *Malone stirbt* – die Überlegung, welche Knochen bei alten Damen in Mitleidenschaft gezogen werden, wenn sie stürzen. Hier meint der Erzähler, es sei der Femur, und in *Malone stirbt,* es sei das Hüftgelenk.

Schließlich hegt der „Ausgestoßene" dieser Erzählung genau wie der Erzähler der *Ersten Liebe* Erinnerungen an eine Bildungsreise durch Deutschland – dort war es der Ohlsdorfer Friedhof, hier ist es die Lüneburger Heide; und er hat ebendieselben Schwierigkeiten mit dem Zählen von Treppenstufen wie später Mr. Rooney in dem Hörspiel *Alle, die da fallen.*

Das Beruhigungsmittel

Entstanden Ende Dezember 1946; veröffentlicht 1955.

Die Ausgangssituation, daß der Erzähler im Bett liegt und sich Geschichten erzählt, findet sich später wieder in dem Roman *Malone stirbt.* Und die Tatsache, daß ihm ausgerechnet eine Pferdemetzgerei auffällt, weist auf den Roman *Der Namenlose* voraus, wo die Pferdefleischverwertung zweimal erwähnt wird.

Besonders stark sind jedoch in dieser Erzählung die Beziehungen zu dem Roman *Molloy* ausgeprägt: der Erzähler erblickt, als er endlich aus dem Wald herauskommt, in der Ferne „die Stadt", genau wie Molloy, und er betritt und verläßt sie durch ein Stadttor, das „Schäfertor", wie Molloy – nur daß für diesen das Tor keinen Namen besitzt.

Außerdem hat er seinen Hut mit einer Schnur am Mantel befestigt, ganz wie Molloy. Und mit Moran aus dem zweiten Teil von *Molloy* hat er eine charakteristische Körperhaltung gemeinsam:

Hier, in der Erzählung *Das Beruhigungsmittel,* sagt er von sich: ich „schlug die Beine übereinander, wie Walther" und meint damit – wieder eine Bildungserinnerung – die berühmte Pose, in der sich Walther von der Vogelweide selbst schildert.

Moran erwähnt dann Walther nicht mehr, malt aber die Pose noch genauer aus: er stellt sich vor, wie er „auf einem Meilenstein sitzen und mit übereinandergeschlagenen Beinen, eine Hand auf dem Schenkel, den Ellenbogen in der einen, das Kinn in der anderen Hand" in Ruhe nachdenken werde.

Das Ende

Abgeschlossen Anfang Oktober 1946; eine Frühfassung mit dem Titel *Suite* war schon im Juli 1946 veröffentlicht worden; die endgültige Fassung mit dem Titel *La Fin* erschien erst 1955.

Das Ende war, nach Becketts eigener Erinnerung, die erste Erzählung des Zyklus, die er schrieb – auch wenn sie seit 1955 den Schlußstein bildet.

Für diese Stellung und Funktion sprechen allerdings auch noch viele weitere Indizien, und man kann, wenn man die einzelnen Motive bis in die anderen Erzählungen zurückverfolgt, recht gut nachvollziehen, wie und weshalb eine ganze Reihe von Motiven, die hier als etwas Selbstverständliches dasein mußten, in den vorangehenden Erzählungen stützend auf- und so weit ausgebaut werden wollten, daß sie nach eigenen, abgeschlossenen Erzählungen verlangten.

Immerhin mußte ja wohl der Sohn, der hier dem Erzähler in der Stadt begegnet, irgendwann gezeugt und geboren worden sein (*Erste Liebe).* Auch der doppelte Anstoß zu der ganzen seltsamen Existenz außerhalb der Gesellschaft, nämlich der Tod des geliebten Vaters und die Vertreibung aus dem Elternhaus, forderte eine Erläuterung (*Der Ausgestoßene);* und von der Lebensweise vor dem Stadium des *Endes* blieb ja ebenfalls noch so manches offen, etwa das Kreisen um die Heimatstadt und in ihr sowie die Herkunft der offenbar nicht unwichtigen Medizin (*Das Beruhigungsmittel).*

Prinzipiell wäre ein solches „Vorbauen" von Handlungselementen, die am Schluß gebraucht werden, natürlich noch lange weiterzuführen. Aber Beckett entschloß sich offenbar, es mit dem, was uns jetzt vorliegt, bewenden zu lassen und sich wieder der größeren Romanform zuzuwenden – *Mercier und Camier* und dann der Romantrilogie *Molloy, Malone stirbt, Der Namenlose.*In der Erzählung *Das Ende* sind die Verweise auf *Malone stirbt* besonders auffällig. So etwa, wenn der Erzähler bei seiner Entlassung aus dem Asyl oder Hospital mit den Kleidern eines Verstorbenen ausgestattet wird, weil man seine eigenen sofort bei der Einlieferung verbrannt hatte; oder wenn er sich in seinem Kellerzimmer einmal täglich ein Tablett mit Lebensmitteln bringen und seinen Nachttopf abholen läßt; oder wenn er sich mit einem Muschelsammler anfreundet, der einen Esel besitzt – Malone findet unter seinen Habseligkeiten ein Foto von einem Esel am Meer.

Und die auch hier heraufbeschworenen Bildungserinnerungen, etwa an etwas so Spezielles wie die „Ethik von Geulincx", bereiten eine vergnügliche Pointe vor: Als ein Volksredner, der über „Union . . ., Brüder . . ., Marx . . ., Kapital . . ." usw. spricht, den bettelnden Erzähler als lebendes Beispiel herangezogen hat, merkt dieser trotz seiner philosophischen Vorbildung einfach ironisch an: „Es war sicher ein religiöser Fanatiker gewesen, ich fand keine andere Erklärung."

Texte um Nichts

Entstanden 1950 bis 1952; veröffentlicht 1955.

Wenn die *Erzählungen* (in deren Nähe man wahrscheinlich auch den kurzen Roman *Mercier und Camier* stellen muß) eine Art Vorstufe oder Vorspann zu der Romantrilogie *Molloy, Malone stirbt* und *Der Namenlose* waren, so sind die *Texte um Nichts* wohl am richtigsten als Nachspann dazu zu verstehen – als eine Art Nachlaß des „Namenlosen".

In den dreizehn Texten sind zwar durchaus noch Beziehungen zu den vorangegangenen Werken zu finden:

So wird in *Text I* die väterliche Geschichte von Joe Breem oder Breen erwähnt, die im *Beruhigungsmittel* eine Rolle spielt; in *Text II* kommt ein Monsieur Joly vor, der offenbar Küster und mit dem Joly aus *Molloy* identisch ist, sowie ein „Hof der Gebrüder Graves", von denen einer in *Watt* als Gärtner fungiert und dann in *Mercier und Camier* als Kneipengast auftaucht – oder ist das der andere Bruder? Und die „blaue Krawatte mit den Sternen" aus *Text III* gleicht genau der, die der Erzähler in *Das Ende* bekam.

Der „Unbekannte", von dem zu Anfang von *Text IV* die

Rede ist, könnte ohne weiteres der „Namenlose" sein, zumal dann gleich auch Molloy und Malone erwähnt werden; Pozzo (aus *Warten auf Godot)* tritt in *Text V* auf; in *Text VI* gibt es Wärter oder Pfleger wie in *Malone stirbt* und in der Erzählung *Das Ende;* und in *Text XI* erinnert das „vorbeiziehende Meer unter dem vorbeiziehenden Leuchtturm" an den Schluß derselben Erzählung.

Aber: diese ganzen Querverweise zu anderen, früher entstandenen Werken sind ungeheuer knapp gehalten – sie tauchen auf und verschwinden wie Spukerscheinungen.

Und tatsächlich geht es hier wohl auch überhaupt nicht um solche „Inhalte" – dafür sind sie zu spärlich verstreut –, sondern um den Vorgang des Erzählens selber: also darum, wie ein Wort das andere und ein Satz den zweiten ergibt. Aber dies alles in keinem Fall sehr lange, weil die Anfangs-Energie der ersten Worte bald aufgebraucht ist und der Fluß des Erzählens versickert oder abrupt abbricht.

Ein derartiger mäandrischer Verlauf, der von den bereits geschriebenen Worten weg- und ein Stückchen weiterzukommen versucht, aber danach fast immer wieder ganz in deren Nähe zurückkehrt, ist natürlich beim Übersetzen sehr störungsempfindlich: Umschreibungen, die oft genauer treffen als ein einzelnes Wort, hätten hier das Hin und Her unzulässig zerdehnt und damit verfälscht. Die Drehungen, Sprünge und Verweise (sowohl innerhalb des jeweiligen Textes wie aus ihm heraus) mußten aber genau erhalten bleiben.

Denn nur so läßt sich diese schreibende Selbstkritik am Vorgang des Schreibens, die ja zugleich nach einer Möglichkeit des Schreibens sucht, in jener ganz besonderen Mischung aus Demonstration und Argument erhalten, die den *Texten um Nichts* nicht allein in Becketts Werk, sondern in der Literatur überhaupt ihre Sonderstellung gibt.

Aus einem aufgegebenen Werk

Entstanden 1954/55.

Dieses Prosafragment blieb als einziger Text von einem Versuch Samuel Becketts übrig, auf englisch noch einmal so etwas wie einen Roman zu schreiben. Seit diesem Zeitpunkt schrieb Beckett, wie es scheint, seine Prosa nur noch französisch und seine dramatischen Werke (bis auf *Cascando)* nur noch englisch.

Beim ersten Lesen wirkt das Fragment *Aus einem aufgege-*

benen Werk vermutlich wie eine Weiterführung bestimmter Motive aus dem Roman *Malone stirbt* – nämlich der Geschichte, die sich Malone dort über einen jungen Mann namens Sapo erzählt.

Aber diese inhaltliche Parallelität täuscht, denn sobald man die beiden Erzählungszusammenhänge vergleicht, fällt der stilistische Unterschied sofort ins Auge – in dem dann *Aufgegebenen Werk* wollte Beckett offenbar die gesamte „Romanhandlung" aus sehr stark markierten, rhythmischen Redeportionen gewinnen; und zwar aus Redeportionen, die möglichst viel pralle Wirklichkeit enthalten sollten.

Dies letztere dürfte wohl der Grund dafür gewesen sein, daß sich der Ansatz nicht weiterführen, sondern nur, wie es ja später auch gelang, sehr viel abstrakter und „inhaltsärmer" durchhalten ließ.

RESIDUA

Unter diesem Sammeltitel faßte Beckett zum erstenmal 1967 die drei kurzen Prosawerke *Schluß jetzt, Ausgeträumt träumen* und *Bing* zusammen, und 1970 setzte er auch noch das inzwischen entstandene Prosawerk *Losigkeit* hinzu.

Bei der Vorbereitung dieser Ausgabe*, die ja innerhalb jeder Gattungsgruppe chronologisch geordnet ist, erklärte sich Samuel Beckett jedoch damit einverstanden, *Losigkeit* wieder aus der Gruppe der *Residua* auszugliedern und diese Prosa an die entstehungsgeschichtlich richtige Stelle, hinter die Prosa *Der Verwaiser,* zu rücken.

SCHLUSS JETZT

Entstanden 1966.

Der Titel *Schluß jetzt* wurde, anstelle des näherliegenden „Genug", hier nach Absprache mit Beckett als Übersetzung für das französische „Assez" und das englische „Enough" gewählt. Und zwar nicht zuletzt mit Rücksicht darauf, wie er sich im letzten Satz bewährte, in dem zum erstenmal das Geschlecht der erzählenden Gestalt verraten wird.

An den Roman *Watt* erinnert die Begeisterung fürs Kopfrechnen und der Hinweis auf das Wurzelziehen des Mr. Nackybal: „Sich schlecht und recht nach und nach in sein Gedächtnis prägend, häuften die Kubikzahlen sich an. Im Hinblick auf die umgekehrte Operation in einem späteren Stadium."

* werkausgabe edition suhrkamp in zehn Bänden

Und ebenfalls an *Watt* erinnert auch der kurze Ausbruch in die Kombinatorik, von „Unverzügliche, ununterbrochene Mitteilung mit unverzüglichem Wiederaufbruch" bis zu „Unterbrochene, verzögerte Mitteilung mit unverzüglichem Wiederaufbruch".

AUSGETRÄUMT TRÄUMEN

Entstanden 1965; von Beckett in den *Residua* an diese Stelle, nach *Schluß jetzt,* gesetzt.

Der Originaltitel *Imagination morte imaginez* durfte angesichts des kargen, streng rhythmisch gegliederten Textes, der ihm folgt und in den er ja gleich eingebaut wird (s. erster Satz), auf keinen Fall zerdehnt werden.

Aber im Deutschen boten sich als Übersetzung für „imagination" nur „Einbildungskraft" und „Vorstellungsvermögen" oder „Vorstellungsgabe" an, weil sie allein ein ähnliches Verb zu bilden gestatten: „sich etwas einbilden", was inhaltlich überhaupt nicht ging, oder „sich etwas vorstellen".

Mit diesem letzteren Verb ließ sich jedoch kein knapper, schlagkräftiger Imperativsatz bilden, und so kam es schließlich zu dem weicheren, „poetischeren", aber immerhin knappen und eindeutig wortspielerischen *Ausgeträumt träumen* (das ganz von fern auch durch das „ausgetrauert" aus *Warten auf Godot* vorbereitet ist).

BING

Entstanden 1966.

Ganz „inhaltlich" oder „stofflich" betrachtet (falls davon sinnvollerweise überhaupt noch die Rede sein kann), scheint *Bing* eine Art Fortführung von *Ausgeträumt träumen* zu sein; doch wenn man diese Prosa so zu deuten versucht, fällt wieder (wie beim Vergleich von *Malone stirbt* mit dem Fragment *Aus einem aufgegebenen Werk,* s.o.) der eigentümliche Sprachduktus auf – die Neuheit und Andersartigkeit dieser Form.

Denn die Texteinheiten, die in *Bing* durch einen Schlußpunkt und folgende Großschreibung wie Sätze markiert erscheinen, sind ja gar keine Sätze mit Subjekt, Prädikat und Objekt, sondern Sinneinheiten, die sich aus kleinsten, syntaktisch nicht mehr verknüpften Wörtern und Wortgruppen aufbauen.

Der Verwaiser

Entstanden 1966; veröffentlicht 1970.

Der Übersetzer dankt dem Autor, Dietlind Meinecke, Josef Gerighausen, Klaus Birkenhauer und Traugott König für ihre Hilfe und ihre Ratschläge.

Der Originaltitel *Le Dépeupleur* wurde durch eine Gedichtzeile von Alphonse de Lamartine angeregt: „Un seul être vous manque et tout est dépeuplé." – „Ein einziges Wesen fehlt einem, und alles ist verwaist." Von diesem Wort „dépeuplé" ist der französische Titel abgeleitet, und da die näherliegenden deutschen Übersetzungen von „dépeuplé" – „entvölkert" oder „öd und leer" sich keine plausibel klingenden, Assoziationen stiftenden Nomina abringen ließen, blieb schließlich das rätselhafte Wort *Der Verwaiser* übrig.

In seiner englischen Übersetzung dieses Textes verzichtete Beckett dagegen ganz auf die Lamartine-Anspielung und gab dem (nicht unwesentlich veränderten) Werk einen völlig neuen Titel: *The lost ones.*

Die abweichenden Passagen der englischen Ausgabe wurden in dieser Neubearbeitung der deutschen Fassung allerdings – in Übereinstimmung mit Beckett – nur insoweit eingearbeitet, wie sie Einzelheiten verdeutlichen, sonst wären allzu große Unstimmigkeiten entstanden.

Und es versteht sich von selbst, daß an dem Nominalstil, den man in Frankreich längst als typisch für Beckett erkannt hat, nicht herumgeändert werden durfte.

Losigkeit

Entstanden 1969.

Beckett selbst verwandelte den Originaltitel *Sans* (wörtlich: „ohne") anläßlich der englischen Übersetzung dieses Werks in einen überaus seltenen Scholastiker-Ausdruck, *Lessness;* dieses Wort bezeichnet die Eigenschaft oder den Zustand des Weniger-Seins (was immer man sich darunter vorstellen mag) – so etwas wie „Minderwertigkeit" oder „Makelhaftigkeit", aber eben lange nicht derart konkret.

Im Deutschen wurde deshalb das ganze formale, noch für jeden Inhalt offene Wortbildungselement „-losigkeit" zu einem neuen Abstraktum verselbständigt, zu *Losigkeit.*

Inhalt

Fortsetzung von Seite 4

Printed in the German Democratic Republic
Einbandentwurf: Lothar Reher
Satz, Druck und Einband:
Karl-Marx-Werk Pößneck V 15/30
LSV 7321
Bestell-Nr. 649 074 6

Reinhard Ulbrich
Ausgewählte Erzählungen
von Samuel Beckett

Als Ende der zwanziger Jahre ein unbekannter junger Mann aus Irland in den kleinen Pariser Literatenkreis um James Joyce tritt, hält man ihn bestenfalls für einen akademisch verstiegenen Epigonen des Hausherrn, und auch die bis dato vorliegenden Schreibversuche des Gastes scheinen diese Vermutung zu bestätigen. Immerhin verliebt sich Joyce' Tochter Lucia in den hageren und recht verschlossenen Menschen, doch gibt der bald zu verstehen, daß die Gründe seiner Anwesenheit hauptsächlich im Bereich der Dichtung lägen ...

Was sich hier wie die Szene eines Theaterstücks liest, markiert literarisch Bedeutsames: Samuel Barclay Bekkett, ein philosophisch interessierter Sprachlehrer aus Dublin, kommt erstmals mit avantgardistischer Kultur in Berührung.

Es werden freilich noch mehr als drei Jahrzehnte vergehen, bis der Name dieses Mannes fast als Synonym für das Absurde in Gebrauch kommt, bis sein wohl bekanntestes Schauspiel *Warten auf Godot* die Theaterwelt aufhorchen läßt. So kontrovers und fortdauernd die Wirkung der aufführbaren und sendefähigen Werke indes auch sein mag, es wird schnell vergessen, daß Beckett einen beträchtlichen Teil künstlerischer Energie auf Prosaarbeiten verwandte, ja daß der Werdegang als Schriftsteller, sieht man von einigen Versuchen auf dem Gebiet der Lyrik ab, mit der epischen Gattung seinen Anfang nahm. Nun sind Leser und Kommentatoren gleichermaßen gut beraten, sich bei der Betrachtung des gesamten Œvres nicht von allzu engen Kategorien leiten zu lassen. Ebensowenig wie man der Vielfalt Beckettscher Vorlagen für Bühne, Rundfunk oder Film mit althergebrachten Begriffen der Dramatik gerecht wird, ist auch seine Prosa nicht immer den üblichen Genres zuzuordnen. Aber unabhängig von Anlage und Umfang haben die Erzählungen einen gemeinsamen Wesenszug: Es sind Zustandsbeschreibungen. Bedingungen geistig-körperlicher Beschaffenheit werden erwogen und für hoffnungslos befunden. Ein Lebensrettungsversuch scheitert, Liebe wird enttäuscht, Elternhäuser speien Menschen unwiderruflich hinaus in trostlose Landschaften. Man sucht Unterschlupf und sieht sich doch immer wieder entdeckt und vertrieben. Fluchten und Stürze finden statt, Verluste treten ein, alle Möglichkeiten geraten ins Ausweglose. Stets bewegen sich die Figuren am Rande ihrer Existenz, denn der sie ersann – als Schreiber und Philosoph aufgebrochen, um Gründe von Welt auszuloten –, er geht als Dichter bis zu jenem äußersten Punkt, der das Ende menschlichen Seins markiert. Was Samuel Beckett in seinem Roman *Der Namenlose* als Angelpunkt literarischer Weltsicht formuliert, darf als Leitsatz auch für die Kurzprosa in Anspruch genommen werden: „(Ich muß) mich durch das Absurde davon überzeugen, daß ich durch das Absurde, nicht sein zu können, bin."

Die Wurzeln einer solchen als notwendig empfundenen Lebens- und Schaffensbestimmung sind vielfältig. Becketts gebrochenes Verhältnis zu Irland mag daran ebenso mitgewirkt haben wie seine anfangs sehr enge Bindung an Joyce. Zudem artikuliert sich eine mehr allgemeine Niedergeschlagenheit über den besorgniserregenden Zustand der Gesellschaft bald genauer in der Überzeugung, daß die Menschheit in ein Stadium der Agonie eingetreten sei – Beckett hatte 1937/38 das faschistische Deutschland bereist. Die Genesis des Absurden verbindet sich bei ihm außerdem mit einer nahezu unüberschaubaren Fülle von geistesgeschichtlichen und kulturellen Einflüssen, weshalb an dieser Stelle wenige Andeutungen genügen müssen. Immerhin reicht die Spanne vom Sufismus über die vorsokratische Philosophie bis hin zu Fichte und Schopenhauer. Und das „Cogito ergo sum" (Ich denke, also bin ich) eines René Descartes, mit dem sich Beckett auch wissenschaftlich befaßte, findet überraschenden Bezug zu George Berkeleys

„Esse est percipi“ (Sein ist Wahrnehmung). Hinzu kommt der im angelsächsischen Raum zeitweilig verbreitete Neopositivismus Ludwig Wittgensteins.

Selbstverständlich speist sich das Absurde auch aus Quellen der Kunst: Unter den Schriftstellern wären neben Joyce vor allem Dante und Proust zu nennen. Aus dem darstellenden Bereich verdienen große Tragikomiker Erwähnung: Die Marx Brothers, Karl Valentin sowie der herausragende Buster Keaton, dem sogar noch die späte Hauptrolle in *Film* zufällt. In der umfangreichen Fachliteratur zum Thema wird außerdem auf Querverbindungen zu Musik und Malerei verwiesen, doch dürfte die gegebene Aufzählung bereits demonstrieren, was Becketts Werk praktisch unter Beweis stellt – das Absurde ist als intellektuelle Leistung nicht an bestimmte Kunstgattungen gebunden. Es kann immer entstehen, wenn das Denken auf unlösbare Widersprüche der Wirklichkeit stößt.

Entsprechende Versuche, das Absurde zu definieren, fallen deshalb so unterschiedlich aus wie die erkannten Widersprüche selbst: Da wäre etwa Albert Camus' Auffassung, derzufolge „das Absurde [...] aus der Gegenüberstellung des Menschen [entsteht], der fragt, und der Welt, die vernunftswidrig schweigt“. Beckett denkt diesen Ansatz nicht nur zu Ende, er verleiht ihm auch konsequent Form, bis hin zu dem „Ausdruck, daß es nichts auszudrücken gibt, ... keine Kraft auszudrücken, kein Bedürfnis auszudrücken, zusammen mit der Verpflichtung, etwas auszudrücken“.

Der bereits im 19. Jahrhundert von dem dänischen Philosophen Kierkegaard dargelegte Gedanke, daß Gott selbst „das Absurde“ sei, findet sich bei Camus in der Feststellung, Leben existiere nur noch um seiner selbst willen, wenn das Universum über keinen Gott verfüge, die Widersprüche zu lösen. Es bedeute dies den eigentlichen Inhalt des Absurden.

Damit steht die Menschheit also den Antagonismen des Daseins allein gegenüber. Der humanistische Anspruch auf Entfaltung aller Individuen durch eine freie Gesellschaft gerät in einen extremen und bedrohlichen Gegensatz zu den Möglichkeiten seiner Verwirklichung

– ein Umstand, mit dem auch der kritische Realismus befaßt ist –, doch wird die Unauflösbarkeit der Widersprüche als absurd empfunden, weil im konkreten Fall nicht nur der Entwurf einer *anderen* Gesellschaft fehlt, sondern die Gesellschaft überhaupt, weil obendrein jedwede Veränderung mit der Vernunft unvereinbar scheint. So gesehen drückt das Absurde die Hoffnungslosigkeit des Menschen aus, den die Widersprüche des Daseins daran hindern, sich in der Welt zurechtzufinden.

Der thematische wie gestalterische Spielraum der literarischen Vertreter des Absurden ist größer als gemeinhin angenommen. Während beispielsweise der oft zum Vergleich herangezogene Ionesco eine „ontologische Leere" verarbeitet, widmet sich Beckett vor allem der Verlassenheit des Einzelwesens. Nichts und niemand ist geblieben, zu dem sich seine Individuen in Beziehung setzen könnten. Ihre Umgebung zeigt sich völlig indolent, sie verweigert nicht, sie kennt überhaupt keinen Bedarf an zielgerichteter oder zweckbestimmter Lebensäußerung. Folglich findet sich jedes Wesen, das elementarer Sozialität anhängt, darin nur als Objekt, also entfremdet wieder. Zusätzliche Qual erwächst aus der Tatsache, daß eine solche Zurücksetzung gewissermaßen „bei vollem Bewußtsein" erfolgt, denn Becketts Figuren zeichnen sich stets durch wachen Verstand aus. Sie erfahren in schmerzhafter Klarheit, was auch der Leser begreifen soll: Alles ergibt Sinn und ist doch jenseits von jeder Logik.

Als prototypisch für das Entsetzen, mit dem sich diese Einsicht verbindet, kann schon die erste und zugleich älteste Erzählung gelten. *Dante und der Hummer* ist eine Arbeit aus dem Jahre 1932, deren Entstehung eng mit den künstlerisch-intellektuellen Neigungen des jungen Beckett zusammenhängt. Bereits drei Jahre zuvor war durch seinen Aufsatz *Dante ... Bruno. Vico ... Joyce* ein genereller Ausgangspunkt festgelegt, auf den sich nun Weiteres beziehen läßt.

Belacqua, ursprünglich Figur des Florentiners di Bonavia aus der *Göttlichen Komödie* (Fegefeuer IV, 123), findet sich hier als Dubliner wieder, der seine Tante am

Kochen eines lebenden Krebstieres zu hindern sucht. Das fast banal wirkende Geschehen schließt mit einem Sinnbild des Purgatoriums, denn der vorgebliche Trost „... es ist ein rascher Tod" wird sofort und endgültig widerlegt: „Eben nicht." Belacqua, der bei Dante seine Buße bis zum Ende der Erdentage aufgeschoben hat, ist von Beckett in einen absurden Konflikt gestellt. Er möchte schon zu Lebzeiten vernünftig handeln, weiß aber zugleich um die Aussichtslosigkeit des Versuchs. Dieser traditionell konstruierte Text steckt voller Doppelbödigkeiten und Anspielungen. Da liest eine vormals Dantesche Figur ein Buch von Dante, der naturgegebene Sinn für situative Komik steht in spielerischer Beziehung mit der Angst vor dem versteckten Inferno des Alltags und vom Blick in den Abgrund geht gleichzeitig Faszination und Schauder aus. Mit Belacqua nimmt außerdem die für Beckettsche Protagonisten meist kennzeichnende Beeinträchtigung der Körperfunktionen ihren Anfang. Soziale Versehrtheit setzt sich unmittelbar in physischer Beschädigung fort. Jene von Dante gegebene Beschreibung „... umarmte sitzend seine Knie, in deren Mitt er hängen ließ sein Haupt" ist deshalb von Beckett aufgegriffen worden. Die geschilderte Sitzhaltung fungiert bei ihm als allgemeine Schutzgebärde behinderter Figuren. Aber der Dubliner Belacqua vermag sich, obwohl „spatlahmen" Ganges, noch fortzubewegen. Er nimmt noch Anteil. Bis auf weiteres bleibt der Kopf gleich bei den Knien nur bildhaftes Menetekel.

Zwei Jahre nach Fertigstellung erschien *Dante und der Hummer* als erste Kurzgeschichte in Becketts Erzählungsband *More Pricks than Kicks.* Allerdings wurde dieser wegen seines anstößigen Titels auf den irischen Index verbotener Literatur gesetzt. Die problematische Beziehung des Dichters zu seinem Geburtsland erwies sich damit als wechselseitig. Sein vielzitierter Satz „Frankreich im Krieg ist mir lieber als Irland im Frieden" bietet sicherlich Anlaß zu mancherlei Mißverständnis, aber er drückt aus, daß die mitunter patriarchalisch heil wirkenden Verhältnisse auf der Grünen Insel über den Preis einer verheerenden geistigen Enge erkauft waren, die eine gelegentliche Hibernophobie auch bei anderen Autoren erst verständlich macht. Es ist im übrigen diese typische Mischung aus Hinwendung und Abkehr, diese ungewollte und zugleich zwanghafte Beschäftigung mit Positionen für und vor allem wider die eigene Herkunft, die in Becketts älterer Prosa, wenn man so will, als Wetterleuchten im Hintergrund steht. Der Ursprung bleibt damit, möglicher Verallgemeinerung zum Trotz, irisch.

Nur wenige Jahre nach seiner endgültigen Übersiedelung erlebt Beckett die Wahlheimat Frankreich im Krieg. Er schließt sich der Résistance an. Seine Gruppe wird an die Gestapo verraten, und buchstäblich im letzten Moment gelingt ihm die Flucht in den unbesetzten Süden des Landes, wo er den Lebensunterhalt für sich und seine spätere Frau, die Pianistin Suzanne Dumesnil, als Arbeiter auf einem Weingut verdient.

Nach der Befreiung Frankreichs tritt der noch immer unbekannte Dichter in eine sehr kreative Schaffensphase. Seine Idee, „ohne Stil zu schreiben" und damit eine möglichst präzise, aller Manierismen bereinigte Ausdrucksweise zu entwickeln, läßt ihn ins Französische wechseln. Die andere Sprache fordert ebenso Konzentration auf das Wesentliche, wie sie andererseits durch ein bestimmtes Maß an immer wieder zu überwindender Distanz neue Bewegungsräume erschließt. 1946 entsteht so unter anderem der hier vorgestellte Zyklus aus den Texten *Das Ende, Der Ausgestoßene, Erste Liebe* und *Das Beruhigungsmittel* (in der Reihenfolge ihrer Fertigstellung).

Das traumatische Motiv des verlorenen Elternhauses (oder ersatzweise der wohltätigen Anstalt) mündet darin jeweils in eine Suche sowohl nach Beziehungen zu anderen Menschen als auch nach dauerhafter Unterkunft für die Hauptfigur: Lulu kann als Prostituierte dem Liebenden nicht die erhoffte Geborgenheit bieten, auch Kutscher und Pferdestall sind für den *Ausgestoßenen* kein Anlaß der Erleichterung angesichts unverhoffter Zuflucht, sondern ein Grund, ins Ungewisse aufzubrechen. Und nach dem Erwerb des *Beruhigungsmittels* folgt nicht etwa eine Besänftigung des Gemüts, vielmehr geht im Fallen die Orientierung verloren. Am *Ende* schließlich, nach Ausweisung, Betrug und Auftritt eines verwirrten politischen Redners, bleibt nur der Ozean, dem sich das Individuum anvertrauen kann. Der Mensch ist endgültig von aller Gesellschaft verlassen.

Man erkennt deutlich, wie sich die Erzählungen durch Aufbau und Diktion mehr und mehr dem handlungslosen Selbstgespräch nähern. Eine derartige Zurückdrängung, ja Desintegration traditioneller Merkmale der Prosa (wie der Dichtung überhaupt) reflektiert, wenn auch nicht mechanistisch, den vom Autor erkannten Auflösungsprozeß menschlicher Verhältnisse. Beckett hat keinen Zweifel daran gelassen, daß er darüber wenig glücklich ist. 1956 erklärte er in einem seiner wenigen Interviews: „Das allerletzte, was ich geschrieben habe – Texte um Nichts – war ein Versuch, aus der Attitüde des Zerfalls herauszukommen, aber er schlug fehl."

Tatsächlich ist zu verzeichnen, daß die dreizehn kurzen Kapitel nichts mehr mit einer literarischen Handlung im herkömmlichen Sinne zu tun haben. Sie zeigen nur noch ein unscharf umrissenes Ego, dessen Dasein sich sozusagen im Ordnen seines Beziehungsnachlasses erschöpft. Nach der unwiderruflichen Ankunft am Rande des Abgrunds ist ihm keine weitere Entwicklung möglich. Daher reduziert sich die Figur lediglich auf eine (innere) Stimme, deren sonoren, emotionslosen Klang der Leser regelrecht zu hören vermeint. Ihr Monolog wird zum Ansprechen gegen die tödliche Geräuschlosigkeit. Wohl tauchen noch Schimären der Erinnerung auf, aber ihr fragmentarischer Charakter zeigt, wie weit der Abbau menschlicher Verhaltensweisen schon fortgeschritten ist. Die Art des Erzählens folgt diesem Anliegen unmittelbar, denn die Gedanken bewegen sich scheinbar regellos und nur am Augenblick orientiert. Hier dreht sich das Schreiben, wie Beckett dies einst im Alter von dreiundzwanzig Jahren an Joyce bewundert hatte, „nicht *um* etwas; es ist dieses Etwas selbst". Natürlich sollte man dahinter nicht den Zweck im Schreiben an sich vermuten. Gemeint ist eine vorrangige Wichtigkeit sprachlicher Zeichen bei der Weltinterpretation, die sich aus dem erwähnten Positivismus herleitet, auch wenn der Titel *Texte um Nichts* vermeintlich anderes vorgibt.

Direkter stellen sich die Dinge, zumindest was die

Namensgebung betrifft, bei der nächsten Arbeit dar. Es sind dies zwar skizzenhafte, aber technisch präzise Ansätze zu einem Roman, den Beckett Mitte der fünfziger Jahre nochmals in Englisch zu schreiben versucht. Eine Mutterfigur, Inbegriff allen Ursprungs, steht dabei im Mittelpunkt. (Becketts Mutter Mary war 1950 gestorben.) Von Umkehr ist zeitweilig die Rede, doch zeigt sich bald die Ungewißheit des Ziels: „... meine Mutter noch immer winkend am Fenster, mich zurückwinkend oder mich wegwinkend, ich weiß es nicht." Die literarische Hinwendung des Autors zur eigenen Vergangenheit will nicht gelingen, Mutter und Muttersprache sind verloren. Der Text bleibt, wie es seine Benennung erklärt, Bruchstück *Aus einem aufgegebenen Werk*.

Kurioserweise setzt nun gerade nach dieser Arbeit eine allmähliche Anerkennung des Dichters auch in Irland ein. 1959 wird ihm von der Universität seiner Geburtsstadt Dublin die Ehrendoktorwürde für Literaturwissenschaft verliehen. Das Ereignis wäre nach dem Erfolg des *Godot* höchstens noch am Rande erwähnenswert, wenn nicht inzwischen eine aufblühende Beckett-Forschung drei bis in die Gegenwart anerkannte Haupteinflüsse auf dessen Schaffen festgestellt hätte, nämlich James Joyce, das Leiden an Irland und ein Moment der Krankheit.

Obwohl Beckett bei Besuchen auf der irischen Insel mitunter auch selbst körperliches Unwohlsein verspürte, geht seine literarisch aufgearbeitete Zersetzung von Physis doch über solch unmittelbare Erfahrung hinaus: Die meisten Figuren sind nicht länger nur beschädigt, sie ziehen sich nunmehr völlig aus ihrer Umgebung zurück. Die Isolierten isolieren sich selbst. Mit dem verlorenen Inhalt des Seins schwindet jetzt auch dessen Form. Leben stellt sich einzig als qualvoller Zeitvertreib dar. Alle Wesen versuchen, in ihre kleinstmögliche, am wenigsten angreifbare Gestalt zurückzukehren. Die Erwartung des Endes trifft sich mit der *ad absurdum* geführten Hoffnung des Anfangs. Das Schlammloch, der Blumentopf, die Mülltonne – sie werden zu Refugien im gesellschaftsfreien Raum, zu Uterusurnen, wie es ein Sekundärwerk nennt.

Während im frühen Prosawerk Becketts dem Suchen und Hinaustreiben (lassen) besonderes Gewicht zukommt, gewinnt in einer mittleren Phase die Statik zunehmend an Bedeutung. Der Dreierkomplex *Residua*, entstanden Mitte der sechziger Jahre, läßt dies bereits im Titel mit der Anspielung auf Überreste und Bodensatz möglicher Existenzen durchblicken. Das Wandern im ersten Text *Schluß jetzt* ist konsequenterweise auch keine Ortsveränderung, sondern nur der Versuch des hoffnungslosen Menschen, ein Schlupfloch in die völlige Nichtexistenz aufzutun. Dieses verzweifelte Hinausträumen aus der Welt bleibt das äußerste Mittel der Verlassenen, sich wenigstens geistig den Sachzwängen eines Lebens zu entziehen, in dem sie nicht länger bemerkt werden wollen, da weder ihre humanen noch dinglichen Eigenschaften gefordert sind. Aber der Traum ist schnell „ausgeträumt". „Wenn alle Wahrnehmung anderer – tierische, menschliche und göttliche – aufgehoben ist", erklärt Beckett 1965, „behält einen die Selbstwahrnehmung im Sein. Die Suche nach dem Nicht-Sein durch Flucht vor der Wahrnehmung anderer scheitert an der Unausbleiblichkeit der Selbstwahrnehmung." Obwohl und mehr noch weil sich also „nirgends eine Spur von Leben" findet, wie der erste Satz von *Ausgeträumt träumen* klarstellt, treten die rein technischen Daten von Körper und Raum in den Vordergrund. All die peinlich genau registrierten Durchmesser, Abstände, Helligkeitsgrade und Temperaturen belegen, wie schmerzlich der Verlust wirklichen Lebens empfunden wird, sobald beziehungsloses Vegetieren an seine Stelle tritt. Aus gleichem Grund trägt *Bing* den Charakter einer audio-visuellen Bestandsaufnahme: Lautmalereien mischen sich mit Farbeindrücken, Syntax und Grammatik haben ihre Bedeutung verloren. Die notwendige Vergewisserung, daß noch Leben existiert, wird hier in einer Art Zeitblitz schlaglichtartig vollzogen. Zwischen zwei Bings lassen sich noch Anzeichen motorischer Tätigkeit feststellen; der Intellekt allerdings scheint davon schon losgelöst. Unversehens befinden sich Schreiber und Leser in der alptraumhaften Situation eines nur mangelhaft betäubten Patienten auf dem Operationstisch, der die Geräusche aller Apparaturen und das sterile Weiß des Raumes deutlich wahrnimmt. Das Leiden wird bis hin zu dem schrecklich mehrdeutigen Abschluß „Stille hop fertig“ ganz durchmessen.

Stille des Abgrunds. Von fern nur noch erreicht den Dichter 1969 die Nachricht, daß ihm der Nobelpreis verliehen wurde. Lange überlegt er, der sich stets jeder Öffentlichkeit entzogen hat, ob eine Annahme der Auszeichnung überhaupt in Frage kommt. Schließlich akzeptiert Beckett die Ehrung, doch steht sein Werk – wie unter den preisgekrönten kaum ein anderes – Alfred Nobels ursprünglicher Idee einer Literatur des „Vorzüglichsten in idealistischer Richtung“, also der Förderung von großen Menschheitsidealen, scheinbar entgegen.

„Ich arbeite mit Ohnmacht und Unwissenheit“, hatte der Laureat schon beizeiten betont, und auch in der Kurzprosa des vorliegenden Bandes finden sich Anhaltspunkte für diesen methodologischen Grundsatz: Eine Kunst wird für gesellschaftlich inkompetent erklärt, da ihr Entstehen und ihr Gebrauch selbst den Verhältnissen sozialer Bindungslosigkeit unterworfen ist. So schreckt den Leser dort, wo der französische Romantiker Alphonse de Lamartine seinerzeit voller Weltschmerz die Abgeschiedenheit beklagte („Ein einziges Wesen fehlt einem, und alles ist verwaist“), nunmehr das monströs-bedrohliche Gebilde des *Verwaisers.* An die hundert Körper sind darinnen zusammengepfercht, keine Menschen mehr, nur noch Hüllen. Es gibt Verhaltensmaßregeln, aber kein wirkliches Leben. Der grauenerregende Raum wird abwechselnd heiß und kalt, er ist eng und doch auch zu groß, um einander zu finden. Hier vollzieht sich die Vereinsamung auf technischem Wege, der Verwaiser arbeitet wie eine Maschine der Entmenschlichung. In der Kritik wurde Becketts Darstellung einer vollkommen enthumanisierten Gesellschaft als „Bericht aus dem Innern der Gaskammer“ bezeichnet. (Bemerkenswerterweise lautet der französische Titel des Textes auch *Le Dépeupleur.*)

Die Brüche zwischen einer dem menschlichen Wesen eigenen *Notwendigkeit,* gesellschaftliche Beziehungen zu entwickeln, und jener im Beckettschen Spätwerk einzig verbleibenden *Möglichkeit*, ohne Kommunikation zu überleben, deuten sich mit *Losigkeit* an. Beziehungsloses Sein ist, wie der Begriff aus der philosophischen Scholastik im Titel zu Recht unterstellt, Weniger-Sein. Nicht zuletzt durch die etwa zeitgleich uraufgeführte Theateraktion *Atem* weiß man, daß solche Substitute des Lebens zur reinen Symbolik tendieren. Als letzte Konsequenz kann auch noch der Körper verschwinden, wenn der Mensch nicht gebraucht wird. Es bleibt die Ahnung einer Lungenfunktion oder der „aschgraue", schon das endgültige Zerfallsprodukt antizipierende Herzschlag. Wichtig scheint freilich, und dies nicht nur im Zusammenhang mit *Losigkeit*, daß bei aller metaphorischen Nähe des Todes die funktionale Seite des *memento vitae* im Auge behalten wird.

Eine hier auch thematisch zunächst abschließende Bilanz aus dem Jahre 1979 fragt nochmals verzweifelt nach jener *Gesellschaft*, die einzig erst den *homo sapiens* über sein biologisches Wesen hinaus zum Menschen erhebt. Doch finden sich nur Arme und Beine, die Stimme selbst hat bereits ihren Körper verlassen und einige noch aufleuchtende Erinnerungen vermögen die drükkende Dunkelheit des Aufenthaltsortes nicht endgültig zu erhellen. Da das Eigenleben der Dinge überhandnimmt, die Worte zu Wörtern verkommen, muß schließlich die letzte Feststellung wie ein Hilferuf klingen: „Allein."

Becketts Verlangen nach menschlichen Verhältnissen, nach Lebenssinn und Beziehungsvielfalt für alle Individuen äußert sich antithetisch. Aus der Sicht des absurden Gegensatzes zwischen humanistischer Vorstellung und abstoßender Realität scheint ihm dies der einzig gangbare künstlerische Weg zu sein. Die ursprüngliche Absicht solcher Literatur, Menschen in ihrer sozialen Spezies zu brüskieren, indem „Losigkeiten" als Gesellschaftsinhalte einerseits verallgemeinert, zum anderen in ihrem materiellen Wesen gezeigt werden, wirkt heute kaum noch provozierend. Schon ist von einer gewissen klassischen Bedeutung Becketts für den Modernismus die Rede. Auch entzünden sich ästhetische Grundsatzdiskussionen, unter denen der zeitweilig heftige Streit zwischen Lukács und Adorno wohl den Höhepunkt bildete, längst an anderen Autoren. Beckett findet sich mittlerweile gar als exemplarischer Vertreter einer „hermetischen Moderne“ kategorisiert.

Trotzdem kam die Beckett-Rezeption hierzulande relativ spät. Das mag mit Unterschieden in der Weltsicht zu tun haben, aber gewiß auch mit einem lange Zeit vorherrschenden undifferenzierten Dekadenzbegriff. Dabei spielte die originäre französische Dekadenz eine zukunftsweisende Rolle. Sie vermochte, aufgeschreckt durch das Auseinanderklaffen von frühbürgerlichem Ideal und kapitalistischer Wirklichkeit, dem gesellschaftlichen Niedergang und der künstlerischen Verflachung neue Inhalte und Formen entgegenzusetzen. Zwar liegt der Höhepunkt dieser Bewegung schon lange zurück, als ein Samuel Beckett auch mit seiner Kurzprosa allmählich literarische Bedeutung erlangt, doch sind die existentiellen Widersprüche dieselben geblieben.

Obwohl es kaum gerechtfertigt ist, Beckett aus diesem Grund als einen *verfluchten Dichter* nach dem Vorbild Verlaines anzusehen, hat er sich dennoch zeitlebens dem etablierten Literaturbetrieb möglichst ferngehalten. Bis ins hohe Alter widersetzt er sich jedem Zugeständnis an einen vermeintlichen Publikumsgeschmack oder an Modeströmungen.

Samuel Beckett – ein Dichter am Abgrund des Seins, ein Mensch, der gegen die Ängste von Menschen schreibt. Es sind „Berichte nach dem Bilde eines Lebens“, wie er in der hier vorliegenden Ausgabe selbst sagt, „ohne den Mut zu enden und ohne die Kraft, weiterzumachen.“

Berlin im Dezember 1988 — Reinhard Ulbrich

Beilage zur Ausgabe
Samuel Beckett *Ausgewählte Erzählungen*

L. N. 302, 410/108/89